密教的世界と熊楠

環 栄賢
Eiken Tamaki

春秋社

目次

密教的世界と熊楠

I

南方熊楠と高野山

一、熊楠と高野山

南方熊楠《みなかたくまぐす》という名前を聞いたことがあるだろうか。関東では耳慣れない、珍しい名前だと思う。昔、作家の北杜夫《きたもりお》さんが、平凡社の『南方熊楠全集』の十二巻をドサッと本屋から買って来て、奥様に見せたところ、「まあ、こんどは何のお勉強を始めるのですか。ナンポウの『熊』と『楠』のお勉強ですか」、と言ったという笑い話があった。

ナンポウをミナカタと読む名前は、和歌山では珍しくない。

この名前の由来は古く、一説によると、九州の地理的に南の方の部族が、神武天皇遠征の時に、一緒にやってきて、和歌山市の有名な御神体山、名草山のふもとに住みついたものがはじまりとも言われているが、はっきりとした定説はない。

しかし、神武天皇が、この地にやって来たのは事実であり、この近くに、神武天皇の兄彦五瀬命《ひこいつせのみこと》の古墳がある竈山《かまやま》神社があって、今も、宮内庁が管理している。

又、クマグスという名前はいかにも強そうな名前だが、和歌山では年配の人によくある名前で、東京でも、江戸落語では、熊公やハチ公の名前が出てくるし、古くからある庶民の名前だったと思う。

ただ、何々楠と、下に楠の木の名前をつけるのは、和歌山地方の習慣である。

和歌山市の地方は、紀州の北の意味で、紀北と呼んでいるが、南の地方を紀南地方と呼ぶのであるが、特に熊野とも呼ばれる。

昔は、江戸や京都などから、お伊勢参《いせまい》り、熊野詣《くまのもうで》、西国観音札所巡《めぐ》り、などが盛んだった。

その中でも、熊野詣の和歌山の入口にあたるところに、立派なお宮さんがある。

藤白《ふじしろ》神社といって、『万葉集』に出てくる、有間皇子《ありまのみこ》の歌二首、「岩代《いわしろ》の浜松が枝を引き結び、ま幸《さき》くあらば、またかへり見む」「家にあれば笥《け》に盛る飯《いい》を、草枕《くさまくら》旅にしあれば椎《しい》の葉に盛る」で知られたこの藤白神社に、樹齢何百年ともわからない、楠の大木がある。

このお宮で、神のお告げで名前を授かったら、元気で丈夫な子供になるという信仰がある。熊楠の名前も、この神社で授かっている。

幼少の頃、少年熊楠が熱病になった時、彼の親は、このお宮にお参りに連れてゆき、健康回復を祈ったこともあるが、その時、奇習ではあるが、楠の木の根本へ小便をしたといわれている。こういう民俗はほかにあるのかどうかは、私は知らないが、大人になってからも、熊楠は自宅の楠の木の根本へ、木の肥料だといって、毎度小便をしたといわれている。

日本全国で一、二番に多い姓は鈴木さんであるが、この発生の地は和歌山の藤白神社である。

中世から近世にかけて、紀州の熊野信仰は、三重の伊勢信仰と並んで大変人気があった。熊野神社の分社が全国津々浦々に拡がって、その神社の周囲に住んでいた民衆が、近世になって、鈴木さんという名前をつけて、全国的に拡がったものと考えられる。熊野水軍に由来する名前は、鈴木、榎本、宇井が代表格である。戦国時代に活躍した土豪《どごう》に、鈴木（雑賀《さいか》）孫一《まごいち》という者もいた。

南方熊楠は、江戸時代の最後の元号である慶応三年（一八六七年）に、和歌山市の橋丁《はしちょう》で生まれている。この南方家の菩提寺《ぼだいじ》が、私の自坊、和歌山市鷹匠町《たかじょうまち》の延命院である。その関係で、幼少の頃から延命院に出入りし、当時の住職より、彼の両親を通じて教えられた大日真言、因果話、地蔵和讃などを聞かされて育ったことが書き残されている。

熊楠の墓は、現在田辺市の真言宗高山寺にあるが、延命院にも、分骨された墓が現存している。

ちなみに、当院の過去帳の記録によれば、昭和十六年十二月二十九日示寂《じじゃく》、享年《きょうねん》七十五歳、兄熊楠分骨、本家妹の墓下に埋骨す。戒名は、智荘厳院鑁覚顕真居士《ちそうごんいんばんかくけんしんこじ》。彼の一生にふさわしい立派な戒名である。彼と親交のあった、高野山の水原堯榮《みずはらぎょうえい》猊下の命名ではないかという一説もあるが、はっきりしたことは今もわからないままである。

延命院の檀家に生まれ、田辺の同じく真言宗の高山寺に眠っている南方熊楠は、真言密教とは切っても切れない深いつながりがある。

安政四年（一八五七年）から、明治二十七年（一八九四年）まで、当時の延命院住職は、白貫勧善《しらぬきかんぜん》という人であった。この住職は、ロンドンの熊楠へも何度か手紙を書いている。そして、熊楠も、仏教の質問を書いて送り、やりとりしている。

私の五代前の住職である。

熊楠が、アメリカにありし時、自前で新聞を発行し（『珍事評論』）、文章を残している。それには、熊楠が十二歳の時、延命院院主白貫勧善師がその天才を見ぬき、自分の弟子《でし》とし、高野山へ送り出し学問をさせたという話を、寓話的に書き記している。

実際、熊楠は、高野山に四回登っている。

第一回目の登山は、明治十五年（一八八二年）の春に、両親、弟常楠《つねぐす》と共に、家族旅行として参拝している。熊楠十五歳の時であった。

この年の高野山は、弘法大師空海の千五十年の御遠忌《ごおんき》を二年後に控えていた。

この頃の高野山は、長い間、「女人禁制《にょにんきんせい》」であったが、明治五年三月より、時の政府の「太政官布《だじょうかんふ》告《こく》」をもって、女性も、高野山へ行けるようになっていたが、水原堯榮師の『女性と高野山』という本によれば、「明治も五年は過ぎ、十年となり、十五年となるにつれて、一泊はかまわぬ、二泊もかなうというように、だんだんと山規《さんき》が解けてきたらしいのであります」と記されている。

母親のすみさんも、女人堂ではなく、宿坊寺院（千蔵院・俗名刈萱寺《かるかやでら》とある）に共に三泊している。熊楠が興味をいだいていた目的は、本山金剛峯寺（当時は青巌寺といった）で催されている宝物展であった。のちに、熊楠は出品目録を自前で作成している。

又、この時初めて目にした、色白柔肌の寺の小姓さん達につよい印象を受けたようである。

第二回目の登山は、東京帝国大学予備門を退学して、一度和歌山へ帰っていた、明治十九年（一八八六年）の八月である。

この時の高野山登山は、友人の川瀬善太郎と共に、宿坊寺院「常智院」（おそらく上池院《じょうちいん》の誤りだと思われる）に二泊し、営林署や立里荒神《たてりこうじん》のある荒神岳などに行っている。おそらく、森林やキノコ類の観察が大きな目的ではなかったかと思われる。友人の川瀬善太郎は後に林学《りんがく》の分野で一家をなす人物であった。

南方熊楠の真言びいきは、親の教え、家の環境と共に、自然に身についたものであったが、それだけでは、のちの南方熊楠にはならなかったであろう。自分自身の信仰をみずから究明して、再度確認することが必要であった。
もちろん、膨大《ぼうだい》な仏教哲学の知識があってのことである。そして、みずから究明した独創的な自己の信念に貫かれた、いわば一種の真言行者となったといえる。

南方熊楠の七十五年の生涯にわたる人物交流は、まことに多彩なものであった。彼が最も信頼《しんらい》した人物は、熊楠がロンドン遊学中に面識をもった、のちの高野山真言宗管長、土宜法竜《どぎほうりゅう》師であった。この土宜法竜という人物も、明治日本宗教界の改革の代表的人物で、非常にハイカラな大知識人であった。

明治初期の慶應義塾に学び明治二十六年（一八九三年）アメリカのシカゴでひらかれた万国宗教大会に出席したのち、フランス、パリのギメ東洋博物館に仏教資料調査の目的で、しばらくパリに滞在した。

このギメ博物館を造ったフランス人のエミール・ギメは、画家のフェリックス・レガメと共に、明治九年（一八七六年）日本を訪れ、三ヶ月間各地を旅行し、多くの美術品や仏像を買い取った。とくに、幕末から明治にかけて活躍した鬼才浮世絵師、河鍋暁斎《かわなべきょうさい》と出会ったことは重要である。

ギメは立派な人で、日本文化を、色めがねをかけずに見て、その著作でほめている。
そして、美術品仏像類は、人に売らずに、パリにギメ東洋博物館を造り、一堂に集めた。そして、日本をフランス人に紹介した。

東寺と同型の立体マンダラも、日本の仏師に作らせて、博物館に飾った。そこで、日本の土宜法竜師は仏さんにお魂を入れる「御法楽《ごほうらく》」を行っている。

ロンドンでの土宜と熊楠の出会いは運命的なものであったといえる。

熊楠は、得意になって大英博物館を案内し、百年の知己のような関係になったのである。

その当時のロンドンは、世界金融の中心であった。のちの日銀になる、横浜正金《しょうきん》銀行のロンドン支店長、中井芳楠《なかいよしぐす》は紀州人であり、熊楠の父とも知り合いだったので、中井芳楠を中心にして、日本人社会ができていた。

そして、その中井宅で、土宜と熊楠は出会った。

又、その頃、中国から亡命していた、中華民国の国父とも呼ばれる孫文《そんぶん》にも会った。

彼らは、パブで自由に酒を飲みながら、親密な交流をしていたらしい。


話は、少し元にもどる。

熊楠が第三回目の高野山登山をしたのは、大正九年（一九二〇年）の夏の終り頃であった。

菌類《きんるい》学者小畔四郎《こあぜしろう》、画家の川島草堂《かわしまそうどう》、坂口總一郎《そういちろう》、宇野確雄と共に、宿坊寺院、一乗院に十三日間滞在した。主な目的は、菌類の採集と図記をおこなうことであった。

そして、もう一つ大きな目的は、ロンドンで会って以来、二十七年ぶりの土宜法竜との再会であった。この頃、土宜は、真言宗高野派管長に就任したばかりであった。再会は、密かにお祝いの意味もあったに違いない。

熊楠が、金剛峯寺の管長室に訪ねた時に、何か一筆お書き下さいとの申し出に、「爪《つめ》の上の土ほど稀《まれ》な身を持ちて法《のり》の主《あるじ》にも廻《めぐ》りあひぬる」と祝意をこめた一首を書いたところ、今だもう一枚お願いとの事で、白紙を出されたので、今度は、ちょっと、おちょくって、「高野山　仏法僧《ぶっぽうそう》の声をこそ聞くべき空に響く三味線《しゃみせん》」と書き、戯《ざ》れ絵《え》を描いてみせた。というのも、その頃になると、芸者衆も高野山に住みつき、連日三味線の音が、管長室にまで聞こえてくるような有様であったのを、皮肉ったのであった。

又、なにとぞ大師教会で、何か記念にお話をして下さいという申し出に、固辞しても聞き入れられず、是非にとたのまれたので、引き受けたが熊楠は大量に酒を飲んで壇上に現れて、大泣きに泣いて何もしゃべれず、講演は打ち切りになったという事件もあった。講演の題は、『植物と宗教』というテーマであったらしい。

いやはやまったく熊楠らしいエピソードである。

管長室で、熊楠と土宜が面談している時に、お茶を運んで来た一人の青年僧がいた。

この若き日の青年僧が、後の高野山真言宗管長になる、水原《みずはら》堯榮《ぎょうえい》師であった。熊楠は一目見るなり、その人物を見抜き、その後、土宜に「お茶を持ってきた若僧は、偉い人物になるよ、大切にしなさい」と伝えたという。

土宜法竜なき後の、熊楠の文通相手になった水原堯榮師に宛てた手紙に、大正九年に高野山登山の折に、金堂で見た大日如来の掛け物の尊顔がまことに美しかったが、この掛け物は何院の所蔵であるか知りたい。この画のモデルは宦者《かんじゃ》（宦官《かんがん》のこと、中国の宮廷で働いていた）に違いないと述べている。

水原堯榮師の居た、高野山親王院には、熊楠の多くの書簡が保存されていると聞いている。又、別の人物への手紙に、自分の異父異母の義理の姉の供養の為に、水原堯榮師に戒名をつけてもらい、真言の法を修して頂きたい旨《むね》を記したものもあるところを見ると、熊楠の戒名命名はやはり、水原堯榮師であったかも知れないと思える。

土宜法竜のなき後、熊楠が水原堯榮師によせた信頼は、熊楠なき後の南方家にも継承された。熊楠の遺骨の一部は、遺族の意志により、高野山親王院に納骨され、ねんごろに廻向されていた。

水原堯榮師は著作『南方熊楠先生を憶う』の中に、次のように誌《しる》している。

かねがね私淑道敬いたしていました先生に、金剛峯寺で面接することが出来まして、これほどうれしいことはありませんでした。（中略）先生の高野山への登山は、前後四回でありましたが、弘法大師への信仰と、高野山の密林、その密林に包含されている動植物、高野山文化、一千百年間の長き歴史、その時代時代の諸国民より寄進奉納にかかる文物など、天下の霊峰として保存保護することを念願し、強調力説されたのでありました。（『南方熊楠百話』飯倉照平・長谷川興蔵

編、八坂書房、一九二頁―一九三頁）

第四回目の登山は、翌年の大正十年（一九二一年）の十一月であった。一日から二十八日までの長期間にわたった。宿坊寺院は前回と同じ、一乗院であった。

画家の楠本竜仙（秀男）氏を供なった。

この時の高野山登山は、さらに具体的な目的があった。

是れは高野山を今のように伐木《ばつぼく》しては三十年立たぬ内に、対岸の葛城山同様禿山《はげやま》となるから、その永続法と、今一つは、保護植物の事を書き上げて、徳川侯（徳川頼倫《よりみち》。最後の紀州藩主）に呈すべき為と、今一つは菌類譜の作成にゆくなり。田中氏帰朝迄に作成の約束故なり。

熊楠の門弟上松《うえまつ》蓊《しげる》氏への手紙にそう書き誌している（『門弟への手紙』中瀬喜陽編、日本エディタースクール出版部、二一一頁）。この頃、南方熊楠は、「南方植物研究所」の設立の為に、奔走していた。発起人は、農学・理学博士の田中長三郎をはじめ、原敬内閣総理大臣、徳川頼倫侯、大隈重信侯、土宜法竜高野山金剛峯寺座主、などが名をつらねていたが、残念ながら、実現はしなかった。しかし、徳川頼倫侯などは、熊楠に賛同して、多額の寄付を寄せていた。

画家を供なって行った理由は、次の楠本氏の文によって明らかとなるであろう。

お伴《とも》は僕ひとりで高野山一乗院の一室に籠ったのです。僕の主な仕事は先生の採集した菌類を写生するのですが、約一ヶ月で百五十種ほど写しました。その間、先生によく叱《しか》られましたよ。写真師じゃあるまいし、私も一個の画家ですから、画家としての立場から対象を観ようとする態度が先生の気に入らないのです。『どうも画家は北斎《ほくさい》の真似をしたがって困る。川島草堂もこんな線をピリピリ書いた』と手厳しくしかりつけるのです。僕もいささか癪《しゃく》にさわって、内心で『糞たれ親爺め』と怒鳴りつけていたのですが、或る日、先生自身が写生したのを見て、真実心から頭がさがりましたよ。実にうまいものです。どの線といい、色調といい、まさしく立派な芸術品です。対象の本質をはっきりつかみ、そのいきいきとした表現（を）し、私は戦慄にたものを感じました。（『南紀大衆雑誌』「紀州が生んだ世界的の大学者南方熊楠翁行状記、聖山高野山で籠城の巻」一九三二年）

熊楠は、植物採集と部屋に帰ってからの図記以外は、ほとんど外出はしなかったらしい。たまに、霊宝館に参観にゆくくらいであった。

しかし、十一月十八日午後、土宜法竜猊下に、二度目の拝謁《はいえつ》に行った。

土宜師の部屋は、非常に暖《あたた》かく、その内に、熊楠は居眠りをしてしまい、鼻水をたらしたので、猊下に紙で鼻水を拭いてもらうという事があった。二人のほほえましい親愛の情がかいまみえる一件であろう。土宜師はその後、二年で他界している。この頃から肺の病気がちであったらしい。土宜師は六十七歳、熊楠は五十四歳であった。二人の最後の面会であった。

二、熊楠と真言宗

熊楠は生物学が本職であったが、民俗学や博物学を同じレヴェルで見ているところがおおいにある。生物を研究していると、自然に生物が成長できる環境の研究も同時に問題になってくることは、むしろ当然である。もちろん、以前に日本で開かれた「花の万博」の時のように、人間が、世界中の土地から人工的に集めて来て、大きな庭園を造り、飼育し、栽培して、入場料をもらって、人間の楽しみとすることは、やろうと思えば、割合簡単にできてしまう。けれども、都会に住んでいて、マンションのベランダで鉢植えのシクラメンやランの花を毎日水をやって楽しんでいる奥様方なら、それだけでほとんど満足しているかも知れない。しかし、本気で、生き物が好きで、生物学を専攻している生物学者であれば、おそらく、シニカルな興味しかもたないであろう。生き物というのは、かならず、分布《ぶんぷ》というものがある。気候や湿度・温度・海抜・高原性・平地性や周りに自生する生き物たちとの共生関係など、さまざまな自然環境が整っていないと、ほんとは気持ちよく、長く住んでゆけない。人間生活でも、実は同じことであって、気持ちよく暮らしてゆくためには、それぞれの民族・人種・伝統・本来受け継いできた体質や気質や食べ物、これらが合う場所で生活しないといけないであろう。

生き物には、他の無機物にはない不思議な「生命」というものがある。生命を研究する学問は、一般には生理学だろう。

しかし、生命そのものというのは、永遠の謎で、現代科学は、ありとあらゆる方法で、生命の謎に迫ろうとしているように見えるが、それが、ある天才によって、理論が打ち立てられ、謎が解けてしまうとしても、「生命の本質」は、そのような科学的知識の獲得《かくとく》によっては、結局何もわからないのではないだろうか。膨大《ぼうだい》なデータが果てしなく増え続けてゆくだけではないのか。タマネギの皮をむき続ける猿の行為と似たようなものだと思う。（猿でもしないか！）

分子レヴェルの生物学のように、部分をさらに細分化していって重箱の隅をつっつきまわすように生命を追究してばかりいると、木を見て森を見ず、のたとえどおり、生命と生物の環境の全体像が忘れられてしまう。

ついには、それに慣れてくると、部品の一つ一つに美意識を感じてしまったりして、結局は、生命の全体像がわからなくても平気であるという、異常な変態になってゆく。

現代人には、大なり小なり、そういうところがあるのではないだろうか。

南方熊楠は、少々ホモセクシャルなところがあっても、こんな変態は大嫌いであったと思う。

南方熊楠は、みずからの博物学者、自然科学者としての資質と、植物学の中でも、とくに通《つう》の研究する分野である隠花植物、真菌類、粘菌類のフィールド・ワークが自由にできる、またとない恵まれた土地に生まれ、そして、生涯の大半をそこで生活することができた幸福な人であったといえる。

粘菌類という生物は、不思議な生物である。

なぜならば、それは、ある時期を動物として過ごして、残りの時期を植物のように過ごす。植物か動物かの分類は人間が勝手にすることで、そんなことは粘菌類達にとってはどちらでもよい。

そのような、動物と植物の境界線のはっきりしない生き物は、この地球上にうじゃうじゃいる。たとえば、我々動物の腸の中にいる嫌気性（空気を嫌う）微生物たちは、オスもメスもないし、酸素はなくてもいいし、もちろん、動物でも植物でもない。我々が、年に一、二回悩まされるかぜのバイキン類、ウイルス類にいたっては、結晶化作用もあり、生き物でないような時期もあると聞く。おまけに、繁殖力はたくましく、殺しても殺しても死なないしぶとさが本来そなわっている。今流行《はやり》のエボラ・ウイルスなどは謎のままである。

さすがに、熊楠の時代は、電子顕微鏡がまだ発達していなかったので、その生態を知ることはできなかったけれど、もし、彼が今の時代に生きていれば、興味をもって、観察していたかもしれない。

彼は、自分の愛用の旧式肉眼顕微鏡を使って、その範囲内で観察のできる微生物を調べ、何千種類にのぼる図譜のスケッチと水彩画、その特徴の記録を一生にわたって行い続けていた。

その中には、熊楠による世界初の新発見もあった。自分の名前が、ラテン語に取り入れられた、ミナカテルラ・ロンギフィラというものがある。驚くべきことに、和歌山の田辺の自分の家の柿の木のくぼみから、それを偶然に発見している。ミナカテ（ル）ラというくらいだから、南方の寺、つまり、私の寺の延命院の柿の木で発見されていたなら、うちの寺も一躍有名になっていたかも知れないけど、残念ながらそうではなくて、自宅の庭から発見した。

ミナカテルラ・ロンギフィラというのは、ラテン語で、南方の長い糸という意味である。

南方熊楠が面識した中で、最大の人物は、昭和天皇であった。

昭和天皇は無類の生物学好きで、昭和四年（一九二九年）熊楠に会いたくてたまらなくなった時に、帝国海軍戦艦長門《ながと》に乗って、和歌山の田辺の神島《かしま》という小さな島に、みずからやってきた。

熊楠と天皇との対面は、この小さな島の砂浜の上でおこなわれた。二人はペコリペコリと何度もお互いに頭を下げておじぎをしたと伝わっている。昭和天皇は生物学の通《つう》であったから、イギリスの科学雑誌『ネイチャー』や『菌類図譜』を読んでおられたのであろう。日本にこの人ありと、尊敬の念を抱いておられたに違いない。

熊楠は、不自由な足で、神島をみずから案内して、長門の艦上で、御進講を申し上げた。

のちになって、熊楠は、妻や娘にポツリと、こう言ったという。「あのお方はかわいそうな人だ、天皇に生まれてこなかったら、さぞや立派な生物学者になっていただろうに」と。

南方熊楠の精神的な、中心思想は、首尾一貫して、真言密教のマンダラ思想であったといえる。

しかし、彼の考えていたマンダラは、伝統的な日本真言宗のものとは少し違っていた。日本真言の流れは、七世紀、八世紀に中国で体系化された善無畏《ぜんむい》、不空《ふくう》、恵果《けいか》の系列の金剛界と胎蔵生（界）の両部マンダラ思想であった。

マンダラとは、本質を有するものという意味であって、宇宙の摂理を表す。宇宙の摂理《せつり》とは、いわくいいがたいものであって、大不思議世界である。大日如来の大不思議世界と熊楠はいっているが、その世界は、天才熊楠といえども、ちょっとやそっとで解明しがたい。

しかし、彼は、自分の全知識を投入して、友人の土宜法竜に、二日も三日もかけた長文の手紙をあてて、わかりやすく説明しようと試みている。特に、めだつ、新しい特長は生物の粘菌類のうごきの変化変成と重ね合わせた説明をしようとしている事であろう。

熊楠のマンダラ理解の大きな特徴と思われる点は、私の想定によれば二つある。

一つは、金剛界世界というのは、胎蔵生（界）世界の中に包《つつ》まれているということであり、金剛界世界の「智《ち》」は、胎蔵生（界）の「理《り》」の一部分にすぎない、ということである。人間の知恵が、自然の中の一部分であるということになるのであろう。

二つ目は、仏像のマンダラではなく、意楽《いぎょう》のマンダラであり、意味や記号のマンダラであるということである。

くわしくは、『南方熊楠の図譜《ずふ》』（青弓社）に書いてあるので、そちらを参照していただきたい。

理の世界というのは、宇宙の大自然摂理《せつり》の世界であり、これを人間は、究極的に知ることはできない。比較的によく知ることができるのは、智の世界のみである。しかし、よく知る部分があっても、あまりにも深淵《しんえん》すぎて、最後までわからない世界というものも残る。

人間が、文学や科学によって、知りうる世界というのは、ごくわずかであるにもかかわらず、これくらいのわずかな知識によって、ある程度でも、世界の摂理がわかるのは、不思議なことだと、熊楠はいっている。

人間界に起こる出来事は、実は、もっと単刀直入にいえば、「妙《みょう》」の一語に尽きるといえないだろうか。あるいは、「玄《げん》」でもよいが、日常会話でも、「今日は、みょうな一日だった」なんて、つまり、一般常識から推《お》し量《はか》っても、ちょっと不思議だというニュアンスをもっている。

熊楠は、自分の愛用の顕微鏡で、ミクロ・コスモスの宇宙をのぞきながら、粘菌類の不思議な変容のドラマに魅《み》せられて、毎日毎日、宇宙の摂理と、人間の世界を同時に考えていた。

それは、実に不可思議な世界であり、宇宙を一貫する大摂理というものがあるならば、その全体の神秘は、つまり全部、大日如来のはたらきに違いないと考えていた。

南方熊楠は、十九世紀の最も進んだ文明地域イギリスのロンドンで、八年間、勉学してきた。彼が日本に帰った年に、かつての東大予備門の同級生だった、夏目漱石《なつめそうせき》が、ロンドンに渡った。フランス文学者の澁澤龍彦《しぶさわたつひこ》は、もしかしたら熊楠と漱石は、インド洋で、行きの船と帰りの船ですれちがっているかもしれない、といっている。そうかも知れない。漱石はロンドンに渡って、シェークスピアを勉強しながら、西洋に対する劣等感とウツ病を持って帰ってきたが、熊楠は持っていた金を使い果して、身なりこそは乞食のようにみすぼらしかったが、東洋の文化とアジアのサイエンスに対する、ゆるぎない自信を持って帰ってきた。我が邦《くに》をして、古代世界の文化・文明の知識の宝庫、地中海のエジプト・アレキサンドリアのように、世界中の学生を留学させうるような日本にしたい、とまで述べていた。

彼は、バイブルの思想が嫌いであった。バイブルの神の思想が実際におこなわれる日にあっては、イヌもネコも人間の勝手次第、すべてが人間の御都合次第になるといっている。

何年か前から、西洋世界とアラブ世界の対立が続いているが、「イスラム国」は、アラーの神は偉大なりと言うし、西洋は神の御加護あれと祈る。

一神教が、二つも三つもあること自体がおかしい。

熊楠はさすがに、当を得たことをいっている。一神教の神の世界に生まれた者と、東洋の仏教の世界に生まれた者の両者が、神の世界の救いを想うのと、仏の世界の悟りを想うのとは、どちらが上で、どちらが下だとはいえない。ただ自分は、仏の世界に生まれ育った者であるから、仏を想うほうが、より勝っていると思う、と。

仏教の大正法の世界は無辺大であるから、たとえ火、下へ燃《も》え、水、上に騰《のぼ》るとも、仏法の大正法は変わらず、一向人間社会のためにできたものではないから、人間が地球上に、たとえ絶滅しようともそんなことはおかまいなしに仏法は残るのじゃ、と言い放《はな》っている。

熊楠は徹底した仏教徒であり、真言行者であり、かつ、自然博物学者であった。いわば、日本における最初のエコロジー・サイエンティストであった。
「もし、東洋に東洋科学というものがあるなら、よろしくこれを研究して可なり。しかも、少生をして言はしむれば、西洋科学は、真言哲学のほんのわずかの一部分にすぎないのだから」と言う。

新しい科学や学問が求められて久しい。仏教をはじめ、神道、道教、儒教、易経、気功、ヨーガ、心霊科学の中には、アジアの精密科学としての大きな可能性がある。それらは環境と健康により密着し、身体生理学でもあり、深層心理学でもありうると思われる。つまり、現代の最先端科学の基礎ともいうことができるであろう。

科学はますます複雑性を求められてゆくかに見える。肉脳《にくのう》で処理できなくなると、その分、巨大な人工知能に頼らざるをえない。熊楠が生きていれば、この現状を何と見るだろうか。

世界人口を少なく保ち、環境生態系を保全し、正常な文明に直すことにこそ、エネルギーを使わなくてはならない。森を残し、湖沼を清め、野生生物をこそ保護しなければならないであろう。

南方熊楠から学んだ智恵は、彼の没後七十四年の今でこそ生かされなければならない。百年ほど前の熊楠の魂《アニマ》こそが、今復活しなければならない。

熊楠の存在は、かならずや歴史的に、世界中から正当な評価をされる時がくるであろう。我々が彼の精神を受けつぎ、次の時代に果すべき役割はとても大きい。それらの来たるべき未知の分野の基礎をつくった草分けの大先達が、南方熊楠という人物であったといえる。

我々真言宗の人間は、正しい道に立っていると、よくよく知るべきである。

今年（二〇一五年）、高野山は、弘法大師高野山開創千二百年の時を迎える。真言宗の行く末を、じっくりと考える好機である。

熊楠と密教学について

一、いわゆる「南方マンダラ」について

南方熊楠の研究史の最初に、多大な功績を作られた、鶴見和子氏に対する敬意には、ゆるぎないものがあるが、私は前々から、腑《ふ》に落ちない、釈然としないいものを感じてきたのは、次の氏の発言であった。

「今こういうことをやっているんですが、先生はこれについてどうお考えになりますか」と伺って、『南方熊楠全集』（第七巻、平凡社）にある「土宜法竜書簡」の中の図版（図1）〔仮に「南方マンダラ甲図」とする〕をお見せしたところ、即座に「これは南方曼陀羅ですね」とおっしゃ

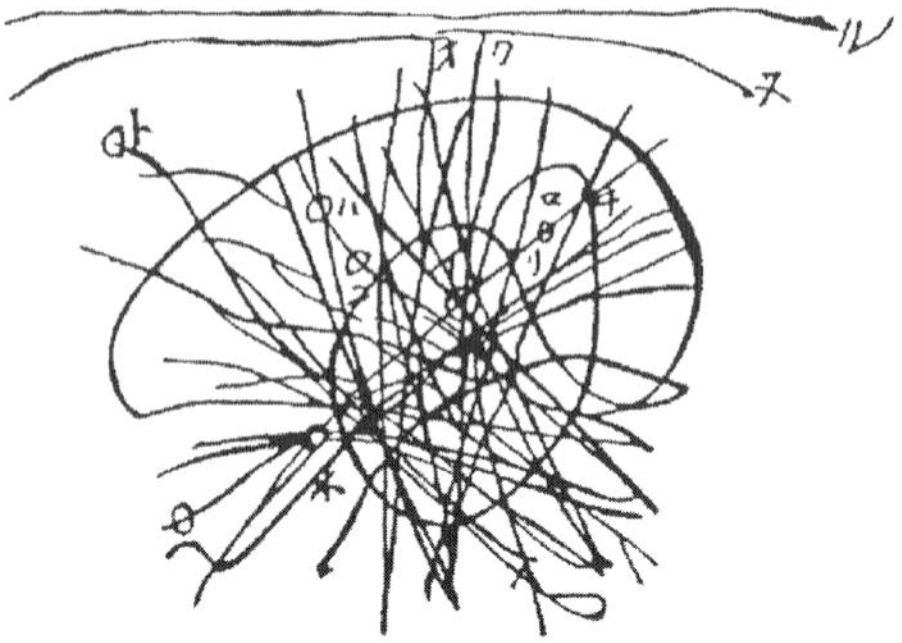

南方マンダラ甲図
（出典：『南方熊楠 土宜法竜 往復書簡』八坂書房、308頁）

られたんです。それで中村先生に「南方熊楠をお読みになったことはありますか」と伺うと、「一向に読んだことはございません」と言われました。

中村先生というのは本当に直観の鋭い方なんですね。南方熊楠を読んだことがなくても、これを見て即座に曼陀羅だといわれたところが大変面白いとおもいました。そのようなわけで、この図を「南方曼陀羅」と中村先生に命名していただき、そう名づけることにいたしました……（『南方曼陀羅論』八坂書房、一九九二年、八五頁）

この一件が新らしい南方熊楠研究の出発点となった事は、熊楠研究者ならば、誰でも知っている有名な話しなのであるが、私は、あえてこの一件を、今になって、大変遅ればせながら、無責任な発言として指摘をしておきたい。鶴見氏も無責任であるが、中村元氏も無責任であったと言わざるをえない。中村氏は、南方熊楠をまったく読んでいないにもかかわらず、なのである。

明治三十六年七月十八日に、熊楠が、土宜に書いた書簡に、予実は一昨々夜少しも睡らず。これは英国へ急ぐ投書ありて、すこぶる長文のものゆえ、直しおるうちに、また、書き添ゆべきことおこり、一を出してはあとがちょっと記憶し出せぬという双方相対のものゆえ（傍点筆者）、睡らずにかきたり（中略）かかるものは、馬と同じく、一度休むときはあとがなかなか出にくいものゆえ、強き茶をのんでかきおわるつもりなり。ただし、むつかしき外国文（九ヶ国の語にてかけり）かきし上のことなれば、精神弱りゆき、字句判然せず、また誤脱もあらん。そのときは猶予なく聞き返されよ、答うべし。

これは、鶴見氏が、「南方マンダラ」と名づけた図が示される直前に熊楠によって述べられた言葉である。

この時熊楠が書いていた「英国へ急ぐ投書あり」と述べている文章は、『南方熊楠大辞典』によると、『燕石考』に違いないと思う。

3／18執筆に取りかかる。4／3ネイチャーに送るが返送。7／17あらためて清書『N&Q』へ送る。しかし不採用。

熊楠が並々ならぬ情熱と自信をいだいた論文であった。

したがって、私は、「南方マンダラ」と論文『燕石考』は深い関係を持っていると考える。「南方マンダラ甲図」だけではなく、その日の二十一日後の明治三十六年八月八日に書かれた、もう一つの図、私はこれを仮に、「南方マンダラ乙図」としておく。この二つの図と図の説明は、論文『燕石考』と直接の関係をもっていると考える。

私は、結論から言って、「南方マンダラ甲図」は、理事（すじみち、できごと）を発見する、「認識論」に関するモデルではないかと考える。

それにひきかえ、「南方マンダラ乙図」は立派な「存在論モデル」であり、真言密教の「金剛界」と「胎蔵界」（胎蔵生）の曼陀羅をヒントにして作られた、いわば、これこそ、「南方マンダラ」といってさしつかえのないものであると思う。

尚、甲図の中心に「萃点《すい》」を置くのは、諸の事理（できごととすじみち）を発見し、認識を易く、早くするのに都合《つ》の良い位置を示しているのみで、この「萃点」が、大日如来であると言っているわけではない。

「萃点」の「萃《すい》」という字の意味は、白川静の『字統』の説明に、「〔説文〕によれば「艸《くさ》の皃《かたち》なり」とあり、草の聚《あつ》まる意とする。衣《きぬ》ずれのことを萃蔡《そつさい》というのはおそらく擬声的な語で、もと草のふれる音をいうものであろう」とある。「抜萃《ばっすい》」という語もあり、まさに、「要点」を抜き出すことであろう。

三六六頁（全集七）には、「さてすべて画にあらわれし外には何があるか、それこそ、大日、本体の大不思議なり」とあり、画の内部や、「萃点」は、大日如来なのではない。人間が、知りうる、発見することができる、認識することができる範囲を図示しているものと考える。人間が発見し、認識する場所は、限られてはいるものの、tact（やりあて）によって分かるようになり、新しい発見をすることもあると、次に続けて述べている。

この甲図の主題は、三六七頁（全集七）に有るように、

これすなわち本論の主意なる、宇宙のことは、よき理にさえつかまえ中《あた》れば、知らぬながら、うまく行くようになっておるというところなり。

という事であろう。

又、三六八頁（全集七）に、

発見というは、数理を応用して、または tact にうまく行きあたりて、天地間にあるものを、あるながら、あると知るに外ならず。

という事になる。

又、三七八頁—三七九頁（全集七）に、

科学とは他の宗は知らず、真言曼陀羅のほんの一部、すなわちこの微々たる人間界にあらわるるもの、さてあらわるるもののうち、さし当たり目前役に立つべきものの番付を整え、一目了然で早く役に立つようにする献立表を作る法に過ぎず。原子といい進化といい、ほんの曼陀羅の見様の相場付の定度なり。何の根柢あることにあらず。故に真言の本義深奥処に此ぶれば、衣裳をなす糸条と外面人目に反射して現出する紋とほどちがうなり。物界に限らず、心界、事理界のこと、みな科学をはなれて研究も斉列もできず。いいようを換うれば、大日不可思議本体中、科学はわずかに物界、心界、事理界等の人間にようやく分かりうるほどの外に一歩を出だす能わず。

熊楠のこの書簡では、注意深く読めば、気が付くことだと思うが、世界の分析に、物界、心界、事理界（あるいは理事界）のカテゴリーを出しているのであるが、次の乙図になれば、そこに、「名」と「印」が加わってくる。より具体的になってくることに気が付く。

あるいは、「認識論的モデル」から、「存在論的モデル」への変化と、とらえてもよいと考えられる。

次に、「南方マンダラ乙図」の説明に入ってゆきたい。

「南方マンダラ乙図」こそ、熊楠の独想性を表現したものとして評果されるべきであると考える。この図を解明する為に、是非前もって知っておくべき重要な事は、真言密教曼陀羅における、金剛界と胎蔵界（胎蔵生）の意味についてであろう。熊楠が、図中に「金大日」と「胎大日」と明記しているからである。

明治二十七年までは、熊楠は、真言密教曼陀羅については、はっきりとして知識はなかったと考えられる。そこで、土宜に助けをもらって学習した。土宜は、熊楠に、明治二十七年一月二十五日に、金剛界、胎蔵界曼陀羅について一応の説明をし、又、熊楠の求めに応じて、その後、印融《いんゆう》の著作による『両部曼荼羅私抄』を送っている。

明治二十七年十月十八日の熊楠の書簡には、熊楠が土宜から『両部曼荼羅私抄』を受けとり、三回通読したと書いている。

印融は日本の代表的な真言密教僧で、戦国時代の人、京都・奈良・高野山で修行の後、特に関東地方で著作と布教につとめたといわれている。『両部曼荼羅私抄』は曼荼羅研究の必読書ともいわれ、明治時代にいたるまで版が重ねられた。

私の手元にある本は、『続真言宗全書』第二十四巻で、「金」と「胎」の二部に分かれている。熊楠の曼陀羅の知識は、この本に基づいていると考えられる。本文は、句読点、訓点のついた漢文で書かれている。

この本の一部を和訳して示せば、次のようなものである。

それ、両部曼荼羅といっぱ、諸仏理智の体性。衆生色心の実相なり。（七七頁上段一行目）

金（剛）界の諸尊は、五智五部に攝する事。

『九会密記』に云はく。問う。金剛界において、九識を転じて、五智となす方、何ぞや。答え。阿摩羅識《アマラ》（第九識）を転じて、法界体性智と成る。第八識を転じて、大円鏡智と成る。第七識を転じて、平等性智と成る。第六識を転じて、妙観察智と成る、前五識（五感）を転じて、成所作智と成るなり。問う。しからば、この五智を五部に配する方は何。答え。次のごとく、仏部（法界体性智）、金剛部（大円鏡智）、宝部（平等性智）、蓮花部（妙観察智）、羯磨部（前五識成所作智）に配すべきなり。（八一頁下段一二行目）

金（剛）界の諸尊は蓮月に住し、胎蔵の諸尊は月蓮に居る事。

問う。何が故に、金剛界の諸尊の所坐は、蓮花を内にし、月輪を外にし、胎蔵界の所尊は、月輪を内にし、蓮花を外にするのか。答え。月輪は智、蓮花は理なり。金（剛界）は智界の故に、智は月輪を表《オモテ》となし、胎（蔵界）は理界の故に、理の蓮花を面《オモテ》とするなり。（弘法）大師の御釋にいわく、九識の心王は、乗蓮の相を凝《こ》らし、五智の法帝は坐月《ざげつ》の形を厳《いつくしく》すとしるせり。（一一六

頁下段八行目）

真言密教学の理解の為に、私は、松長有慶博士の著作に大きな学恩を受けているが、特に、今、一部を引用した印融の著作内要を分析するのには、『松長有慶著作集』第三巻（法藏館、一九九八年）「空海思想の特質」の三章、「三種悉地と破地獄」（二二三一頁―二四九頁）、「理と智」（二五〇頁―二六一頁）を参照するのが重要である。

松長氏は、大悲胎蔵生（胎蔵界）の曼荼羅を「理」に、金剛界の曼荼羅を「智」に配当する思想について、「理と智がインドとか中国の仏教においてあまり知られていない概念であるとすれば、それは真言密教における独自の構想とみなすべきものであろうか、それとも精査すれば、それ以前の経典とか論書に起源が求められるものであろうか」と問い、鋭い考察を続ける。善無畏三蔵の訳と伝えられる、『三種悉地軌』や『破地獄軌』には、それらの原型が現われている。九世紀前半期に成立していた『三種悉地軌』を、空海が入唐時に見なかったとしても、「理と智の語をもって、従来の能所、色心などの対立語に代える思想は、すでに存在していたと考えてよいであろう」と結論づけている。

なかなか複雑な経緯をもっている「理」と「智」の思想ではあるが、とにかく、空海に至っては、それまでの仏教学で一般的に用いられていた、「色と心」、「能と所」、「智と境」などの対立概念を、ノエシス（主体）としての「智」とノエマ（客体）としての「理」に区分し、さらに、法身大日如来の動（智）と静（理）の両面と見るようになった。

さらに、注目すべきは、善無畏三蔵の訳と伝えられてきた、『三種悉地軌』や『破地獄軌』などの、破地獄関係の儀軌は、道教の影響が色こく見られる為に、現在では、中国撰述の儀軌ではないかと考えられている。

しかし、その内要は、注目すべきものがある。たとえば、『三種悉地軌』の特色は次のようなものである。

密教					
五字	ア	ヴァン	ラン	カン	ケン
五部	金剛	蓮花	宝	羯磨	虚空
五仏	阿閦	弥陀	宝生	不空成就	大日
五蘊	色	受	想	行	識
五輪	地	水	火	風	空
五方	東	西	南	北	中

道教					
五行	木	金	火	水	土
五臓	肝	肺	心	腎	脾
五色	青	白	赤	黒	黄
五味	酸	辛	苦	鹹	甘
五方	東	西	南	北	中
五季	春	秋	夏	冬	（土用）
五根	眼	鼻	舌	耳	口
五神	魂	魄	神	志	意

密教概念の五字、五部、五仏、五蘊、五輪に、道教の五行等を配置している。又、五方は両者に同じである。

私にとって、当面注意すべき点は、あるいは、熊楠の「南方マンダラ」乙図について、気になるのは、「五蘊」の出現である。

二、南方熊楠の五蘊、五智と『燕石考』について

以下、「五蘊」と「南方マンダラ乙図」の関係について説明をしてゆきたい。

南方熊楠の五蘊《うん》とは聞きなれない言葉だと思う。今までに、そのように名づけた人はいないし、南方熊楠の思想を、そのように、位置づけた人はいない。私が、そのように表明する理由は、南方熊楠自身が書いている図が今日残っているのであるが、この「南方マンダラ乙図」を理解する為に、私は、南方熊楠の五蘊という事を考えようと思っている。

まず、初心者の為に、この図に関する背景について少し説明しておかなければならないと思う。

熊楠は、一八九二年からイギリスのロンドンに住みはじめ、一八九三年に土宜法竜と出会っている。二人は親密になり、特に、仏教に関するやり取りをし、長年にわたって文通を続けた。

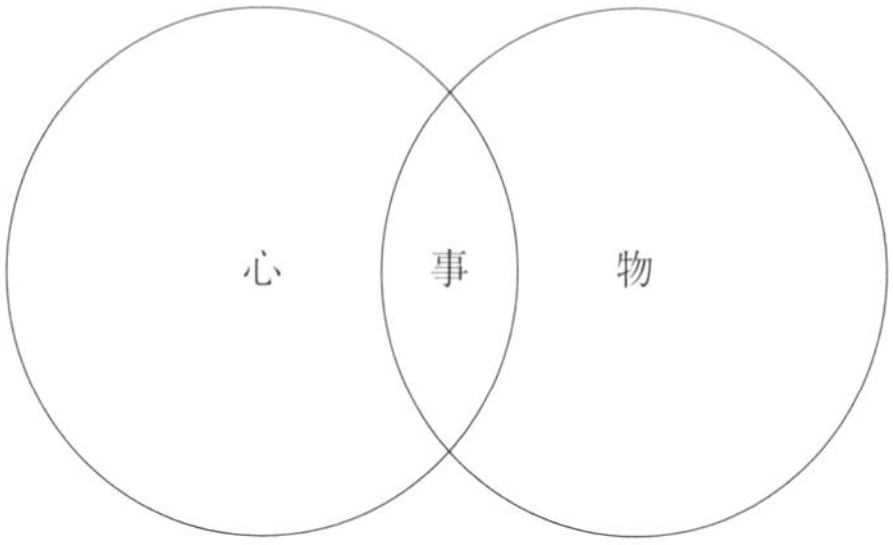

心と物がまじわる図

一八九三年十二月十九日の土宜の書簡に、まず、「事《こと》の学とは何のことに候や」、と書かれている事から推察すると、それ以前に、熊楠から、土宜へ、熊楠の思想である、「事《こと》の学」についての説明がある書簡があったと考えられるが、現在、それは残っていない。

一八九三年十二月に、熊楠から土宜への書簡に、「金剛界、胎蔵界は何を基として分かち、名づくるや」という文面がある。

一八九四年一月二十五日、土宜より熊楠へ、ややくわしい、伝統的日本真言宗の、金剛界曼荼羅と胎蔵界曼荼羅の説明を書いた書簡がある。明治二十六年（一八九三）十二月二十一日より十二月二十四日まで書いた熊楠の書簡には、「小生の事《こと》の学というのは、心界と物界とが相接して、……心界が物界と雑《まじ》りて初めて生ずるはたらきなり」と有り、又、「この心界の諸現象が右の物に摂《せっ》して、その物の力を起さしめて生ずるものが事《こと》なり（心物両界連関作用）この事《こと》の一切の智識を得たし」と有り、心と物がまじわる図を書き、この事《こと》は、「人界の現象と見て可なり」と説明している。

熊楠も土宜も日本に帰り、熊楠は和歌山の那智より、京都の土宜に送られた書簡には、「小生真言の曼陀羅の名と印とのことにつき、考え出したことあり」と書いたのは、一九〇三年六月三十日であり、同年七月十八日の書簡には、「この教え（禅宗のこと）は、真言のごとき曼陀羅もなにもなければ、森羅万象、心諸相、事諸相、名印諸相、物界諸相を理だてて楽しむというような事は、もとより行わるべからず」という文言が見える。

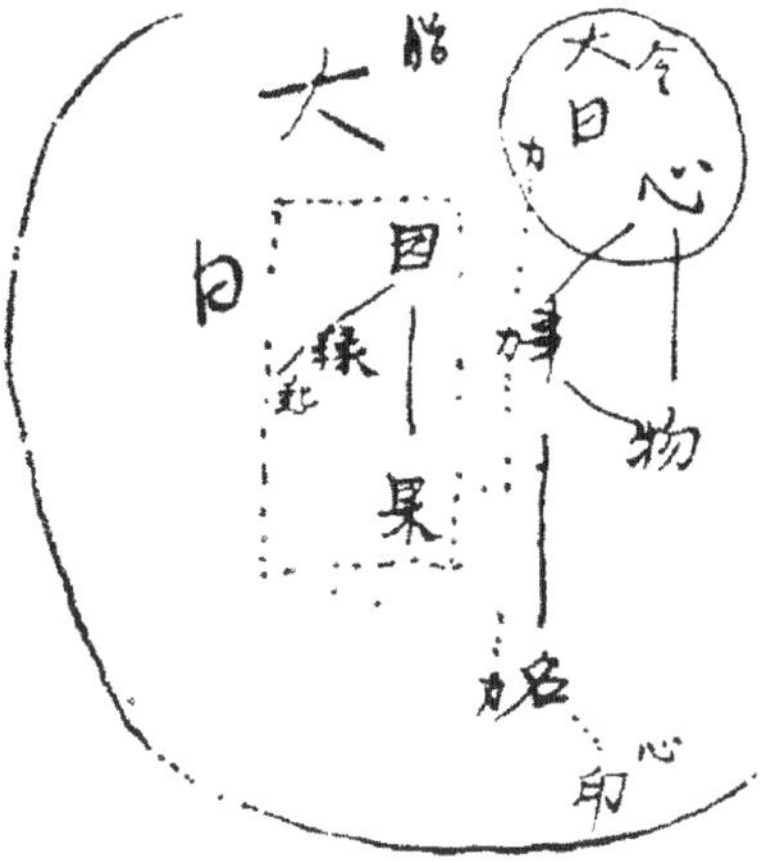

南方マンダラ乙図
（出典：『南方熊楠全集』第７巻、平凡社、390頁）

一九〇三年七月の書簡に、「南方マンダラ甲図」があって、八月八日の書簡には、「南方マンダラ乙図」が有る。

私は、この図を見て、心と物と事と名と印を、南方熊楠の五蘊と呼びたいと思う。

一九〇四年の三月二十四日より書き始める手紙に、「小生の曼陀羅に関することは、なかなかちょっと申し尽しがたければ、本書をもってその梗概《こうがい》（大略）を認《したた》め差上げ候」とあるが、途中で「小生用事起これり、決算の為、和歌山へ上り、数日留守なり、そのため、よって今日は、曼陀羅のことは止める」と有って、残念ながら、我々も、熊楠みずからのくわしい説明を読むことが出来ないままになってしまった。

シャカムニの五蘊は、ルーパ・ヴェダナー・サムジュナー・サムスカーラ・ヴィジュニャーナであり、一般的には、色・受・想・行・識、と呼ばれている。

辞典的説明によれば、五蘊のうち、「色」とは、いろ形のあるもの、つまり、心の対象となり、有情の外界となる物質的なものである。「受・想・行」の三蘊は、それぞれ、感受、表象作用、意志であって、心が対象と接触して生まれる心的反応であり、最後の「識」とは、認識主体、つまり心である。したがって、五蘊とは、心と、心の対象である物と、心が物に向かった時に生ずる心的反応の三段階を挙げ、この五つの分類で、人間の心身の構成をすべて表そうとしたものといえる。

熊楠の曼荼羅の図を理解する為に、私は、シャカムニの五蘊と、対応させて考える。しかし、色・受・想・行・識のうち、熊楠の心・物・事・名・印の「心」は「識」に、「物」は「色」に対応するが、事・名・印は、受・想・行と、どのように対応するのかが、一つの問題点となる。

シャカムニの五蘊と熊楠の五蘊を、次頁のように図示したい。

五蘊は皆空といわれ、それぞれが実体ではない。五蘊は実在するが、空性であり、空性であるが実在する。つまり、空＝関係性のなかに存在する。

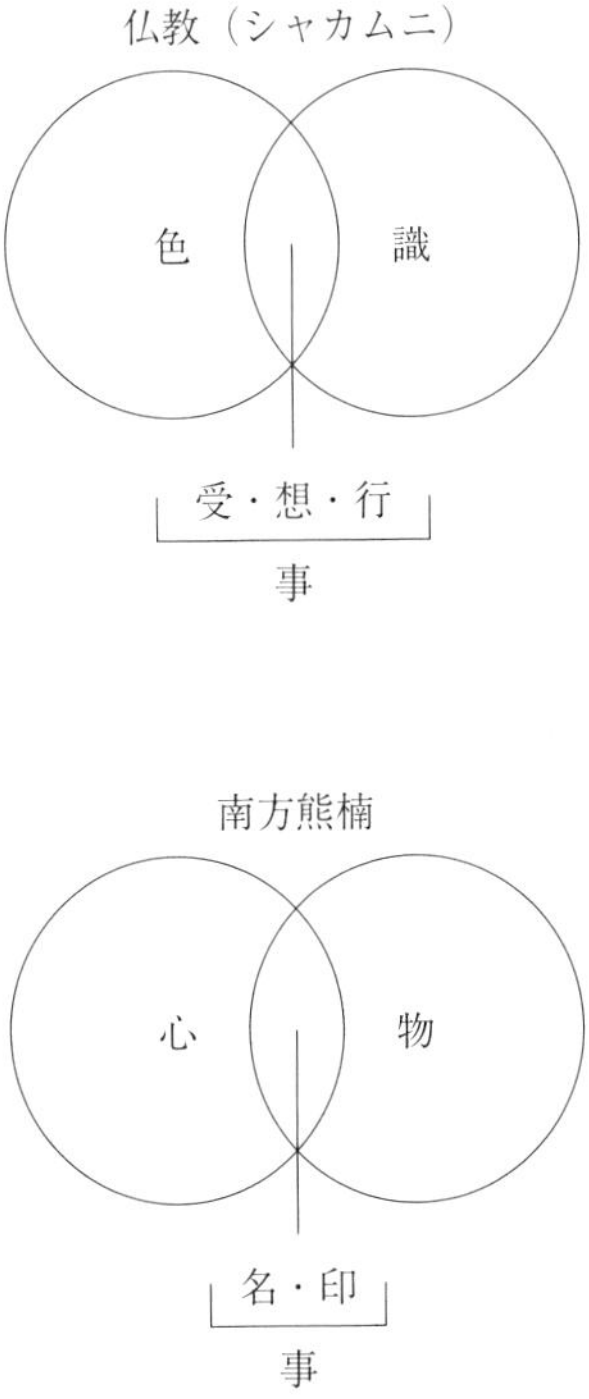

シャカムニと南方の五蘊関係図

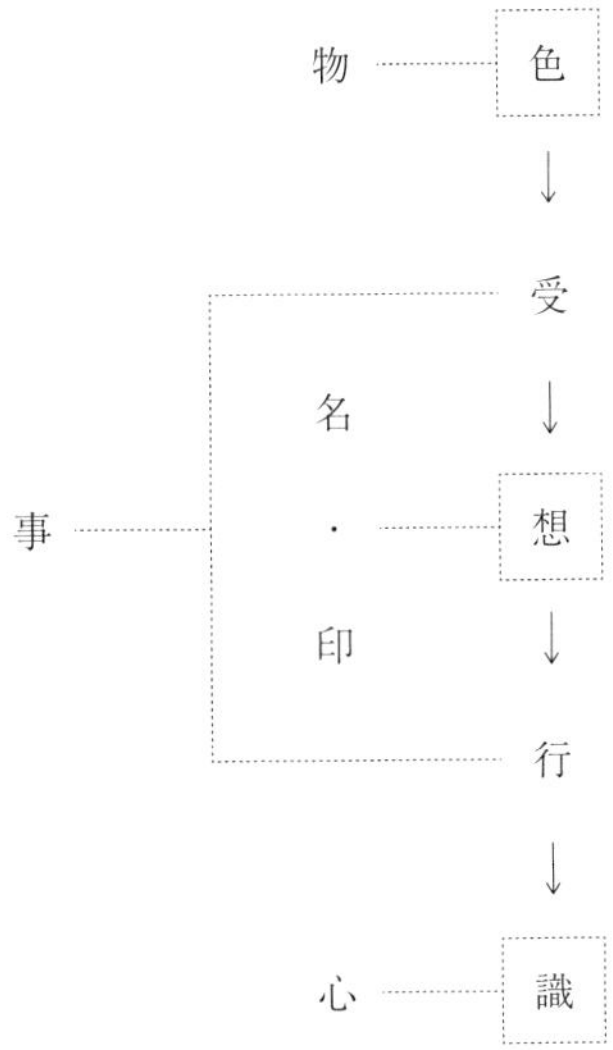

チベットでは、「秘密集会曼荼羅」に、五仏に、五蘊を配当する例を見ることができる。中国日本では、善無畏の『三種悉地軌』に阿閦・弥陀・宝生・不空成就・大日の五仏に、色・受・想・行・識の五蘊を配置する例がある。

チベット密教の曼荼羅は、主に、金剛界曼荼羅を基礎にしているものが多いが、熊楠の「マンダラ」のように、胎蔵界曼荼羅の中に金剛界曼荼羅が描かれているものはない。

この図はいかにも熊楠独自のものである。又、熊楠は、仏教の縁起の思想にも、独自の考え方をする。縁起の「縁」と「起」を分節して、「縁」に注目する。

又、心・事・名にかかる宇宙中の「力《ちから》」にも独自の注目をする。「物」と「心」あるいは、「色」と「識」の間に位置する、心が物に向った時に生じる「心物連関作用」に大いに注目している。

二〇〇五年発行の『南方熊楠と「事《こと》の学」』（鳥影社ロゴス企画部）の中で、橋爪博幸氏は、熊楠によって書かれた論文『燕石考』を基本にして、詳細な「事《こと》の学」の分析をしている。この本は、『燕石考』と「事の学」を合せて考える上で、大変、参考になる。

論文『燕石考』の終りに近い部分にきた所で、熊楠は、一つのまとめを述べる下りがある。

これまで私は、複雑な燕石伝説のさまざまな入り組んだ原因を追求してきた。さて、原因は複数のものであり、それらが人類の制度の発展に、いかに些細であろうとも、本質的な影響を及ぼしてきたということが充分に認識されている今日でさえ、自分たちが取扱うすべての伝説について、孤立した事実や空想を、その全く唯一の起原とすることに固執する伝説研究者が、少なくないように私には思われるのである。しかし全くのところ、伝説はその原因があまりにも多様で複雑な点で、またそのために、先行するものを後になって追加されたものから解きほぐしにくいという点で、まさに夢に匹敵するものである。ところで原因のあるものは、くり返し果となり因となって、相互に作用しあう。そして原因の他のものは、組み合わされた結果のなかにとけこんで、目に見えるような痕跡を全く遺さないのである。このように多少は避けがたい困難を充分に自戒しつつ、上述の議論を概括して、なるべく真実に近いものを、読みやすく筋道だてて以下に述べてみよう（岩村忍訳『南方熊楠選集』6、平凡社、一九八五年、三〇四頁）。

この要約の中に熊楠のこの当時の、心物事名印の思想が（つまり「南方マンダラ」の思考力）が基本的に秘められていると考えられる。

「南方マンダラ乙図」の表示の直後に、次のように述べる。

右のごとく真言の名と印は物の名にあらずして、事が絶えながら（事は物と心に異なり、止めば断《た》ゆるものなり）、胎蔵大日中に名としてのこるなり。これを心に映して生ずるが印なり。故に今日西洋の科学哲学等に何とも解釈のしようなき宗旨《クリード》、言語《ランゲージ》、習慣《ハビット》、遺伝《ヘレディティー》、伝説《トラディション》等は、真言でこれを実在と証する、すなわち名なり。

「伝説はその原因があまりにも多様で複雑」であり、「原因のあるものは、くり返し果となり因となって、相互に作用しあう」ものなのである。そして、「原因他のものは、組み合された結果のなかにとけこんで、目に見えるような痕跡を全く遺さないのである」。

これらの意見は、熊楠の「南方マンダラ乙図」の説明とちょうど対応していると思われる。論文『燕石考』の「燕石伝説」に登場してくる主なものは、次頁のものである。

交感理論《シンパシー》、つまり、一種の連想ゲームによって、世界中の伝説がつながってゆく。名《ネーム》と印《マーク》（名と印をネームとマークとするのは、二〇〇六年の松居竜五氏の、高野山国際密教学術大会発表の論文にもとづいている）は世界各地で広がっている同じようなものを結んでゆく「痕跡」であり「履歴」である。

この論文は、鶴見氏によって、「南方曼陀羅の手法による『比較謬見論』とよぶことができます。この論文は、人間の認識における誤謬の起源を探究しただけでなく、さらに、人間は、誤解することによってたとえば、ロングフェローの詩の示すように創造力を刺激されることがあります。その意味で、誤謬と創造との関係について示唆に富む論考でもあります」（『南方曼陀羅論』一〇二頁）とある。

名	印
燕（鳥のツバメ）	幸運 吉兆の鳥 天と地の母 神聖な鳥 縁起の良さ 母性愛 夫婦愛 火事と電光の守護
燕石（ケリドニウム）	てんかんに効力 頭痛を鎮める 肝臓病を治す 貴族のご機嫌取り
石燕 （スピリフェル属の腕足類の化石）	姿形がツバメに似ている 薬用の石 陣痛をやわらげる
子安貝（カウリー）	多産・安産・至福 邪視除けのお守り
郎君子（貝の一種）	オスとメスの交合のイメージ
相思子（　〃　）	安産のお守り 子供のおもちゃ
酢貝 （タカセガイの仲間のへた）	酢につけると動く 色事のまじない 結婚の占い
目石《アイ・ストーン》（サザエ科の貝のへた）	目のゴミをとる
燕石（サスナージュ石等）	眼病にききめがある
燕草（クサノオウ）	瘡腫を治す 視力回復

そのとおりでもあるが、私は、つけ加えて、熊楠が、西洋の科学哲学では説明のできない、「伝説」や「習慣」の「痕跡」や「履歴」を、正しく、つまり、「実在」のものとして、認識し、価置づける方法論であると考えたい。

まさに、熊楠が言うように、それらは、真言では「実在」として、説明がつくというわけであろう。歴史や民族や国家の違いによる命名と記録や記憶は、連想によって、無尽につながってゆくものなのであろう。それらは、熊楠が指摘しているように、「夢」に近いものであるといえよう。

世界中の「神話」を研究するような時、熊楠のような方法論は、大変有効なものであるに違いない。「神話学」ほど複雑なものはないゆえに、我々は、今後この様な方法論を駆使すれば、実に、実り豊かなものになる可能性を秘めていると言わざるをえない。

現在残っている熊楠の「伝説学」や「説話学」は、それがゆえに、大変貴重で豊かなものとなっているというわけであろう。

尚、これらの方法論を駆使した最近の研究書に、彌永信美氏の『仏教神話学』1・2（法蔵館、二〇〇二年）がある。熊楠の引用も多くあり、大変有益であった。彌永氏は、フランスのコレージュ・ド・フランスの故ベルナール・フランク博士のお弟子で、仏語の仏教語彙辞典《ごい》『法宝義林《ほうぼうぎりん》』の編集にも参加している。

明治三十六年六月七日の書簡には、

わが曼陀羅に名と印とを心・物・事（前年パリにありしとき申し上げたり）と同じく実在とせることにつき、はなはだしき大発明をやらかし、以為《おもえら》く真言の教は熊楠金粟王如来によりて大復興すべし、と。よって今年中に英文につづり、英国の一の科学雑誌へ科学者に向かいて戦端を開かんとするなり。もしこの秘密儀を聞かんとならば、（なかなかむつかしい。例の科学を基として立てた論なり）、その旨《むね》ハガキにて申し来たれ。

書簡の注によれば、この内要に該当する英文論考は発見されていない。書かれたものか、書かれなかったものなのか、今は判断できないのであるが、今後の進展に期待したい。

次のような事も、参考になるかも知れないので、呈示しておきたい。

実体的自我は仏教では否定されている。すべては関係性の中に存在するという哲学を、最晩年に打ち出した哲学者の廣松渉氏は、この事を「関係の第一次性」と呼び、物的世界像から、事《こと》的世界観への転化をうながした。

廣松渉氏が翻訳した、エルンスト・マッハ（一八三八―一九一六年、オーストリアの科学哲学者）の『感覚の分析』（法政大学出版局、一九八三年）に多くのヒントが表明されている。同書第一章に「さまざまな基本変数及びさまざまな依属関係を斟酌《しんしゃく》することに一切が懸《か》かっている」という表明に、西洋科学の方から到達した、一種の悟りに、私は注目している。

この当時の熊楠の発想の源は、おそらく『華厳経』ではなかっただろうか。『華厳経』第五十三、入法界品第三十四之十の一部を引用しておき、参考にしてみたい。

又、善男子、盧舎那仏の不可思議の清浄色身は、相好荘厳したまう、我これを見おわりて無量の歓喜を起せり。盧舎那仏は念念の中に於いて法界に等しき光を放ち、普く一切諸の法界海を照したまう。我これを見おわりて無量の歓喜を起せり。盧舎那仏は念念の中に於て、一一の毛孔より無量の仏刹微塵々等しき光を放ち、一一の光明に無量の仏刹微塵々等しき光有りて、以《もつ》て眷属となし、普く一切を照らして法界に充満し、衆生の一切の苦悩を除滅したまう。

熊楠の、華厳思想からの強い影響については、松居竜五氏が、「南方マンダラの形成」(『南方熊楠の森』方丈堂出版、二〇〇五年)でくわしく述べている。那智に籠《こも》った時代に『華厳経』本文は手元にあった事が、書簡で確認されているし、唐の法蔵による論書『華厳五教章』(正式の名は、『華厳一乗教義分斉章』四巻)も蔵書の中に確認できる。

『南方熊楠邸蔵書目録』の中に、仏教書が、以外と少ないような気がする。大英博物館には一切経があったようであるが、のちに「一切経」を田辺の寺から借りてきて抜書きをするまでは、あまり多くを読んでいなかったのかも知れない。

たしかに、「南方マンダラ」の形成には、『華厳経』が、大きく関係していると見なければならない。

尚、『南方熊楠大事典』(勉誠出版、二〇一二年)に、「仏教」の綱目に、「最後に一言しておきたいのは、熊楠は一九〇二年四月に法龍に教えられるまでは阿頼耶識《あらやしき》を知らなかったということである」と書いているが、明治二十七年十月十八日に、土宜から受け取った印融の『両部曼荼羅私抄』を、三回通読したとあり、その『両部曼荼羅私抄』に書き示されている阿摩羅《あまら》識(第九識)、以下、第八識、第七識、第六識、前五識が、金剛界五仏の五智と転じる説明が表明されており、明治三十五年四月十八日に、「即ち例の仏教の第七意識を霊魂と心得たるものの如く相見え、末那識、又それ以上の如来識とも可申ものは一斑だも心得ざるに似たり」と書いており、『両部曼荼羅私抄』を読んだ時の、阿頼耶識等の知識が記憶され生かされているものと思われる。

私はここで、両部の曼荼羅についての基礎知識をおさらいしておきたい。以下は『松長有慶著作集』第四巻「マンダラと密教美術」(法藏館、一九九八年、二九頁)による。

われわれは通常、胎蔵曼荼羅と金剛界曼荼羅を対にして、両部とか両界の曼荼羅と呼んでいる。しかしこの両曼荼羅を一対とする思想は、中国独特のもので、インドの文献には、その起源を求めえない。マンダラを構成する諸尊の名称と配置をみれば、胎蔵曼荼羅の中には、大乗仏教の中に包摂された厖大な数にのぼる仏、菩薩、明王から、星宿、鬼神にいたるまでの諸尊の巧みな分類と整理が認められる。それに対して、金剛界曼荼羅は、大日如来を中尊とする四仏をもってするグループ分けによって、諸尊はすべて金剛の名をもった密教独特の菩薩に再生せしめられている。つまり胎蔵曼荼羅は、大乗仏教の仏、菩薩をはじめ、ヒンドゥー諸神をそのままの形をもって摂取し、それぞれの出自と性格によって、グループ別に分類した。それに対して金剛界曼荼羅は、胎蔵曼荼羅において包摂した諸尊に、仏教的な理念を付し、ことごとく密教独自の尊に変格させている。後期のインド密教、およびチベット密教では、胎蔵曼荼羅はさして重要視されず、金剛界曼荼羅のみをさらに発展させることになる。胎蔵曼荼羅は金剛界曼荼羅の中に発展的に解消したとみられたためであろう。

改めていうまでもないが、胎蔵曼荼羅は、『大日経』(『大毘盧遮那成仏神変加持経』)を典拠とし、金剛界曼荼羅は、『真実摂経』(『金剛頂一切如来真実摂大乗現證大教王経』)を典拠としていて、それぞれの成立過程は微妙に違っている。

次に、熊楠が、数多く言及する、「五智如来」とは何であろうか、これについても、おさらいをしておきたい。

金剛界曼荼羅の中心を占める五仏の(中略)象徴的な意味は、また五種の智恵と深いつながりをもっている。すなわち、大日如来―法界体性智、阿閦如来―大円鏡智、宝生如来―平等性智、阿弥陀如来―妙観察智、不空成就如来―成所作智がそれである。大日如来の特性を四つの方面に開いたものが四仏である。それと同様の、法界体性智を開けば四智となる。四智の名は一般の仏教経典の中に出るが、法界体性智は密教独特の智恵で、四智を総合した永遠で普遍的な絶対の智恵を指す。

大円鏡智は、大きな円い鏡のように現象世界のあらゆるものをそのままうつしだす智恵である。平等性智は、現象世界に存在するあらゆる事物は一見それぞれの特性があってみんな違っているように見えるけれども、その本質においては平等であることをみきわめる智恵である。妙観察智は、一切の事物の特性をみきわめる智恵である。あらゆるものが本質的には平等でありながら、それぞれの特殊性をもち、機能と役割を異にすることをこの知恵によって知るわけである。成所作智とは、それぞれの智恵を現実社会に実際に働かせ効果あらしめる智恵である。実践の面を担当する智恵といえるだろう。（中略）一切の事物を包みこみ、それぞれの特性と共通性をみきわめる三種の智恵が、現実世界に働きかける行動についての第四の智恵をそなえることによってはじめて完成し、最終的な法界体性智となるという五智の構造は興味深い。（『松長有慶著作集』第三巻「空海思想の特質」二二二頁―二二三頁）

「南方マンダラ」の智恵も、おそらく、これらの「五智」の構造をそなえているに違いない。又、そこに、「南方熊楠の五蘊」（前述説明）の蘊奥《うんのう》を密めているとすれば、まことに特筆にあたいするというべきであろう。

『燕石考』のところで論じたように、心・物・事に、具体的な「痕跡」と「履歴」をもつ名《ネーム》と印《マーク》を包みこんでいる。五智の中で、ある意味最も大事な、「成所作智」を正しくとらえていることができているとは言えないだろうか。

「真言密教の智恵」の中心は何かと問われれば、私は、現代に、この「五智」の智恵を正しく継承し、その深い意味を、科学、哲学、宗教、社会の中で活用をすることだと思う。閉塞《へいそく》状況に落ち入っている、まさに、現代の世界の導きの糸になる可能性を大《おお》いに密めていて、誠に興味深く感じられる。

特に熊楠は、科学との融合をしばしば主張しているが、「大日如来の五智」とは、まちがいなく科学精神である。

次のような指摘も考えさせられる。

近代科学だけではなく、古代社会にあっても、科学は因果関係を無視してはなりたたない。Aという事象がおこる理由をたずねていけば、Bという原因にいきつく。BがあればかならずAという結果が生ずるという因果関係を前提にして、科学がなりたっている。古代にあっては、洋の東西を問わず、呪術もまた同様であった。科学と呪術とは一見、異質と思われるが、原因となるある行為によって直接、確実に、所期の効果がもたらされるという点からいえば、両者は共通の基盤に立っている。ただ科学が物質を利用するに対し、呪術は鬼神を使役するところが相違するにすぎない。このような意味で、西洋においては、科学も呪術もともに錬金術から出発したといわれるのも、ゆえなしとしない。
東洋でも似たような事情にある。サンスクリット語で、ヴィディヤー（vidyā）という言葉は、科学であり、学問をさすとともに、呪術をも意味し、明呪《みょうじゅ》という訳語もある。仏教で五明《ごみょう》といえば、内明（仏教学）、因明（論理学）、声明（言語学、文法学）、医方明（医学、薬学）、工《く》巧明《ぎょう》（工芸、技術、暦数学）の五種の学問をさす。（『松長有慶著作集』第二巻「インド密教の構造」法藏館、一九九八年、一五二頁）

熊楠少年時、時の菩提寺真言宗延命院住職より「因明（論理学）は岩をもくだく」という言葉を聞き、後々までも、それを想い出している。最初から、熊楠にとって、「真言」と「科学」は、切っても切れない関係にあったのだと言えよう。

三、シヴァ神について

神田英昭氏による論文二つ（「南方熊楠によるマンダラの思想の受容について」「南方熊楠の因果論——土宜法龍書簡にみられる南方マンダラの萌芽」）は、いわゆる「南方マンダラ」を考察する上で、大変有益であった。

私はこの章で、熊楠が、摩醯首羅（シヴァ神）に興味を示している事実について、若干の考証をしてみたいと思う。
明治二十六、七年頃の土宜への書簡には、バラモン、ヒンドゥー諸神に対する言及が散見される。たとえば、明治二十六年十二月六日には、次のような記述がある。

仏教は神を知らざるものに非ず。（たとえは天龍八部など、みな他諸宗教にこれぞ造物主、大自在天王、大神と称するもののみなり）ただ神は神たるのみ。其力に限りあり。人は神よりも尊き地に至り得べし。善を修せずして神を拝するも益なきことを述たるものと存す。

大自在天とは、シヴァ神の別名である。又、十二月十一日夜以降の書簡には、

シバイズムが大乗教の基の幾分を為《な》せりということは、西人に之を推言し小生も疑はず。たとえば大乗法中の明王部の如きは、全く之より出しことと存候。（中略）私の考には、たとひ魔醯首羅の法より大乗が出たりとも、少しもかまふことに非ず。例の藍より出て藍より青きものなればなり。

明治二十七年一月十九日の書簡には、金剛界、胎蔵界の曼陀羅について、土宜に教えを乞う一件が述べられていて、次のように続いている。

大体曼陀羅には何々の仏、何々の菩薩、何々の明王、何々の天を画くものに候や。此段伺上候。
これは小生魔醯首羅王教を閲するときの参考の為也。

とあり、この当時の能楠は、曼陀羅に対する知識がまだほとんどなかった事がわかる。それに比して、魔醯首羅王教（シヴァ神信仰）に興味の中心をおいている。

明治二十六年十二月十一日には、

されば小生の見解は耶蘇にも又仏にもなく梵教なり。

という意見もあり、かなり、バラモン教、あるいは、ヒンドゥー教に傾いている。
土宜も、明治二十七年一月二十五日の熊楠への書簡で、金剛界、胎蔵界曼陀羅の熊楠への説明は、特に、熊楠が興味を持っている、魔醯首羅の、曼陀羅内の意味を説明している。降三世羯磨《かつま》会と降三世三昧耶《さんまや》会に関するものである。これらの事から、興味の重心を、徐々に真言曼陀羅そのものへと移行させていったものと思われる。しかし、私は、この時期の熊楠の視点、特に、たとえ、魔醯首羅の法より大乗が出たりとも少しもかまうこと非ず、と言う思想に、強く関心をよせる。

なぜならば、最近読んだ、彌永信美氏の『仏教神話学』1・2の、『大黒天変相』、『観音変容譚』に、シヴァ神から、大乗の菩薩や明王、天部達が、次々と生れ出てくるプロセスの研究におどろかされたところであったからである。又、中世の仏教や文学の研究者である、田中貴子氏の『渓嵐拾葉《けいらんしゅうよう》集《しゅう》』に対する研究や、『外法と愛法の中世』（平凡社、二〇〇六年）に、目を見はらされるものがあった。仏教学上では、ヒンドゥー教と仏教は、厳密に区分されるのではあるが、社会に信仰形式として流布するときには、一見、ヒンドゥー教なのか、仏教なのか、ほとんど見わけのつかない事態が起ってきた。特に、日本の中世社会の中で。

このような、仏教学としてだけではない、伝説学、説話学、神話学的な研究の進展が、今後、思はぬ展開を見せる事が、予測されるのである。

誠に今日的な可能性がありそうである。晩年の熊楠が注目し、関心をよせていた、『今昔物語集』や『沙石集』の新たな読みとき方を示唆してくれているとも言えそうである。

四、密教学経典について

『熊楠研究』（南方熊楠資料研究会編）第三号に、飯倉照平氏による、『平凡社版南方熊楠全集大蔵経索引』があるので、これを参照して、熊楠は、どのような仏典を読み、又、何を学んだのかという問題を考えてみたい。

小峯和明氏の指摘によれば、明治四十四年（一九一一）の四月より、田辺法輪寺にある黄檗版大蔵経を借り、次々田辺抜書に写したらしい。飯倉氏の索引によると、二九三冊の仏典が数えられる。私は、この内で、密教経典がどれくらいあるのかを調べてみた。『大正新脩大蔵経目録』の密教部一から密教部四にある仏典を調べると、全部で二十九冊を数える事が判明した。

いわゆる密教学を学習する為に必須といわれる仏典がいくつかあるが、『大日経』はあったが、『大日経疏』はない。『真実摂経』はなく、『理趣経』や『理趣釋』はなく、『十八会指帰《しき》』なども入っていなかった。

熊楠の好みがあり、『四分律』や『十誦律』からの引用は大変多い。これは、飯倉氏も指摘しているように、男女、同性、変態のセクソロジー関係に対する興味を表わしている。又、小峯和明氏は、『今昔物語集』の説話研究に、仏典からの引用を調べている。芳賀矢一の『攷証今昔物語集』の欄外には、多くの熊楠の書き込みが見られるものが考証されている（「南方熊楠の今昔物語集」『熊楠研究』一号―八号連載）。

ここで、繁雑ではあるが、飯倉氏の索引の中から、現在『大正新脩大蔵経目録』の密教部の二十九冊の題名をのせておきたい。

八八九「一切如来大秘密王未曾有最上微妙大曼拏羅経」

一二二八「穢跡金剛説神通大満陀羅尼法術霊要門」

一二二九「穢跡金剛禁百変法経」
一〇三三「金剛恐怖集会方広軌儀観自在菩薩三世最勝心明王経」
一二七二「金剛薩埵説頻那夜迦天成就儀軌経」
九九九「仏説守護大千国土経」
一二六四「観自在菩薩化身蘘麌哩曳童女銷伏毒害陀羅尼経」
一〇六〇「千手千眼観世音菩薩広大円満無礙大悲心陀羅尼経」
一二七七「速疾立験魔醯首羅天説阿尾奢法」
八九五「蘇婆呼童子請問経」
一三四一「大威徳陀羅尼経」
九九二「大方等大雲経請雨品第六十四」
八四八「大毘盧遮那成仏神変加持経」
一〇〇五A「大宝広博楼閣善住秘密陀羅尼経」
一三三九「大方等陀羅尼経」
一二六〇「大薬叉女歓喜母并愛子成就法」
九〇一「陀羅尼集経」
一三三六「陀羅尼雑集」
八八四「仏説秘密相経」

一〇九四「不空羂索神呪心経」
一〇九五「不空羂索呪心経」
一〇九二「不空羂索神変真言経」
一〇九六「不空羂索陀羅尼経」
一一二九「仏説金剛手菩薩降伏一切部多大教王経」
一二〇二「不動使者陀羅尼秘密法」
一〇〇八「菩提場荘厳陀羅尼経」
一一九四「妙吉祥平等観門大教王経略出護摩儀」
一三一八「瑜伽集要救阿難陀羅尼焰口軌儀経」
八九〇「仏説瑜伽大教王経」

以上二十九冊
番号は大正大蔵目録

密教仏典を読み、密教学、密教哲学等の論述についての引用は、ほとんどない様であり、熊楠の好みは、たとえば、『法苑珠林』のような、説話学的な資料に、多くの感心が集中している様子である。

熊楠の頭の中には、どのような正統密教学の知識が入っていたのかくわしく知る事はできなかったが、今後の研究をまちたいと思う。

五、霊魂論とカッバーラについて

『燕石考』や「南方マンダラ」を書いた明治三十六年（一九〇三）の約一年前の、明治三十五年に、土宜の方から、熊楠に、「予が霊魂、死不死の安心を問ふ」という質問があった。「事の学」や、いわゆる「南方マンダラ」に関する思想は、熊楠側からの設問であったが、「霊魂」に関する思想は、土宜の方からの設問であった。それまでにも、土宜は、ブラバァッキー流の神智学や人智学的なオカルティズムに興味を示してきた。だいたいそのような流れの中で、土宜は、熊楠に質問をしたようである。

明治二十六年十二月十一日（夜以降）の書簡では、

仁者ヒプノチズム又読心術等を以って曼陀羅教に比せんとす。小生は不当と存ず。それよりは、耶蘇教に Gnosticism（グノスチシズム）という一派の哲学あり。丁度五智如来、五大明王やうの観念も立たるものにて、甚だむつかしきものなり。他日見当らば其書を購ひ贈るべし。ヒプノチズムなどは、所謂巫祝の道など申すべきにや、一向つまらぬことなり。小枝に候。

と述べ、土宜の興味対象を批判している。しかし、後に、熊楠は、イギリスのマイヤーズの書を読み、あるていど自分も興味のあることを示している。この当時の、世界的な流行現象であったともいえる。

「霊魂」を考えるのにあたって、熊楠は、まず、心（マインド）と精神（スピリット）と霊魂（ソール）を分節する必要を述べる。

「熊楠が案出せる新手」の図の説明に、「一寸解脱して心を脱して精神界に上るも、なほ霊魂の沌に復せず、（所謂天部位いのもの）〔注・胎蔵界曼陀羅の中の外院に天部の場所があることをさす〕一躍霊魂に復すれば至楽至聖といふなり」という表現があるので、「霊魂」が、最も上部で、「心」が最も下部で、「精神」がその中間であると考えられる。又「無終無始の霊魂が精神に化し、精神が諸元素に接して、父母の体より人の体と人の心を生ず」とも述べられている。

総じて、「霊魂は不滅不生にして常照光明なり」として、「霊魂は大日中心内のものなり」と述べる。霊魂は、ほとんど大日如来と同一視されていて、いわば、一種の「霊魂不滅常住説」と見てよいだろう。

このような思想は、どのようにして生じてきたのであろうか。一つのヒントとなるのは、明治二十六年十二月十一日の、ロンドン時代の書簡に次のようなものがある。

> 仁者又小生の哲学上の見解を問はる。小生は何も知らず。但し前回も申せし如く、小生は宇宙の

基本は一大理体（名のなきもの）ありて、それが分身流出して色々の物体となり、各右の一大理体の力の一分を偏有して現物界外心界を顕はすに非ぬかと思ふ。されば、小生の見解は耶蘇にも又仏にもなく、梵教なり。扨なにゆえに梵天がかかるものを顕出せるかといふに、ただ自らの楽しみになすといふの外なし。

〈貼り紙〉[7]

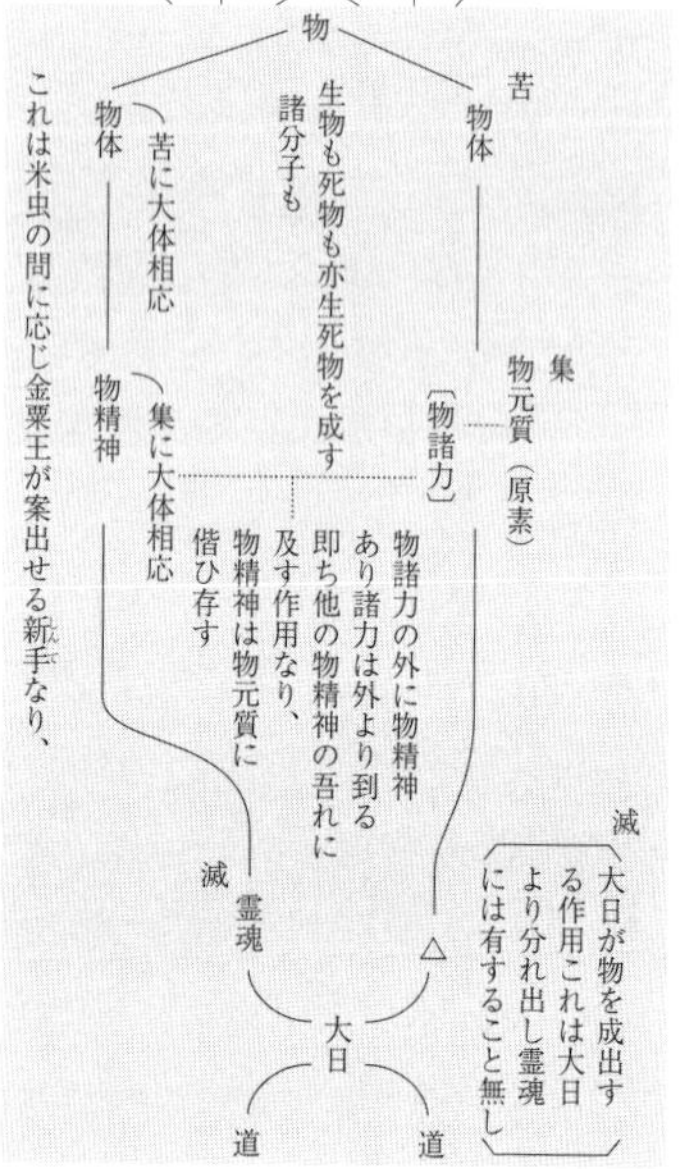

この表明に、熊楠の「霊魂論」の原型が示されているとみたい。

その具体は、「梵教」、「真言教」と若干のゆれがあるが、大体、真言密教の「阿字本不生説」と同一であると見たい。

熊楠は、これらの問題を図で示し、くわしい説明をするにあたり、この三つの図を示す。

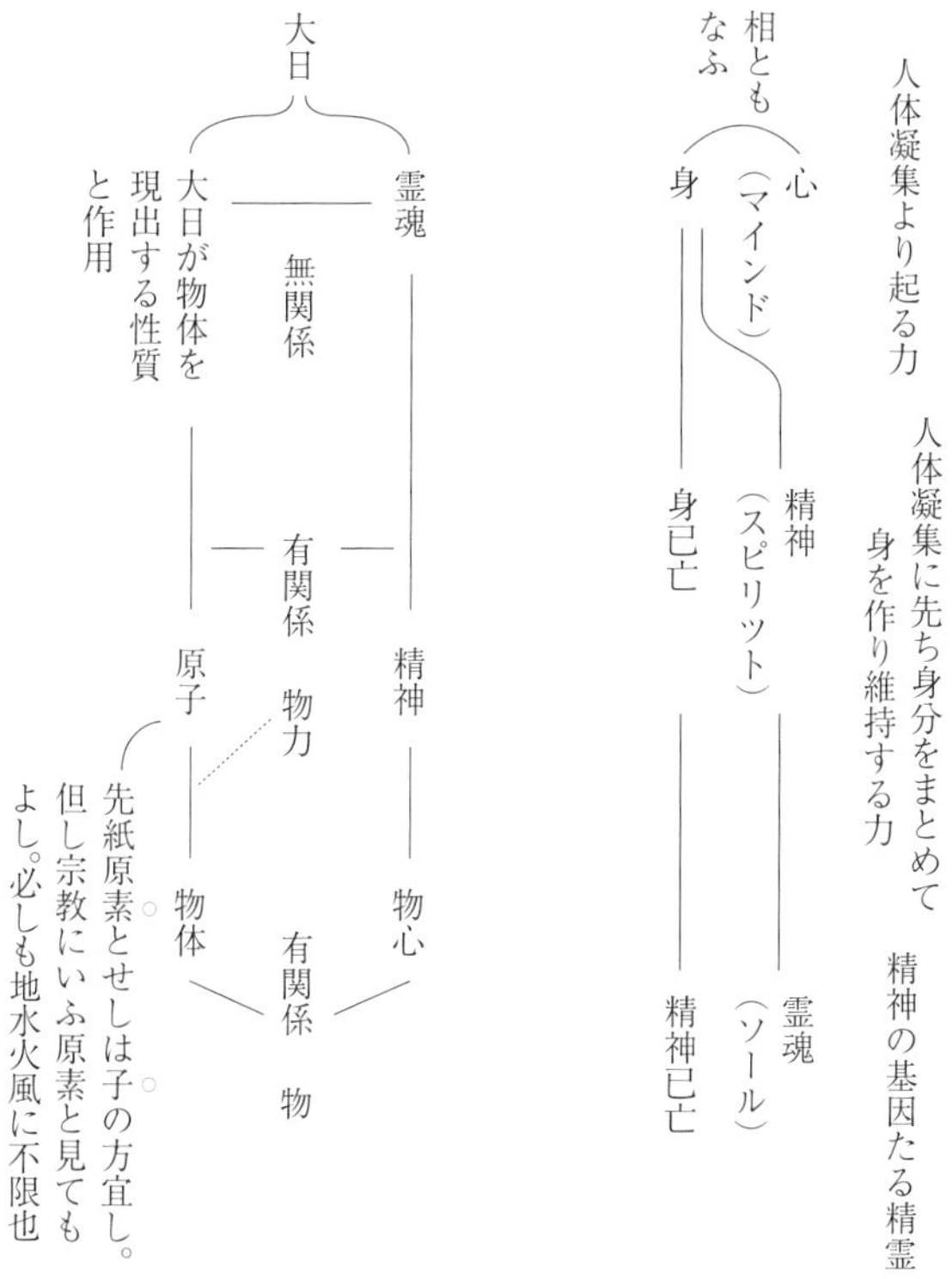

そして、「これは猶太教の密教の曼陀羅じゃ。像画をかかず、又泰山府君とか黒女天とからちもなきものを入れぬだけ日本の真言よりはよい」と述べる。

ここで、ユダヤ教のカッバーラのセフィーロートとのつながりが出現する。

そこで、一応『南方熊楠邸蔵書目録』の中に、これらに関した書籍はあるかどうか、見てみると、洋書部番号〔洋一五〇・十八〕に、(CabaLa)の文字の見える一八八〇年ニューヨークで出版の一書があった。

その他にも、ロンドンで目にしている可能性は非常に高い。

そこで、カッバーラとは、一体どういうものかという興味がわいてくるのであるが、熊楠も「これははなはだむつかしく入りくみしもので」（『南方熊楠　土宜法竜　往復書簡』一九九〇年、二二頁）と言っているように概略を説明することは、大変困難であるが、大変よいガイドとなるものに、井筒俊彦博士の『意識と本質』（岩波書店、一九八五年）がある。

特にその中の、二二八頁から三〇四頁までに、カッバーラーのセフィーロートについての有益な説明が書かれている。

井筒氏も、真言密教曼陀羅とセフィーロートの共通性を指摘している。次のような文章を引用しておきたい。

マンダラはチベット密教や真言密教だけのものでは決してない。精神分析におけるマンダラ体験の意義を強調したユングは、密教的教養とはおよそ無縁の自分の患者が、夢や異常心理状態において、屢々《るる》不思議な心象図形を経験し、それを絵画に描くのを見た。それらの絵画は、驚くほど密教のマンダラに似ていた。似ていたのではない、まさにマンダラだった。ユング自身もマンダラを描いた。それらの象徴的図形は、彼自身の作品を含めて、すべての心の暗い奥底から、自然に、自発的に、湧き上ってくるもののごとくであった。ユングはそれを、深層意識の象徴的自己表現として理解した。すなわち、意識深層にひそむ、それ自体では不可視、不可触の「元型《アーケタイプ》」の形象的自己顕現としたのである。

しかしながら、「元型」体験は、必ずしもマンダラ体験という形を取るとは限らない。つまり、マンダラが「元型」イマージュの全体構造的現成の唯一の形ではない。マンダラという名の下に、我々が日頃見慣れてきたものとはまるで違った形が、ほかにもある。

もっとも、「マンダラ」の語義を自由に拡張して、一般に全存在世界の「元型」的「本質」構造をイマージュ的に示す図形を、具体的にはそれがどんな形であるにせよ、すべてこの名で呼ぶことにするなら、また話は別だ。そうなれば、易の六十四卦の排列形態も、当然「易マンダラ」の名に値するだろう。それにだいいち、易思想はその歴史的発展の途上で、事実上、密教のマンダラにかなり近い図形を生み出している。そしてまた、これから述べようとしているカッバーラの「セフィーロート」構造体も、明らかに「セフィーロート」マンダラである。

ここに私が特に「セフィーロート」を取り上げるのは、それが従来我が国ではほとんど真面目な学問的考察の対象とされなかったということもあるけれど、それよりも、それが、疑いなく、「元型」イマージュの深層意識的構造体でありながら、しかも、その顕現形態が狭義のマンダラとは著しく異なる点において、「元型」的「本質」論の興味ある一章となすに足ると考えるからである。

真言密教とカッバーラが基本的に似ているのは次のようなところである。

真言密教では、「阿字本不生」といって、存在論の基盤に梵字の「阿字」をあてるが、カッバーラにおいても、宇宙の存在の始まりが、「アイン（エーン）」であり、「無」を意味する。それが、変化し、「アイン（エーン）・ソフ」つまり、「無限」となり、「アイン（エーン）・ソフ・オウル」つまり「無限光」を発出する。

それが、様々に流出するのであるが、大日如来の発する光が、万物に変化するのと、非常によく似ている。

私は自宅に『AN INTRODUCTION To THE CABALA; Tree of Life』（Z'ev ben Shimon Halevi, New York, 1980）という書籍を持っているのであるが、いまだに読み切って、解明できていない同書の図を示して参考にして頂きたいと思う。一つの元型が、実に様々に変化し、復合的な意味を現出する様子が見てとれると思う。くわしい解明は今後の宿題としたい。

熊楠が、「曼陀羅のことは、曼陀羅が森羅万象のことゆえ、一々実例を引き、すなわち箇々のものについてその関係を述ぶるにあらざれば空談となる。抽象風に原則のみいわんには、夢を説くと代わりしことなし」と語ったように、抽象的な空理空論を好まず、実例を具なった具体的な説明を愛した。それこそが、我々が見習うべき、精密なサイエンス、実証科学の精神とでも呼ぶべき態度ではなかっただろうか。そして、それは、とりもなおさず、真言曼陀羅の「五智《ごち》」と「五蘊《ごうん》」の活用にほかならないと思うものである。

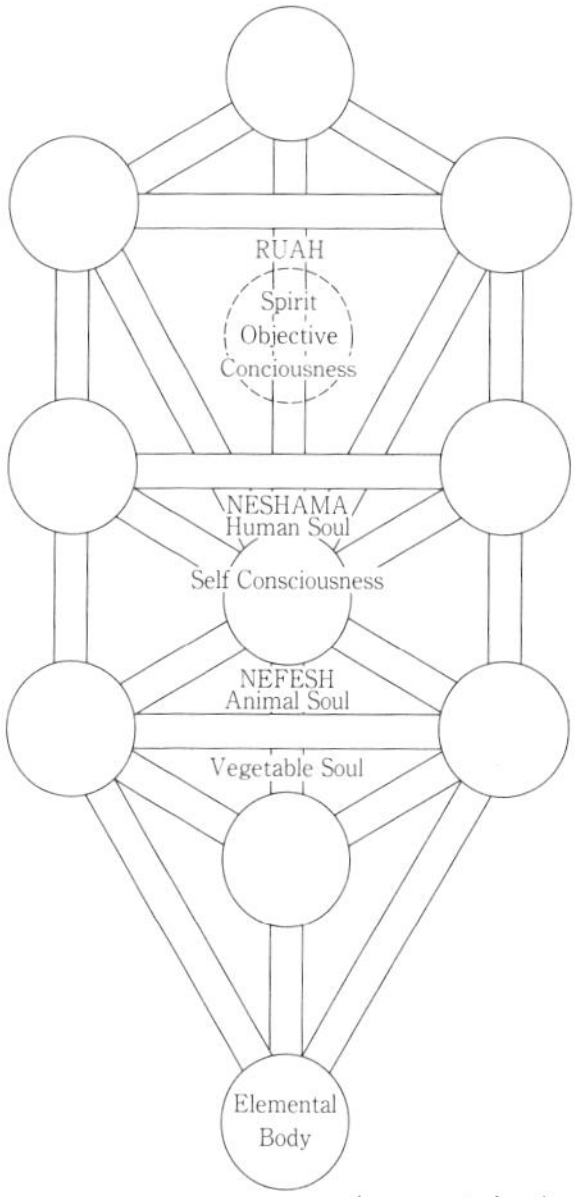

Inner triads

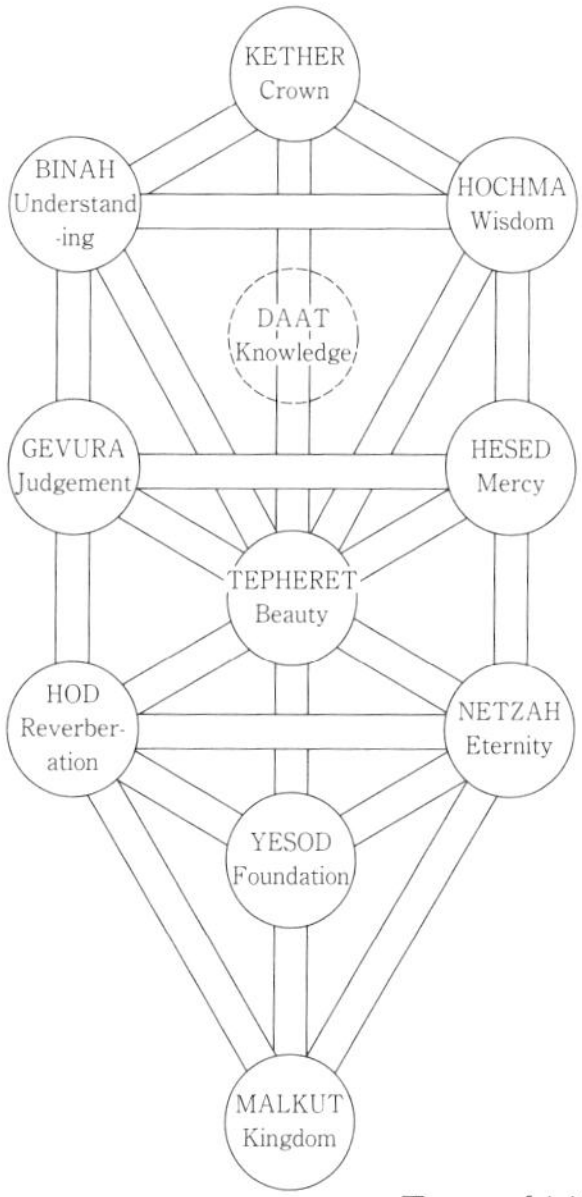

Tree of Life

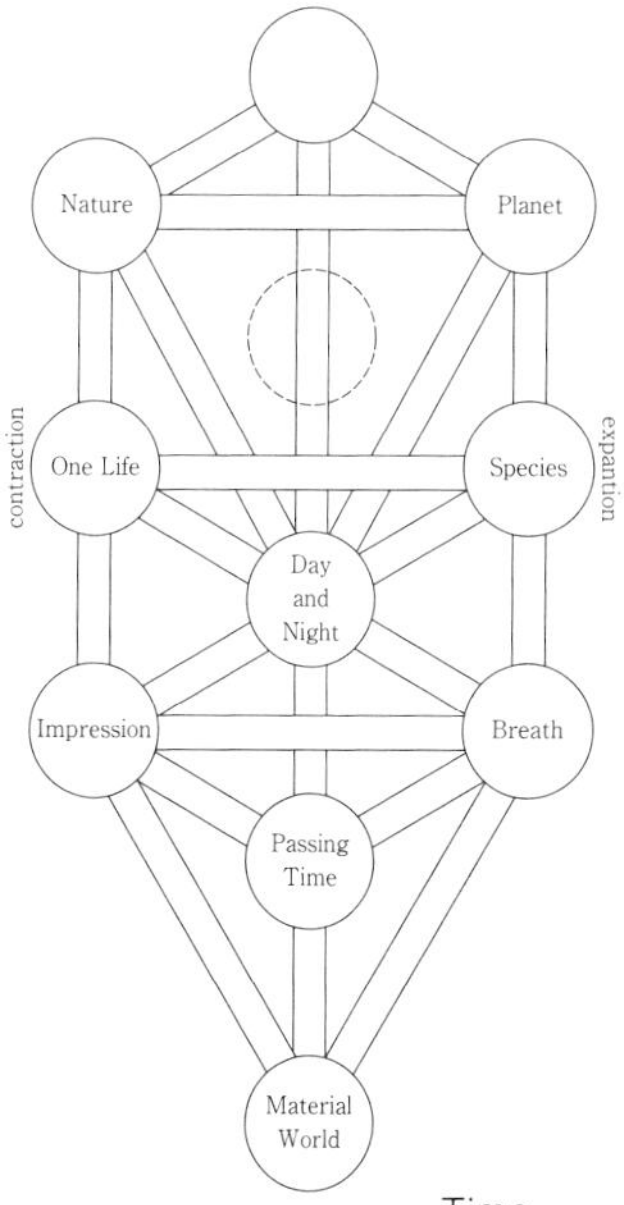

Time

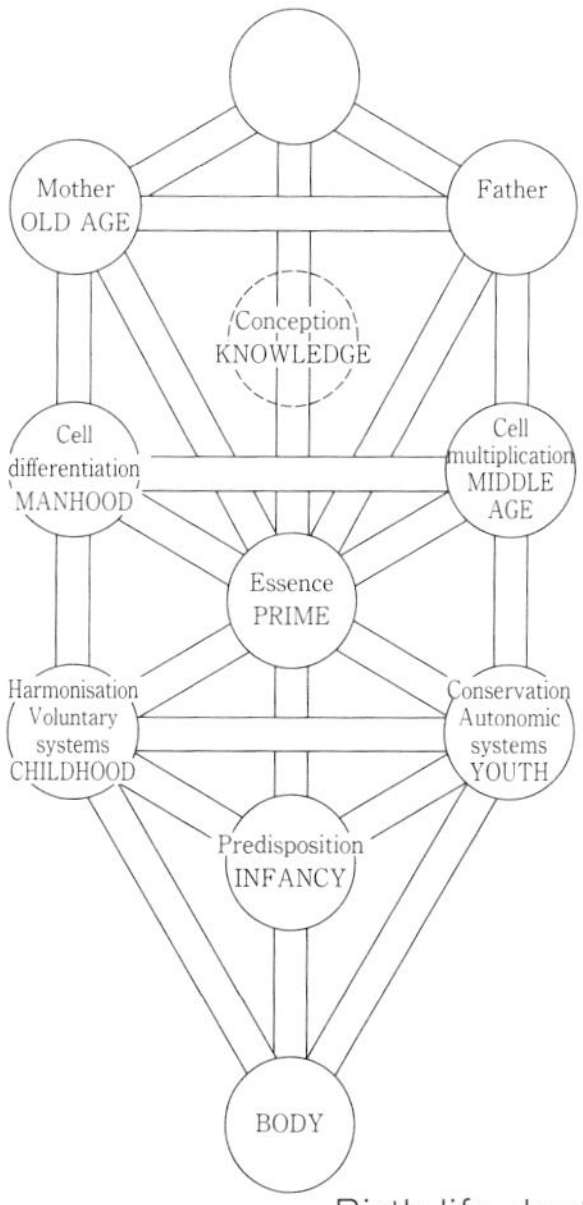

Birth-life-death

II

霊学ブームの背景

禅の大家鈴木大拙に、『日本的霊性《れいせい》』という有名な本があります。大拙は、日本人の真の霊性の発露は、鎌倉時代の禅と浄土真宗の発生によると限定しています。それまでは、日本には、日本的霊性がなかったかのようにとれる文章を書いています。日本には、古来から固有神道の伝統があり、あるいは、仏教や修験道の「霊性」があったはずだし、それは、一部の知識人の心の内にあっただけではなく、民衆のレベルで、それはあったはずです。だから、大拙のこの発言は、少しおかしいと考えざるをえません。それはまた、日本だけの問題ではなく、世界のあらゆる民族や宗教の中にも、古来から息づいていたと思われます。私はその事を、日本の学者からでなく、一三世紀のヨーロッパの神秘主義的神学者の、マイスター・エックハルトの書物から学んで直感することができました。エックハルトは神学者だから、文章の主語を「神は」とか、「主は」と述べているわけですが、エックハルトの言葉のほとんどは、その文章の主語を、「日本のカミは」とか、あるいは、「仏性《しょう》は」とか言い変えても、まったく同じ事を語っていると読みとれました。ですから、それらの同一概念を、一様に、主語を「霊性《れいせい》」はと置き変えてみても、何のさしつかえもなく意味が通じます。

江戸時代の国学者、平田篤胤《ひらたあつたね》は『鬼神論』という書で、「神霊《たま》」の実在論を展開しています。平田篤胤は、マテオリッチなどの書を読み、キリスト教の影響を強く受けていたといわれています。平田の主著「霊能真柱《たまのみはしら》」には、人は死後、大国主が支配する「幽界《かくりよ》」にゆき、霊魂は、永久に滅しないと主張する。「死しては骸《むくろ》は水と土となり、顕《あらわ》に存在するが、神霊《たま》は風と火になり、放れ去る」。ここでは、地水火風の四大説をとって「霊性」を説明していますが、「密法修事部類稿」という著作の中の「吾身観《わがみかん》」では、生命や人間は、風火土金水の五つの元素からなると述べ、木火土金水の中国の五行説と、地水火風空識の仏教六大説を折衷しているようであります。「身はついに五大に帰り、惟《こ》れ霊性のみ、無窮の吾《われ》なり、吾が身は一箇の『久延彦《くえびこ》』なり」――神道学者の鎌田東二氏は、「この修法を密教からの借用ではなく、古事記に記された『久延彦《くえびこ》』の伝承にもとづいていると、平田篤胤はいっているが、古神道の行法体系を整備する為に、密教の儀軌を参照しているに違いない」と述べています。

私はこの書は未見なので、それ以上のくわしい事はわかりません。けれども、これは、ヒンドゥー教の梵我一如や、密教の即身成仏思想と通底している事はまちがいないでしょう。ところが、平田篤胤の又別の著作『古今妖魅考』では、仏教僧の、行基、最澄、空海、覚鑁、法然、親鸞、日蓮、鳥羽僧上までが、チミモウリョウの妖魅として擬せられています。平田篤胤は僧侶によほどのうらみつらみでもあったのかもしれない。この揶揄は、彼の「霊学」（もののけの学）の真骨頂でもありますが、世紀末になると現れてくるといわれるオカルト流行の江戸幕末版ともいえるかもしれません。

江戸末期から明治の始めに活躍した霊学者に、本田親徳《ちかあつ》という人物がいます。本田親徳の『霊学抄』には、「皇国日本固有の霊学は、鎮魂（たましずめ）、帰神（かみがかり）、太占（ふとまに）の三つが大事」として、それぞれの法を具体的に指導しています。たとえば、帰神術《かみがかりのわざ》に重要なのは、「審神者《さにわ》」という、神と、神がかりするミコトビトとその人を助けて神との橋わたしをするハシラビトとの三位一体によって行う厳粛な一種の「神おろし」であります。ミコトビトは、神よりお告げを命ぜられ、ミコトモチとなる。そこで真理をさずけられることになります。

この本田親徳《ちかあつ》に、霊学を学んだ、いわゆる「近代の霊学者」が、明治二十一年生れの友清歓真《よしさね》であります。彼は最初ジャーナリストであったが、その後、大正七年に大本教に入信し、八年には大本教を離れ、本田霊学を学び、その後、紀州の仙人沖楠五郎に伝わる「太占神法《ふとまにしんぽう》」の極意を伝授したといわれています。その後は、山口県田布施に「神道天行居《てんこうきょ》」を開き、数々の著作をあらわし、霊学の普及につとめました。彼は『霊学筌蹄《れいがくせんてい》』という主著の中で、次のような、私の興味を引く言葉を残しています――「私は何らかの意味で敬服している学者が六人いる。中でも紀州にかくれておる仙人南方熊楠先生が一番である」と。和歌山の藤白神社には、今も残る樹齢何百年と思われる楠の大木があります。和歌山地方では、昔は、この楠の木の霊にあやかって、この社の神主に、楠や藤にちなんだ名前をつけてもらうと、元気な子供に成長するという信仰があり、南方熊楠もその名をここで命名されています。ひょっとすると、友清歓真《よしさね》が、太占神法《ふとまにしんぽう》の極意を授かったもう一人の紀州の仙人、沖楠五郎もこの神社の信仰により命名された人物かもしれないが、この人物については、くわしいことは一切わかっていません。

さて、霊性とは一体どのように実在するものなのかという問題を、仏教の世界からながめてみるとどうなるのか。

私は仏教者ですから、仏教の教えどおり、色即是空、空即是色、つまり存在するものには「実体」がない、すべての存在は関係性の中にあるという哲学を信奉しています。仏教哲学によれば、物質《マテリアル》の存在を排すると同時に霊性《スピリチュアル》の存在をも排します。しかし華厳や密教の世界観を身につけた仏教者であれば、両者の存在をそうたやすく一概に否定することはできないはずです。つまり、肉（物質）と霊は空であるにもかかわらず、「欲・触・愛・慢」の十七清浄句の世界を通過する、大乗的現実肯定をおこなえるのです。

今世界的な、霊的存在学の大衆的教祖ブームの時代になってきているようですが、それは、科学万能主義と人間至上主義に対する、大衆の生理的批判が内にこめられており、西洋近代知性に対する、前近代的知性の復権運動が背景にあるともとれますが、真に仏教的な存在学なしに、安易に軽薄な霊学オカルティズムの潮流に乗るのは、まことにあぶなっかしい、いぶかしい気がします。

南方熊楠は、「理《り》を推《すい》し、事《じ》を明らしめるのは皆科学なり」（つまり、法則や自然の摂理を究《きわ》めて、出来事を明らかにするのが科学《サイエンス》の役割である）と言い、又「科学は真言哲学のほんのわずかの一部分である」とも述べています。今日新しい科学のあり方と科学技術の正しい使い方が問われています。仏教は論理と倫理が一体のものであるという重要な哲学的中和性をもっています。霊の世界のひとり歩きも、物質文明のわがまま横行も、共にゆるせません。

霊学とは、存在を究明し、我々を安心立命ならしめる、「たましいの精密科学」でなければならないと思います。

「霊性」とは何だろうか？

霊性　「宗教心の本質」にふれようと、より近づこうとする表現。「霊性」の元の意味は、生き物（有情）やそうでないもの（無情）の万物の霊長たる人間の「息」（呼吸）なのである。万物の霊長の底力がためされている。

序文

日本人の「大和魂《やまとだましい》」とか、アメリカ人の「フロンティア・スピリット」（開拓者精神）という時に使われる、「魂《たましい》」や「精神」の事を、我々は一般的にスピリットと呼んでいる。

そして、「霊魂性」や「精神性」が有るかどうかを語る時に使われる時の、英語の表現は「スピリチュアリティ」という。

「スピリチュアリティ」のままでは、いかにも日本語としてなじみにくいので、最近では、これを「霊性《れいせい》」と訳して使われる事が多くなってきた。

実際に、和英辞典で調べてみても、「精神性」と「霊性」の両者が記されているのであるが、最近では「精神性」よりも、「霊性」という訳語の方が多く使われるようになってきた。

実は、「宗教心の本質」を、国際的なレヴェルで広く通用する言葉として、一体何がふさわしい言葉なのかをさがし求めてきた結果、たどりついた言葉が、日本語では「霊性」で、英語圏では「スピリチュアリティ」と呼ばれるようになってきた。

世界には、というか、地球上のすべての人類には、古くから何らかの「宗教」が存在してきた事は、今さら言うまでもない。

しかし、すべての人類のすべての宗教に共通するような、普遍的な「宗教心の本質」をみつけだす作業は、実にむずかしいことなのである。

「宗教心の本質」は何々であるという議論と研究は、いつの時代も現在進行形なのであるが、最近になって、一つのまとまった方向を見せ始めてきたのである。それは、二十一世紀にふさわしいものでなければならないし、「宗教」自身の甦りの為にも、是非とも必要な事でなければならない。人間の実際の生活にとっても、一番大切なものでなければならないと思う。

とりあえず、理屈っぽい前置きになってしまったが、ここが重要なところなので、理屈っぽいついでに、念の為にここで、フランスの哲学者メルロ＝ポンティ（一九〇八―一九六一年）の次のような発言を引用しておこうと思う。

一般に《インスピレーション（霊気を吹き込まれる）》と呼ばれているものは、文字どおり、受け取られるべきである。存在には、《吸気（インスピレーション）》と、《呼気（エクスピレーション）》というものがある。つまり存在そのものには、《呼吸（レスピレーション）》がそなわっている。

この哲学者は、霊気と呼吸の親戚関係を、上手に説明している。

そもそも「スピリット」という言葉の最も素朴な語源は、実は、「いき」（息・呼吸）なのであった。

一、WHO（世界保健機構）の変化

国連の世界の人々の健康について、総合的に研究しているグループを世界保健機構（英語の頭文字をとって、「WHO」）という。

ここには、国家の憲法に相当する、国連憲章があり、その一部が、WHO創立五十周年をめどに、新たな時代の変化を反映する文言を、一部改正しようという動きがでてきた。

それは、「健康」の定義の中に、一つの大事な言葉が不足している現状についての反省がわき起ってきたからである。

今までのWHOの基本的な理念は、肉体的に精神的に社会的に幸福であると、人間は健康状態でいることができるという考え方に立つものであった。もちろん、それ以前には、病気ではないとか、栄養のバランスが大事であるとかの事は言うまでもないが。

しかし、最近の人類共通の悩みは、どんなに食べ物の不足しない生活であったとしても、何か本質的に「たましい」のやすらぎが得られないという点に集約されてきた。

つまり、「たましい」の飢《う》えが広がり始めている、もっと端的に言えば、「宗教心の本質」が欠けている近代文明への疑問が、誰の心にも気がかりになってきた。

「癒《いや》し系《けい》」という表現が代表してくれている、「本質的なたましいの飢え」を、何とかしなければ、本当に健康な幸福は得られないと理解されるようになってきた。


かつての、WHOの役割は、天然痘《てんねんとう》やエイズ・ウイルスなどの伝染病を克服して、あらゆる病気と不健康からの、人類共通の悲願達成であった。発展途上国では、現在でもこの点が主要な取り組み問題であることにかわりがないのであるが、先進国などでは、さらにもう一つの問題が浮上してきた。

それは、食べ物やお金に不自由はなくなってきても、「たましいの飢え」はなくならないどころか、じわじわと増すばかりなのであるという病理現象。

なぜ、そして、何が欠けていて、一体何が必要とされるようになってきたのか?

それは「宗教心」による「たましい」の救済ではないのか！　WHOの内部で、新たな大問題が徐々に関心を集めてきた。

しかし、ここで重要な事は、まちがいなく現代人のたましいの飢えは、宗教的な側面を大前提としているると結論的に解かったとしても、世界中には、まったく異なるといってもいいほどの多様な伝統宗教が存在し、かつ又、それが一つに平等にまとまる可能性は今だなく、未だに他宗教同士の価値観の違いは大きい。最近まで、「宗教心の本質」を、共通した一言の言葉でくくる方策が見あたらなかった。

ＷＨＯの憲章の改正には、「感情」ではなく「言葉」の「定義」が必要なのである。

時間と年月をかけて研究を重ねたところ、現代人の健康を「定義」する言葉を、最初に提案した人は、インドのヒンドゥ教圏を代表する、ＷＨＯの一員、ビシュ博士という人であった。

キリスト教文化圏から出発したＷＨＯの基本理念にかかわる国連憲章の「健康の定義」であるから、各宗教を代表する人々の意見の「重みのある集約」ということでなくてはならない。

二十一世紀にふさわしい国連のＷＨＯ憲章の改正とならなければならない。

多様な伝統宗教がすべて納得できる事でなければ意味がない。

その時、インドのビシュ博士が提案した言葉は、「スピリチュアリティ」（霊性）であった。

一九七八年のＷＨＯの会議で、一つの原案が出た。

その後、各国の代表者が、自国に持ち帰り、研究調査を何度もくりかえして、その妥当性《だとうせい》を確かめているところである。

現状のＷＨＯの「健康定義」は、次のようになっている。

健康とは、肉体的、精神的及び社会的に完全に幸福な状態であり、単に病気や病弱がないということではない。

これが、最近の改正案には、「霊性」と「活動的」が追加され、次のようなものになってきた。

健康とは、肉体的、精神的、霊性的及び社会的に完全に幸福な活動的な状態であり、単に病気や病弱がないということではない。

原文は英語でしかも法律用語なのであるから、翻訳された日本文はやや直訳的すぎるのはいたしかたないだろう。

しかし、ここに初めて、人間の健康について宗教心の世界が加入され、重視されるようになった意義は大きい。

文明が進んでゆくと同時に宗教心の本質も深まらなくてはならないことが、明確になってきた。

そのキーワードが、「霊性」（スピリチュアリティ）であった。西暦二〇〇〇年を少し過ぎた現在、議論は慎重に続けられていて、まだ最終的に採択されたというニュースは耳に入っていない（二〇〇〇年十月現在）。

二、日本人の「霊性」について

世界中で、言語の異なる多様な民族の中には、伝統文化の長い長い歴史がある。

現代は歴史上、最も多様な民族と、伝統文化のぶつかり合う時代に、いやおうなく入ってゆきつつあるといえる。

したがって、異なる文化と伝統宗教、異なる文明と伝統的な宗教的ものの見方が、はげしく摩擦《まさつ》と交流を経験する時代でもあるといえる。世界観、人間観の違いが、かなりの程度目に見えてきた。

気候、風土の違いや、食事文化の違いなどが、日本人の好奇心や旅行好きの気質と相まって、肌で感じられるくらいにはわかるようになってきた。

これは日本人の長所である。世界中には、未だに世界の文化の違いについて、ほとんど何もわかっていない人々や国が多すぎる。

他文化を理解しようという志さえもたない人々であふれかえっているとさえいえないだろうか？

日本人、日本文化の中にも、日本とは一体何かという「日本人論」がかまびすしいのであるから、それもしようのないところであろう。

ことに、日本人の宗教心や、日本人の「霊性」という事に話がおよんでくると、この問題の根は深い。

そこで今回は、代表的な日本の知識人である、鈴木大拙と、時代はかなり違うのであるが、今の時代の代表的知識人、梅原猛の、同じ名前のタイトルをもつ二つの本を例にとって、この文を進めてゆこうと思う。

それは、鈴木大拙の『日本的霊性』と梅原猛の『日本の霊性』という二冊の本をさす（「的」と「の」の相違があるが、「的」と「の」は漢字学上まったく同一である。中国人であれば、「日本の宗教」を翻訳する時まちがいなく「日本的宗教」と書く）。

鈴木大拙の本は昭和十九年に出版され、戦時下の真只中という特別な事情がある。

梅原猛の本は昨年出版されたばかりである。出版時の時代背景はまったく異なっている。

だから私はこの二冊を選んで比較してみようと思った。

色々な意味で興味深い。

御承知のとおり、鈴木大拙は日本を代表する禅の大家である。ひきかえ、梅原猛は真言密教の重要性をとなえた哲学者である。

又、時代の精神に大きく影響されて、後者の梅原猛は、前者の鈴木大拙を意図的に同名のタイトルをつけて、批判的に論じた内容となっている。基本的に、日本の霊性は仏教を抜きにしては語れない、という精神は共通しているが、問題にされる「霊性」の発露《はつろ》については、発想の展開が違ってくる。

戦時中と現在の年月のひらきを考えると、当然なことかも知れない。

鈴木大拙は、日本の鎌倉時代の禅と親鸞《しんらん》の浄土真宗の確立が、日本的霊性の初めであり、その他のあるいはそれ以前の神道、奈良仏教、密教、天台、日蓮等には、未だ日本的霊性は眠ったままであったと主張した。

それに対して、梅原猛は「日本的霊性は鎌倉時代に目覚めるほど寝坊ではない」と持論を展開した。梅原猛は、日本の霊性を、日本の基層文化である縄文時代から見つめてゆく、そして、日蓮を、道《どう》元《げん》や親鸞に決して見劣りのしない独創的な思想家であるという。そして「現代における環境問題を解決するために実に重要な思想である」という。

なぜならば、法華経の「如来寿量品」の前にあたる「従地湧出品」に出る無数の「大地より湧き出でる菩薩」に着目し、「草木国土悉皆成仏」の天台本覚論等の「大地のもつ力」に、日蓮は新たな自覚をもっていると説く。

しかし、実は鈴木大拙もそんな事ぐらいははっきりとした認識があり、鎌倉時代は、土着武士の出現する「大地性」が、日本のかつての貴族文化を抜け出し、新たなる霊性の力《ちから》が生まれてきたという。

梅原猛は「大地の霊性」は、縄文時代以来日本列島に住む我々の祖先より連綿《れんめん》と流れているものであり、越後の国に旅をして、土地の特産である、「ヒスイの霊性」や「縄文《じょうもん》火焔《かえん》土器《どき》の霊性」などの古代の霊性も考えている。

特に、親鸞や日蓮が島ながしの刑にあった越後の国は、日蓮、親鸞、良寛、白隠《はくいん》等の隠れたさまざまな霊性をはぐくんだと述べる。

これらの所論に比して、鈴木大拙は「霊性は民族が或る程度の文化階段《ママ》に進まぬと覚醒せられぬ。原始民族の意識にも、或る意味の霊性はないとは言われぬが、それは極めて原始性のものに過ぎないのである」と述べている。

このような説は、今となっては古くさいヨーロッパ知識人マックス・ウェーバー等の口移しでしかないと私も思う。しかも、日蓮より親鸞に親しみを感じる理由は、浄土真宗の『歎異鈔《たんにしょう》』に出る有名なフレーズ、「弥陀の五劫思惟の願をよくよく案ずれば、ひとえに親鸞一人がためなりけり」から出処する、「真宗の信者はこの一人《いちにん》に徹底《てってい》することによりて、日本的霊性の動きを体認するのである」と考える。これはほぼ同時代のヨーロッパの知識人サルトルやハイデッガーの猿まねであり、彼らのもつヨーロッパ実存哲学への無理解であるとさえ私は思う。

鈴木大拙は非常にすぐれた宗教者である。しかし、現代の多くの古代学者が指摘する、日本の古代縄文人の先進文明性や霊性には理解がない。

それも当然だろう。日本各地の縄文遺跡の発掘のめざましい成果は知るよしもなかった。梅原猛にいわせると、縄文土器の霊性的すばらしさを発見し讃美した最初の人は、芸術家の岡本太郎であり、それらが発端となり、一九九九年(平成十一年)になって、新潟県十日町市博物館の「縄文火焔土器」が国宝に指定された(昨年の大地震でこわれた)。

爆発的でもあり、かつ繊細さも兼備えている「火焔土器」のもつ芸術的霊性から、梅原猛の『日本の霊性』は出発しているのに比して、鈴木大拙の『日本的霊性』は、大和言葉《やまとことば》を語る貴族達の「情性的生活」や「嬰孩性《えいがいせい》」（赤ん坊の様）から出発した。古代日本の代表的シンボルが『万葉集』だと言ってしまうと、日本人をあまりにも矮小化《わいしょうか》してしまうとしか思えない。

鈴木大拙には、西洋文明開化の息吹が生きており、近代的日本建設を疑う事のできない明治の男であった。

時は変った。

今日では、近代化しつづける西洋文明に誰もが息づまりを感じている。

そこで近代が失ったものを求め始めた。

近現代になって我々人間は重要なものを忘れた。

そしてやっと大切なものを思い出してきて、もうすぐ見つけるに違いない。

三、理解されていない覚鑁《かくばん》（興教大師）

中世から鎌倉時代には、確かに多くのすぐれた宗教者が生れた。

その一人、法然《ほうねん》の説く念仏思想は、特にすぐれたものであったにちがいない。

法然が分類する念仏思想とは、
①摩訶止観《まかしかん》の念仏（天台）

②往生要集《おうじょうようしゅう》の念仏（源信）
③善導勧化《ぜんどうごんげ》の念仏（善導から法然、親鸞）
の三種の念仏をあげる。

真言宗はこれに④秘密念仏を加えて、四種の念仏を分類する。

「秘密念仏」とは何か？

親鸞が関東にいる時、息子の善鸞《ぜんらん》に、ひそかに伝えたという伝説の残っている教えであり、正統真宗教団はこれを「秘事法門」として長く認めていない。

たとえば、真宗教団内の異端の実力者存覚《ぞんかく》の著作『他力信心問書』に次のような表現がある。


阿弥陀仏の体をいうには、衆生のほかにましまさず、その命というは風なり、風は息《そく》なり。その息は命なり、命は弥陀なり。


高野の僧で、秘密念仏思想を確立したともいわれる、道範《どうはん》の著作『秘密宗念仏鈔』には「行者の出入息は即ち不断の念仏なり」とあり、つまり「息《いき》」（呼吸）を中心に念仏する信仰を、端的に「秘密念仏」といっておこう。

実は、新義真言を起こした興教大師覚鑁上人《かくばんしょうにん》にも、この秘密念仏思想が受けつがれているのである。

覚鑁の著作『一期大要秘密集』に次のような表現がある。

病者と知識と息を同時に出入して必ず出る毎に念仏を唱え合せて我に代って我を助よ。人の死する作法はかならず出る息に終る。終らん度《た》びの息を待ってまさに唱え合せんと欲《おも》うべし。

『上代の浄土教』の著者、大野達之助先生も「これらのことを考えると、覚鑁にとっての（念仏）往生《おうじょう》は此土《しど》往生であり、それはまったく即身成仏的なものであろう」という見解を述べている。法然や親鸞の他力往生門の特色はまったくといっていいほどなく、自力聖道門の密教思想の中に、うまく融没《ゆうぼつ》してしまっていると考えられる。

その事は覚鑁の『一期大要秘密集』に「懈怠小機《けたいしょうき》の者は順次往生《じゅんじおうじょう》の大願《たいがん》を遂《と》げ（西方極楽往生）、精進大機《しょうじんたいき》の者は現身成仏（即身成仏）の悉地《しっち》を得《う》るなり」と述べている。

「すくわれる」「すくわれない」という点で仏教者は常に悩まされてきた。自分は罪深い人間だから、誰にも見離されて、それこそ神も仏もすくってくれない、と悩める人々は多い。人は誰でもそういうものだと思って自分で罪悪観の小心のとらわれで自縄自縛してしまっていると、考えることができる。

罪深い現実社会から、一刻も早くのがれて清らかな世界へ行ってしまいたい、と考えるのは、誠にもっともな事ではあるが（その事を「欣求浄土《ごんぐじょうど》、厭離穢土《おんりえど》」という）、自分でどうしようもできない現実の自分をうらんでみても、ほんとうに真の仏性と霊性が発揮されるのだろうか？　つまり今風にいえばストレス解散につながる道だろうか？

覚鑁はいみじくも『阿弥陀秘釈《ひしゃく》』に次のようにいう。

穢身《えしん》を悪《にく》んで、仏身を尊ぶ。これを無明と名づけ、又、妄想と名づくなり。

難行易行《なんぎょういぎょう》を問うなかれ、人には誰でも自然に「かしこさ」や「やさしさ」がそなわっていると思う。つまり誰にでも自分流の智恵と慈悲がそなわっているのに、その「かしこさ」と「やさしさ」と「つよさ」になる道をさぐらずに、あきらめてしまうのは、とてももったいないではないか。「やればできるものだ」という気力は誰にでも平等にあると私には思える。

ただ自分を卑下《ひげ》しなければよい。古代から人々の苦しい生活の中には、なんらかの智恵が働いている。

迷える多くの現代人。正しいものの見方を忘れてしまわないようにしたい。これを仏教では「正《しょう》見《けん》」という。

現実から逃避するのではなく、現実をよく見ることから糸口を見つけてゆくこと。自分をよく見つめる事、そして、やがて何か大事な事に気がつく事。私は「癒し」という言葉は好きじゃない。何かにすがろう何かに助けてもらおうという意味が強く含まれている。自分で自分を助けようとする気持の中に、誠にすばらしい人間の底力があると思う。現代が何か、今までのものをのりこえ、何か不足していたものを見つけ出し、何か重要な事に気がつくこと。私はこのような発想が好きである。だから「癒し」ではもの足りない、「気づき」というキャッチフレーズがいい、自覚的だから。

何か今の時代に不足していたものの当体《とうたい》は、この事かも知れない。自分達で自分達のことを自覚して気づく。

法然（覚鑁の方が三十八年早い）や親鸞（覚鑁の方が七十八年早い）が、ほとんど同時代人とすれば、鎌倉時代以前に、「穢身を悪んで仏身を尊ぶ。これを無明と名づけ、又、妄想と名づくなり」といい、悟りの自覚をうながしていたのだった。これはよくよく考えてみるべき言葉であろう、迷える現代人に何らかのヒントを与えてくれるに違いないと思える。

浄土念仏思想は法然、親鸞の流れだけではない。

仏性といい、霊性といっても、又、あるいは神性といったとしても、実は同じである。これらの表現は「宗教心の本質」にふれようと、より近づこうとしていると考えればよい。

宗教心の不足に気づき、伝統的既成宗教の臭味から少し離れて、宗教の本質を正しく見抜き、すべての国に共通する新鮮な言葉選び、ましてや、国連が問題にするような重要事項である。

人間の正しい健康の源に近づき、正しい食事のバランスに気づき、自然に変ってゆきたい。うまく気がついてくれれば、なんだあたりまえの事ではないかと思えてくるかもしれない。

その時つまり、思い立ったが吉日。それを伝統的各宗教の中で実行する。

そうでなければ、伝統的既成宗団の中には霊性の一かけらも残っていないという多くの若者の声が聞こえる。

日本の既成宗団の中から、霊性についての議論をすぐはじめるべき時期がきた。時代は猛スピードで変っている。

本当の「霊性」に、日本的も、アメリカ的もない。原始的も現代的もないはずである。なぜならば、「霊性」の元の意味は、生き物（有情）やそうでないもの（無情）の万物の霊長たる人間の「息《いき》」（呼吸）の事なのであるから。万物の霊長の底力がためされている。

地球はたえず呼吸している……誰かが、いつか、どこかで、そんなコトをいっていたような気がする。

III

先祖の話

一、はじめに

大変身近《みぢか》な事から、話しを始めようと思う。

平成二十五年八月五日に、私の母は、九十四歳の長寿をまっとうして、あの世へと旅立っていった。

母は、奈良県の大和郡山の出身で、終戦後まもなく、和歌山の父の所へと嫁《とつ》いで、その後ずっと、亡《な》くなるまでを、和歌山の自坊ですごしてきた。

平成二十七年夏に、第三回忌の年忌法要を、無事にすます事ができた。

第三回忌法要を記念して、私は、前から母が自分のノートに書き残してあった、自作の短歌と俳句を、活字におこし、一冊の文集をつくり、近所の印刷屋さんにたのみ、出版をすることができた。

わずか五十ページほどの、ささやかな文集であったが、それを『忘れじの記』と題して、親戚、友人、知人に送らせていただいた。

内容は、母の結婚以前の、戦前、戦中、戦後まもなくにつづられた短歌と、平成元年頃から詠《よ》まれた俳句であった。特に、戦争中に、身をもって体験した、空襲の恐ろしさと、父の戦地からの無事帰還を祈るような気持を素直に歌に詠《よ》んだ作品には、心うたれるものがあった。

七十年を過ぎても、なを歌を読むごとに、熱く甦《よみがえ》る若き日の母の肉声が、すぐそこに、聞こえてくるようであった。まだ魂がどこかで生きているような錯覚をおぼえた。

母は、今、どこへ行ったのであろうか？「あの世」でどうしているのであろうか？

素朴な疑問がうかんでくる。

もちろん、母はもう生きてはいない。

しかし、その魂の温もりのようなものは、私の中に、いつまでも、実感として、存在し続けている。

これから先、七回忌、十三回忌……三十三回忌、五十回忌、と年忌法要が続いてゆくはずである。

さて、どこまで息子の私が生きてつきあっているかは、はなはだ疑問であるが、できるかぎり数多く、つきあってゆければ、幸いであると思っている。

「年忌法要」とは、別の言葉でいえば、故人を想い出して、色々とお世話になった事に、心から感謝して、家族、親族によって、営《いとな》まれる、「追悼慰霊祭」なのであろう。

すべてのみうちの死者の霊を慰《なぐさ》める祭という事になる。

これから何年もたてば、やがて、母の魂も、我が家の先祖の霊となってゆくのであろう。我々、日本人にとって、先祖の霊が、代々つみかさなって集まる「あの世」とは、一体どのようなものなのであろうか。先祖の霊というものは、一体、「神さま」なのであろうか、「仏さん」なのであろうか。

我々日本人は、その辺のところを、昔から、どのように考えて、見てきたのであろうか？　今回は、これらのテーマにそって、ゆっくりと考えてみることにしたい。

二、日本人のあの世観

まず最初に、大変適切に、日本人の感じる、人が死んだ後の世界について述べている、一文を引用してみたい。

日本人が、人間が死ぬと、その魂はあの世へ行き、神となると考えていることは、人間は死ぬと仏となるという考えにもあらわれています。仏教が移入されて、神が仏に代わっても、考え方は同じなのです。人間が死ぬと日本人は、「御陀仏《おだぶつ》した」と言います。御陀仏したということは、仏になったということですが、本来の仏教では、人間は難行苦行を積んで、悟りをひらかないと仏になれないはずなのです。にもかかわらず、日本人は、死ねばみんな仏になれると考えているのです。これは、人間が死ぬとすべてあの世へ行って神になるという考えの、仏教的な表れでなくて何でありましょうか。そして、あの世には、やはり御先祖様が待っていて、迎えて下さり、そして何年かあるいは何十年という間、あの世で暮らすのです。そしてときどき、お正月やお盆に、その魂は生きている子孫のところへ帰ってくるのです。しかし、そこでもまた、容易にあの世へ行けぬ魂があるのです。しかしその魂も、残された人間が、その魂を供養することによって、あの世へ行けるのであります。

（梅原猛『日本人の「あの世」観』）

梅原猛氏によって、日本人の「あの世」観は、どのようなものであるかが、端的に要約されているのであるが、このような思想を、全体的にまとめて打ち出したのは、民俗学者の柳田国男の『先祖の話』という有名な本であった。

柳田国男の説によれば、もとは、正月も盆も、同じように、家へ先祖の霊が戻《もど》ってくる嬉しい再会の日であった事が、強調されて何回も述べられている。日本に、外来の宗教であるところの仏教が入ってくる以前の習慣があったのであるが、仏教や、外来の他の宗教や習俗が入って来たにもかかわらず、大きな変化がおこらなかったようである。

昔からの古い考え方に、新しい思想がかぶさり、融合して、日本人の伝統として定着してきた様子なのである。

「先祖」という言葉は、漢語で、中国の言葉だから、それが日本に輸入されるまでは、同じ意味をあらわすのに、「オヤ」とか、「オヤオヤ」といっていたらしい。

仏教式の盆祭が普及する以前は、「オヤオヤのタマ祭り」であった。仏教が民衆に定着するのは、思っている以上に、比較的新しいはなしなのであろう。民衆が、一人一人石の墓石を据《すえ》るのは、江戸時代の元禄《げんろく》の頃からになってからであるらしい。

日本神道では、魂を、「和魂《にぎみたま》」、「荒魂《あらみたま》」、「奇魂《くしみたま》」などと分けていたが、仏教と習合して、「精霊（ショウロ）」はお盆に、「御霊（ミタマ）」はお正月、この世の古里へ帰ってくるもの考えられてきたが、本来は、同じものと考えられてきたらしい。しかし、まだ御先祖様にはふさわしくない、死んで間もない霊や、異常な死に方をしている霊は、「荒御霊（アラミタマ）」などと呼ばれ、区別したらしい。「御霊会（ゴリョウエ）」といわれる、祟《たた》りをなす霊の思想が現れてくると、一般の、「先祖のみたま」を「御霊」と書くことができなくなりだしたという、いきさつがあるらしい。

三十三回忌、又は、五十回忌で、人は先祖となると考えられ、「とぶらひ上《あ》げ」をすると、人は、「御神（オカミ）」になると考えられた。

人が死んだら、どこへ行くのであろうか。日本人が古くから懐《いだ》いた考えを、総合的にまとめて述べた学者は、柳田国男であることは、すでに書いた。『魂の行《ゆ》くへ』という文章には、次のように記されている。

昭和二十年の秋、自分が世に送った「先祖の話」といふ本には、古来日本人の死後観はこの如く、千数百年の仏教の薫染《くんせん》にもかかわらず、死ねば魂は山に登って行くといふ感じ方が、今なを意識の底に潜まっているらしいと説いておいた。これにはそう思はずにはいられない数々の根拠があり、決していい加減な空想ではなかった……

古い時代には、山中に、他界（あの世）が有るという観念は、おそらく、世界共通のものではなかっただろうか。

和歌山辺では、昔の人の言い方に、お葬式をして、火葬場への行き帰りのことを、「ヤマ行き」、「ヤマ帰り」と呼んでいた。

山は魂の古里であった。

古い習慣では、墓は、「イケ墓」と「マイリ墓」の二種類のものをこしらえて、遺体、あるいは、遺骨は、山の中の「イケ墓」におさめ、お参りは、山のすそ野にある、「マイリ墓」に行くという、両墓制がしかれていた。

もっと古い時代には、山に遺体を捨てに行く風葬が一般的であったらしい。

「風葬《ふうそう》」から、「両墓制《りょうぼせい》」になり、火葬の習慣が広がり、後に、寺院などに作られる「石塔信仰」として変化してきたらしいのである。

古くは、「吉野《よしの》」、「長谷《はせ》（泊瀬）」に、火葬の煙がたなびいていた記録があり、後に、それらが「霊山」、「霊地」として認められるようになる。「四天王寺」、「善光寺」、「高野山」へは、中世より近世にかけて、念仏仏教の発達と共に、「骨上せ（こつのぼせ）」として、お骨や遺髪がおさめられる習慣が生まれてきたらしい。「立山」、「加賀白山」、「熊野」などが、死後世界の霊山としてあがめられるようになってきた。

「死霊」がやがて、「祖霊」となり、後々には、「神霊」となり、天に昇ってゆくものと考えられていた。

贖罪《しょくざい》の儀《ぎ》（つみほろぼし）がすすむにつれて、魂が軽くなり、天へ昇ると思われていた。これが、本来の「うかばれる」という意味であるらしい。

今日の常識では、お正月は祝いの日でおめでた事、お盆は、先祖の霊をまつる仏事であると、きれいに分けて考えるようになっているが、古くは、日本人の感覚では、盆も正月も同じく、先祖の霊をまつる厳《おごそ》かな祭日であった。

柳田国男は、『先祖の話』で、様々な実例をあげながらこれを説明している。

たとえば、日本のある地方では、同じ一つの祭の棚《たな》を、盆と正月に出して使う例が見られると報告している。

山に死者の霊魂がまず入って行き、次第に高く清らかな所へ登っては行くが、春秋の彼岸や、盆や正月には、故郷の家に還ってくるものと、我々の祖先たちは考えていたらしい。あるいは、そのように信仰していた。

神様は、冬の間は山の中の最も静かな所に鎮《しず》まっていらっしゃって、春になると、田んぼに降りてきて、恵みをもたらしてくれる、という神話は昔からあった。

山にある時は、「山の神」といわれ、里に降りてくると、「田の神」と呼ばれる。

日本は、稲作の農業国であるけれども、さらに古い時代は、狩猟採集の縄文時代が、非常に長く、おそらく、一万年あるいは一万五千年間続いたといわれている。

日本文化の中には、稲作を中心に考える「弥生《やよい》文化」と、狩猟採集が中心の「縄文文化」がある。

日本文化の研究は、ともすれば、いつも、農業文化を中心にして考える傾向がつよい。

山に住む人々を「山人《やまびと》（サンジン）」と呼んでいるのであるが、彼らは、日本の縄文文化を色こく受けついでいる人々と見ることができる。

里の農村では、春になると「山の神」が、山から降りてきて、「田の神」となり、秋には再び、山に戻るという信仰は一般的であるが、猟師や木樵《きこり》や炭焼きを生業とする山人にとっては、「山の神」は、常に山の中にいると考えられ、一年に十二人の子を産む、非常に生殖能力《せいしょくのうりょく》の強い神さまとされ、厳しい禁忌（タブー）につつまれた恐しい神さまとされる。

山民にとっても、農民にとっても、「山の神」は女性であった。今でも、自分の女房のことを「山の神」といって、恐れ多いものとする習慣は残っている。

主に農民にとって、「山の神」、「田の神」は、里へ来たり、又帰ったりする神さまであり、正月に来る神さまは、「年神様《としがみさま》」と呼ばれたらしい。年神様も氏神《うじがみ》も、共に、自分達の先祖の霊であったといえる。

人が死んだら、その人の魂は、そう遠くない山に帰り、そこから、この世の我々を見守ってくれる。お盆と正月は、古来同じように、先祖の魂を家に迎える行事であった。又、仏教寺院では、年忌のときにも、先祖の霊を迎え、鎮魂するならわしが長く続いてきた。

先祖への崇拝の気持は、自然への畏敬《いけい》の念と深くつながっている。そのことは、農作物や、海や山や川の獲物《えもの》への感謝の念と分かちがたいのである。

三、年間行事と祭の意味

「わざわい転じて福となす」ということわざがあるように、長い歴史の中では、恐しいわざわいが大変多くあったと思う。

戦争のわざわい、疫病《えきびょう》のわざわい、風水害のわざわい、不作不漁のわざわい、心の苦しみのわざわい、死のわざわい。

これらの多くのわざわいから免《まぬが》れる為に、様々な年中行事や祭があったと思う。神仏や自然への、すなおな祈りや感謝の気持をあらわすのに、多くの年中行事や祭がある。日本は、季節感を大切にしてきた。

それぞれの季節にあわせて、毎年くりかえされるお祭りごとが、大事なのであった。その時々の感謝の気持が、日本人に、豊かなくらしと心のゆとりを与えてくれる。古くからの神道起源のものや、外来の仏教や道教由来のものも、日本では、混然一体となっていると見える。

ここからは、三浦康子氏の「暮らしの歳時記」を参考にしながら、我々の先祖達が伝えてくれた、大切な行事と祭の意味を少し探《さぐ》ってみることにする。

お正月

一年の始めの行事で、最も大切な日とされている。一月のことを「睦月（むつき）」ともいうが、家族そろって睦《むつ》み合《あ》う、という所からきているらしい。

「年神様」という新年の神様を迎えた。「年神様」は先祖の霊であり、子孫の為に、五穀豊饒《ごこくほうじょう》や子孫繁栄をもたらしてくれる。

「年神様」は、日の出とともにやってくるので、初日の出を拝《おが》む。とくに、山の頂きで拝む初日の出を「御来光」といって、ありがたく手をあわす。今日では、お年玉としてお金をもらうのがあたりまえであるが、古くは、年様さまから頂く、丸いお餅《もち》が、お年玉であった。一家そろって全員が、一つ年をふやしたものであった。この餅の玉を、お年玉といったらしい。そして、それを雑煮に入れてみんなで食べた。年神様は、先祖の霊なので、死んだおじいちゃんやおばあちゃんも共に仲間にくわわって、まことに有難い特別な日であった。

今は新暦をつかうので、旧暦の感覚がわからないことが多い。旧暦の一月十五日は、立春後の満月にあたるので、昔はこの日を正月としたなごりで、元日を「大正月」、一月十五日を「小正月」と呼んだらしい。小正月には、「どんど焼き」と呼ばれ、正月飾りを焼く。この火で焼いたお餅を食べると、無病息災で過ごせるといわれた。

一月七日は、野で若菜をつんで、お粥に入れて食べる、七草粥《ななくさがゆ》の日である。中国の「人日（じんじつ）」の節句から来たらしい。七日は「人の日」で、刑罰と与えない日とされ、七種の若菜を入れた粥を食べ、無病息災や立身出世を願った日とされることにちなむという。

節分、立春

本来、節分とは季節のふしめである「立春、立夏、立秋、立冬の前の日」をいう。立春の前日の節分が重要視され、節分といえば、この日をさすようになった。邪気《じゃき》ばらいの為に豆をまく。ふつう、「鬼は外、福は内」と大声でとなえるのであるが、奈良県吉野郡天川村の天河神社では、「鬼は内、福は内」ととなえる。天河神社は、奈良時代の山伏の祖、役《えん》の小角《おづぬ》と小分の鬼達をまつっている。自分の心の中にいる鬼をも大事にするという考えにちなんでいる。

翌日の二月四日ごろは、二十四節気の最初の節気で、立春、暦の上では、春の始まりとされている。この頃が、旧暦の正月と重なってくるが、二十四節気は太陽の動き、元日は月の動きで決められるので、かならずしも一致しない。この頃、中国では、春節として、爆竹をならしたりして、大々的にいわう習慣がある。

桃の節句

三月三日は、ひな人形を飾る桃の節句と呼ばれているが、本来は、中国の「上巳（じょうし）」の節句である。

この頃は、季節の変わり目で邪気が入りやすいとされる為、水辺で穢《けが》れをはらう習慣があった。神道のみそぎの神事の起源でもあり、紙などで作った人形を流す習慣が、ひな人形の原型であろう。

今も、「流しびな」を残している神社が、和歌山市の加太地区にある。又、桃には、邪気をはらう力《ちから》がそなわった神聖なくだものという思想は、日本神話の『古事記』などには書き伝えられている。

ひな人形の内裏《だいり》びなの置き方は、現代では一般的に、向って左に男性を、向って右に女性を並べるが、京都などの、古来の形式を守っている所では、向って右に男性を、向って左に女性を置くのが、伝統的であるといわれている。

春の彼岸

お彼岸といえば、先祖のお墓まいりが、頭にうかぶが、インドなど他の仏教国にはない、日本だけの習慣だといわれている。

春分と秋分は、太陽が、真東から昇って、真西にしずみ、昼と夜の長さが、ほぼ同じになる日であるが、お彼岸にお墓まいりにいく習慣は、この太陽に関係している。「お日願《ひがん》」と書かれたりもする。

仏教では、生死の海をわたって到達する「悟り」の世界を「彼岸」といい、その反対側の、私達がいるまよいの世界を「此岸《しがん》」という。「悟り」をえて、彼の岸へ到ることになぞらえている。仏教の有名なお経『般若心経』に出てくる、ハンニャ、パーラミター、つまり、日本語では、「大いなる知恵の完成」を表《あらわ》している。そして、彼岸は西に、此岸は東にあるとされ、太陽が真東から真西に沈む春分と秋分は、彼岸と此岸がもっとも通じやすくなる日と考え、先祖供養をする日になったといわれている。

お彼岸のお供えものの定番は、「ぼたもち」や「おはぎ」であるが、春は、初夏に咲く牡丹《ぼたん》にちなんで「牡丹もち」といい、秋は秋に咲く萩《はぎ》にちなんで、「お萩」と呼ばれる。小豆《あずき》は、秋に収穫されるので、春はかたくなった皮を取ったこしあん、秋は皮ごと使った粒あんを使った為に、「ぼたもち」はこしあん、「おはぎ」は粒あんとなったらしい。

お花見

我々日本人は、春になると、桜の花の開花を心待ちにし、大いに楽しみにしている。

花の下で死にたいと歌った和歌もあるぐらい、特別な感情をいだくことがある。

奈良時代などでは、花といえば、桜よりもむしろ、梅や萩などが好まれていた。平安時代から、桜を春の花の代表と思うようになったらしい。又、貴族の宴《うたげ》のみではなく、農民の間でも、「豊作祈願」の行事として、お花見は広がった。桜は、春になって山からおりてきた「田の神」がやどる木とされ、その年の桜の咲き方で、その年のイネの収穫を占《うらな》ったり、種もみをまく準備にとりかかったりしたといわれている。

桜の語源は、一説では、「サ」は田の神であり、「クラ」は神様が鎮座する場所を表すともいわれる。豊作を祈って、桜の木のもとで田の神を迎え、料理や酒でもてなし、人々と一緒に楽しむことが、本来のお花見の行事であったらしい。

花祭り（灌仏会《かんぶつえ》）

旧暦の四月八日は、お釈迦様が生まれた日とされ、誕生日の祝いをする日である。

花でいっぱいに飾られた「花御堂《はなみどう》」に、小さなお釈迦様を安置するので、「花祭り」と呼ばれ、甘露の雨を降りそそぐいわれにちなんで、甘茶を頭の上からそそぐので「灌仏会《かんぶつえ》」と呼ばれる。お釈迦様の誕生日を皆で祝って、その徳をしのび、健善な身体を守り育ててもらいたいとする行事である。

端午《たんご》の節句《せっく》（菖蒲《しょうぶ》の節句《せっく》）

「端午」というのは、月のはじめの午《うま》の日を意味する。

又、五月が、十二支の干支《えと》でいうと午の月にあたるので、五月五日を「端午の節句」というようになったらしい。

旧暦の五月は、今の梅雨の時であった為、病気や邪気ばらいの為、香りのよい菖蒲やよもぎをつかったのが由来とされている。日本では、旧暦五月は田植えの月であったので、田植えをする女性を清める「五月忌《い》み」という行事と、「端午の節供」がむすびついたとされる。

女性が、菖蒲やよもぎで屋根をふいた小屋に一晩こもり、菖蒲の湯を飲んでけがれをはらい、神聖な体になって田植えに行った。当初は女性の為の祭りであったが、武家の時代になると、「菖蒲（しょうぶ）」の発音が、「尚武（武をたっとぶ）」や「勝負（しょうぶに勝つ）」意味に解釈され、男の子の祭に変ってきたといわれる。今は、女の子、男の子両方の「こどもの日」となった。

鯉のぼりの由来は、鯉が滝を登って龍になったという中国のことわざの、「登龍門《とうりゅうもん》」からきている。立身出世のシンボルである。

五月人形とひな人形は同じ由来で、人形が、身の厄《わざわ》いを受けてくれる、身代り信仰からきているらしい。

五月五日のこどもの日の思い出に、菖蒲の湯に入った頃がなつかしい。父から、菖蒲の葉でハチマキをすると、頭痛がなおると言われて、実際にやってみた事などが、なつかしく記憶に残っている。

夏越《なごし》の祓《はらい》

旧暦の六月末に行なう「夏越の祓」と、半年後の十二月の末に行なう「年越《としごし》の祓《はらい》」は、その年の半年分のケガレをはらう伝統行事である。

由来は、日本神話のイザナギノミコトのみそぎはらいに遡《さかのぼ》るらしい。又、この日には、神社の「茅《ち》の輪《わ》くぐり」をするのは、神話のスサノオノミコトに起源があるとされている。8の字を書くようにくぐりぬけると、病気や災いをまぬがれるという信仰がある。京都では、「水無月《みなづき》」と呼ばれる和菓子を食べて、厄落しをする。三角形のういろうは、元貴族が食した氷《こおり》を表しているといわれている。

七夕（たなばた）笹の節句

旧暦七月七日は、今の八月にあたる。

天の川をはさんで、織姫と彦星（けんぎゅう）のロマンスで、つとに有名ではあるが、もう一つ奥に、祖霊をまつるという意味がある。タナバタとは、「棚幡《たなばた》」とも書いて、施餓鬼法要の時の施餓鬼棚と同じ祭り方をする所がある。笹とハタをもちいて、棚《たな》をつくる。農民は、祖霊の加護によって、いつも、農作の安全を祈らずにはいられなかったからであろう。

日本では、機《はた》で織《お》った布を、祖霊にささげたり、税をおさめたりしていた。旧暦の七月は稲の開花期であり、麦などの収穫期でもあった。そこで、お盆に先立ち、祖霊を迎える為に、女性達が、水辺の「棚機（たなばた）」にこもり、ケガレをはらった。機《はた》を織る女を「棚機つ女（たなばたつめ）」と呼んだ。やがて、この行事が、宮中の「乞巧奠（きっこうでん）」の習俗とまじり合って、現在のような形になったらしい。

七月七日の夕方をあらわす、「七夕（しちせき）」と呼ばれていたものが、棚機（たなばた）にちなんで、七夕（たなばた）という読み方に変ったらしい。

青森県のねぶた祭りは、七夕の夜に、ケガレを人形に移して、川や海に流したのが始まりとされ、「ねぶた」は「眠気をはらう」からきているらしい。

お中元

お中元は、お世話になっている人に感謝の気持をこめて贈り物をする夏の習慣である。お中元は、古代中国の「三元《さんげん》」の行事に由来している。

中国の道教では、一月十五日を「上元」、七月十五日を中元、十月十五日を「下元」と呼び、神様をまつる習慣があった。このうち、中元が、仏教の盂蘭盆会《うらぼんえ》とむすびつき、お盆の供物を、親戚などに届けるようになったのが由来とされている。

土用の丑《うし》の日

立春、立夏、立秋、立冬の前の十八、九日間を「土用《どよう》」という。季節の変わり目には土用があるが、夏の土用は、梅雨あけと重なることが多いために重要視され、土用といえば、夏の土用をさすようになってきた。
昔は、日にちには、十二支が割りあてられていて、土用の約十八日間にめぐってくる丑《うし》の日を、「土用の丑《うし》の日」という。夏バテする季節なので、疲労回復のため、古来、梅ぼし、うどん、うりなどの「う」のつくものを食べていたが、江戸時代の蘭学者の平賀源内が、夏場の営業不振に悩んでいた、うなぎ屋に助言して、土用の丑の日のうなぎブームを作ったといわれている。又、夏の土用は、梅雨明けとかさなるため、大切なものを風に当てて湿気をとる「土用《どよう》の虫干《むしぼ》し」なども行なわれる日である。

お盆（盂蘭盆会《うらぼんえ》）と施餓鬼会《せがきえ》
日本の民俗学の祖の一人、南方熊楠によれば、盂蘭盆会と施餓鬼会の起源は、中国では、同じ一つの祭として示されている。
一九二二年、イギリスの英文論考誌「ノーツ・アンド・クエリーズ」に投稿された『アジアのオルフェウス』という文章には、次のように誌《しる》されている。

質問にあった（中略）祭とは、盂蘭盆のことで、中国の「死者の日」である。この名は、応法師によって、サンスクリット語で「（罪深い死者の魂を）逆さ吊りから救う」ことを意味するウランバナという言葉から直接音訳されたものである（法雲『翻訳名義集』一一四三年、四〇節）。

アーネスト・J・アイテルの『中国仏教ハンドブック』（一八八八年、一八五―一八六頁）によると、今日中国で行なわれている盂蘭盆は、年に一度、陰暦七月に行われる万霊節の祭であって、仏教（と道教）の僧侶が祭祀を行い、地上や海で命を落とした者の魂を煉獄《れんごく》から解放する。このときには餓鬼のための食べ物として米をまき、一族の祖先の霊を祀り、紙でつくった着物を燃やす。水死者のためには水辺や船上でこれを行う。また、ヨーガ・マントラ（真言）を唱えながら指を組む呪術を行い、奈落（地獄）にある七代前までの祖先の霊を慰める。

この儀礼と、古代から現代までチベットに行われているグルトマ「捧《ささ》げものを散布すること」はきわめてよく似ており、中国の儀礼は、チベットのグルトマに、儒教の祖先崇拝が接ぎ木された可能性が高い。トハラ出身の竺法護《じくほうご》（二六五―三一六年）が中国に『盂蘭盆経』をもたらし、漢訳したという有名な話とも符合する。この経典は、この儀礼全体に仏陀の権威を（もとはなかったのに）付加しようとしたもので、さらに仏陀の高弟（アーナンダとモッケンレン）の事跡と称するものを加えてその権威を補強している。

このように説明しているが、ちなみに、仏陀の高弟の事跡というのは、日本で、一般に寺で行なわれている夏の行事、施餓鬼会の時に、その始まりの起源ともなっている、阿難陀（アーナンダ）、目犍連（モッケンレン）又は（モクレン）の両尊者の次のような事跡のことである。

阿難尊者《あなんそんじゃ》（アーナンダ）は、仏陀とサンガ（僧侶の集団）に捧げられた食べ物を餓鬼に供えて、短命をまぬがれ、目連尊者《もくれんそんじゃ》（モッケンレン）は、餓鬼になりはてていた母親を地獄から連れもどし、悲母の飢渇《きかつ》を救った。

日本では、「餓鬼（ガキ）」とは、端的にききわけのない子供のことや、まだうかばれない死霊のことをいう。

日本のお盆は、先祖の霊が古里の家に帰ってくる日とされ、最も重要な宗教的意味をもつ。盆も正月も、日本では先祖の霊を迎《むか》え入れる祭の日であるのだが、正月の魂祭《たままつ》りは、どちらかというと、浄化された祖霊であり、神棚で祀り、お盆の魂祭りは、まだうかばれない霊が中心となるから、精霊棚で丁寧に祀らなければならない。魂を早く浄化してあげなければならないからである。

死者の魂は、あくまでも安らかで清らかであってほしいからであろう。

お盆の終りに、御先祖様の霊をお送りすることを「精霊送り」（しょうりょうおくり）といっている。日本各地で様々な行事がおこなわれているが、その中でも有名なものに次のような行事がある。

長崎の「精霊流し」は、中国風に、爆竹と鐘の音がひびく中で、初盆の霊をのせた精霊船を極楽浄土へと送り出す。

京都の「五山の送り火」は、八月十六日に、京都を囲む五山に、「大文字」、「舟形」、「妙法」、「左大文字」、「鳥居形」を型どった火を燃やし、あの世へと御先祖様や新仏を送り出す。福井の「敦賀とうろう流しと大花火大会」では、気比の松原で行われる花火と灯ろうを海へ流す、風物詩である。

又、各地で行なわれる、御霊会《ごりょうえ》や祇園祭や盆踊りも、諸霊をなぐさめるための、お祭り行事である。

特に、盆踊りの場は、若い男女が出合うための重要な祭りでもあった。

十五夜や十六夜は、満月であり、朝まで踊りつかれて、愛をはぐくむ大変大事な出合いの日でもあったらしい。

ちなみに、ほとんどの盆踊りは、手の動きよりも足の動きを重視しているといわれている。天地の間にいる人間が地を踏むことで、霊を封じ込める鎮魂の意味があるらしい。「踊」という字も足偏である。神迎えは手を重視した「舞」となるらしい。

二百十日と二百二十日

立春からかぞえて二百十日、二百二十日をいう。現在の九月一日と九月十一日の頃である。この頃は、稲が開花する重要な時期で、農家にとっては、大風などの気候の変動に大変敏感になる。又、この頃、日本では台風が多い。二百十日、二百二十日、旧暦の八月一日の「八朔」（はっさく）の日を、三大厄日《やくび》としている。この頃の「風祭《かざまつ》り」は、農作物を風害から守るため神に祈る日である。

特に有名なものに、富山の八尾市で行われる、越中八尾《えっちゅうやつお》の「おわら風の盆」がある。

風神を踊りにあわせて送り出す。三百年以上続いているといわれ、哀愁をおびた胡弓《こきゅう》の音が響きわたる情緒のある祭りで知られている。二百十日から二百二十日頃に吹く秋の強風（台風を含む）を昔は、「野分《のわき》」といい、有名な芭蕉の句に、「吹き飛ばす石は浅間《あさま》の野分かな」というのがある。

現在の九月一日は、「防災の日」として制定されている。この頃、大正十二年の九月一日に発生した関東大震災や、大変被害の大きかった伊勢湾台風などが襲来している為であるらしい。天候の異常は、これから益々ふえてくる可能性が高くなっているので、くれぐれも注意すべきであろうと思う。

重陽《ちょうよう》の節句《せっく》（菊の節句）

古来中国では、奇数はよいことを、偶数は悪いことを示すといわれ、陽数（よい数）が二つ（偶数に）重なる日は、めでたい反面、不吉なことがおこると考えられ、邪気ばらいをしたのが始まりといわれている。中でも、一番大きな九の陽数が重なる九月九日を「重陽の節句」と定め、不老長寿や繁栄を願った。

この頃は、菊の季節であり、菊には、強い香りで邪気をはらう効果があるとされ、酒に入れて飲んだり、香りのしみ込んだ綿で体をふいたりして、邪気をはらった。

又、九州地方にのこる「おくんちの祭り」は、九日（くにち）がなまったものであり、重陽の節句が姿を変えて残っている祭であるらしい。

作物の収穫も終った頃にあたり、一種の収穫祭であるらしい。九日にナスを食べると中風《ちゅうぶ》にかからないというおまじないもある。栗ごはんと菊の花のお吸い物を食べてお祝いする地方も多いという。

冬至《とうじ》

新暦の十二月二十二日頃にあたる。二十四節気のひとつで、北半球では、太陽が最も低い位置にきて、夜が一番長くなる。

冬至は、太陽の力が一番弱まった日であり、この日を境に再び、力が甦《よみがえ》ってくることから、太陽が生れかわる日ととらえ、古くから世界各地で冬至の祝祭が盛大に行なわれてきた。

キリスト教の西洋でも、クリスマス祭をこの辺にもってきて、魂の復活とからめた。

東洋では、この日が陰《いん》の極みで、翌日から再び陽《よう》にかえるので、「一陽来復《いちようらいふく》」といい、運気が上昇に転じると考えられてきた。冬至に赤い色（太陽の色）のものを食べると運がつくといわれ、ナンキン（カボチャ）などが食べられてきた。又、「いろはにほへと……」が「ん」で終ることから、「ん」のつく食べ物もよいとされた。「ん」には、「一陽来復」の願いが込められているからとされる。

黄色い実の柚子《ゆず》湯に入るのも、邪気がはらわれてよいとされてきた。「融通（ゆうずう）」がきく「湯治（とうじ）」などというごろあわせが楽しまれた。血行を促進させるという実用面もあるのであろう。日本人は色々なことで人生を楽しく工夫してきた。

大晦日（おおつもごり）

十二月三十一日は大晦日。

月末の最後の日を晦日（つごもり）といい、一年の最後の晦日なので、大晦日（おおつごもり）という。

神社では、六月末日と十二月末日で「大祓（おおはらえ）」の神事が行なわれてきた。人間の体と生活にたとえれば、「大そうじ」のようなものかもしれない。

お寺では、百八つの鐘をつき、煩悩《ぼんのう》をはらった後、神社などに参り、一年の無事を感謝し、家にもどって、一家の祖霊である「年神様《としがみさま》」のお迎えをする。

年越そばは、細く長く長寿であることの願いとも、団子のそばがきで、福をくっつけるともいわれている。一年のしめくくりであり、新たな年の幸を祈る日でもある。

四、おわりに

日本では、季節感が最も大切にされる。

それぞれの季節にあわせて、毎年くりかえされるお祭りごとが、大事なものとなっている。各々、季節ごとに、自分達の先祖様に深く感謝をし、神を迎え、仏をあがめて年中行事にいそしんできたのであろう。

その時々の、感謝と祈りの気持が、豊かなくらしと心のゆとりを与えてくれた。

現在の我々のせわしない生き方を、ちょっとふりかえって、ながめてみようではないか。私達の先祖さん達は、我々現代の日本人の姿をたいそう心配しながら、見守っていてくれているに違いないと思う。

私の母は、九十四歳の長寿をまっとうして大往生をした。私の母のその母親、つまり、私の母方の祖母も、百歳の天寿をまっとうして、平成元年になくなっている。

私の母が書き残した俳句に次のようなものがあって、非常に興味深い。

亡母《はは》よ亡母《はは》よ　今日は何処《どこ》まで　冬空に

私の母も、自分自身の母親が亡《な》くなった時、しばらくは呆然《ぼうぜん》としていたが、その時は、七十歳くらいで、まだまだ元気であった。

亡くなった人、つまり、死者の魂は肉体をぬけ出して、冥土《めいど》へと旅をするといわれている。冥土（あの世）に着けば、より自由となり、そして、山の上のような見はらしのよい所から、こちら（この世）の方をながめているのであろうか。それとも、草場《くさば》の陰《かげ》（お墓の中）から、我々を見守ってくれているのであろうか。

柳田国男は、『魂の行《ゆ》くへ』の中で、次のように語っている。

死んでも死んでも同じ国土を離れず、しかも故郷の山の高みから、永く子孫の生業を見守り、その繁栄と勤勉とを顧念《こねん》して居るものと考え出したことは、いつの世の文化の所産であるかは知らず、限りなくなつかしいことである。

それが誤った思想であるかどうか、信じてよいかどうかは、これからの人がきめてよい。

さて、我々は、「これからの人」であるとすれば、これからどのようにすれば、一番よいのであろうか。

いずれにしろ、先祖を敬《うやま》う気持は忘れずもち続けてゆきたいものである。食べ物（作物・肉・魚）と神仏への感謝の気持とともに。

又、日本の伝統文化とは、神道、仏教、ヒンドゥー教、儒教《じゅきょう》、道教、景教《けいきょう》（浄土教は、キリスト教などの一神教の刺激と影響を、少なからずうけていると思う）の習合合作《しゅうごうがっさく》であろうことも、気がつくべきではないだろうか？

神と仏の復活

——蘇る日本の伝統

一、明治の近代化

まことに小さな島国である日本が、明治の文明開化の時期を迎えた時、何よりも強く願った事は、その当時、我が国よりもはるかに先進国であると考えられていた、西洋列強諸国に、肩を並べるか、あるいは、勝つ事であった。

それくらい、日本人のプライドは高かったのだといえる。又、大いに努力すれば、それは不可能な事ではない、と信じられていた。

学問や芸術の世界のみならず、産業や軍事の世界においても、西洋列強に負けない為には、どのようにすれば良いのか。

そこで、明治政府が考えついた一つの結論が、万世一系の現人神《あらひとがみ》を奉ずる「国家神道」と、「富国強兵」「殖産興業」「文明開化」を柱とする、強力な明治政府をつくりあげる事であった、といえる。

何よりも、日本人の精神的柱となるべきは、「天皇」の存在である。そのように考える明治維新のモットーは、「尊皇攘夷《そんのうじょうい》」、つまり、天皇を尊重《そんちょう》して、外国を攘（しりぞけ）る、という言葉であった。

それらの精神が、日本国民の教育の根幹に入れられたものが、「教育勅語《ちょくご》」であった。

これは、その内容から言えば、天皇（朕《ちん》）が、我々（臣民《しんみん》）に、天照大御神《あまてらすおおみかみ》などの、天皇の祖（皇祖）や歴代天皇（皇宗）の徳が、我々日本人を、世々代々に美風をつくり、この遺訓を、よく守るべきことが、難しい漢文調でつづられている。

いわれている徳目とは、第一に、親孝行で始まり、兄弟姉妹の愛、夫婦の愛、友人の愛、広く他人への愛、言葉使いのつつしみ、勉学にはげみ、仕事を身につけ、知識をやしない、才能を伸ばし、人格の向上、世の為人の為になること、規則遵守、お国の為に尽すことなどの、「人間として当然あるべき道徳」をうたっているのであるが、それらの道徳は、すべて、天皇と臣民の関係の中に実現されるべきものであるという。

一般の国民に、国の美風と徳目を教えたものが、「教育勅語」であるとすれば、日本帝国軍人に、皇国日本の歴史と、忠節、礼儀、武勇、信義、質素、の五箇条の精神を植えつけたものが、「軍人勅《ちょく》諭《ゆ》」であった。

これは、「我国の軍隊は、世世天皇の統率し給《たま》ふ所にぞある……」より始まって、「汝等軍人よく朕が教えに従ひて、この道を守り行ひ、国に報ゆるの務めを尽さば、日本国の蒼生こぞりてこれを悦《よろこ》びなむ。朕（天皇）一人の悦びならむや」で終る、荘重《そうちょう》なリズムをもつ文語体で記されたものである。

思うに、明治人の心の中は、天皇が絶対で絶大の存在として、燦然と輝いていて、西洋列強に対抗し、アジア諸国に超出しようとする意気ごみが、ありありと感じられる。

その怖《おそ》ろしいまでの信念が、後になって、日本国と日本国民に、大きな負の遺産を残す事になるのであるが……。

明治政府は、後の我々日本人に、重大な負の遺産をおわしてしまう、三つの基本的宗教政策を施行した。

それは、「神仏分離《しんぶつぶんり》」「廃仏毀釈《はいぶつきしゃく》」「神社合祀《じんじゃごうし》」の法令制定であったといえる。

次に、この三つの法令の意味について、くわしく分析してみたい。

元々、「神道」の教えというものは、日本固有の八百万《やおよろず》の神様と、外国から来た、インドの神様、中国の神様や儒教の教え、仏教の教えが、複雑に習合した神仏《かみほとけ》の教えの産み出した、日本独特の教義であり、「神道」とは、これらの様々な宗教との習合によってのみ、自己形成をなしとげた宗教であるので、「国家神道」の目ざす、純粋な日本の神（国粋）の実現は、不可能なだけではなく、日本の歴史上に、長きにわたって形成されてきた「神道」の文化そのものの自己否定にほかならなかったのであるが。

明治元年（一八六八）に打ち出された、神仏分離令に発する、明治日本の宗教政策は日本人に、非常に偏《かたよ》った宗教音痴の感覚と、伝統からの乖離《かいり》をもたらした。

なるほど、表面的には、日本の宗教が、純粋化し、複雑さを整理したように見えるかも知れないが、実は、長期に渉る日本の豊かな文化と魂を、荒廃させ、日本の森林自然を衰頽《すいたい》させた始まりなのであったといえよう。

「明《あか》き心」「清浄《きよらか》な心」「正直《しょうじき》な心」は、日本人が最も大事にしてきた心である。これらは、仏教や儒教や道教の影響と、切りはなすことは、まったくもってできない。切りはなし、分離してしまったとたんに、死んでしまうものである。近代化の美名のもとに、神仏を分離してしまった事で、我々は、カミホトケを殺してしまったのである。

明治三年（一八七〇）に始まった、「廃仏《はいぶつ》毀釈《きしゃく》」の運動は、仏教寺院を破壊し、美しい仏像を廃棄し、仏教の教えを弾圧し、僧侶を殺害したりした。今では考えられないほど激《はげ》しいものがあったらしい。一例をあげて考えてみたい。

大和平野の東南、御神体山三輪山《みわやま》の近く、飛鳥《あすか》の地に隣接する丘陵地に、つつましい小寺院、聖林寺がある。

ここに秀作中の秀作として知られている、国宝十一面観音菩薩像が安置されている。この十一面観音菩薩は、もとは、三輪山のふもとの大神神社《おおみわじんじゃ》の中にある神宮寺《じんぐうじ》のお寺の本尊であった。「神宮寺」というのは、お宮さんの中にあるお寺、という意味で、昔は宮と寺が共存しているのは、あたりまえであった。

明治の神仏分離令に伴い、このお寺は、お宮の社殿に変えられてしまった。

廃仏毀釈の運動が盛んになり、仏像、仏具など、仏教にかかわりのあるものは、次々壊したり、焼いたり、棄《す》てられたりする異常な事態が続いた。この寺の本尊十一面観音菩薩も難を免《まぬが》れず、縁の下に棄てられた。

このことを知って、いたく悲しみ、何としても観音像を救い出したいと考える、外国人美術家がいた。

その人こそ、日本文化の恩人、アメリカ人のアーネスト・フランシスコ・フェノロサであった。

遠日出典《つじひでのり》氏の著作『神仏習合』の説明によれば、彼は、この観音像を引き取ってくれる寺を求めた。幸い聖林寺が深い理解を示したので、さっそく聖林寺へ運ぶこととなった。荷車を借りて、観音像を乗せて、フェノロサは常に車の脇に付き添って、注意深く運んだ。観音像が棄てられたとき、光背《こうはい》（後の飾り）がこわれていたのを、その断片の一つ一つを新聞紙にくるんで運んだ。フェノロサは、みずからポケット・マネーを出して、粗末ながらも厨子《ずし》を作らせ、その中に安置した。

現在は、国宝として、その美的価値が大いに認められ、訪れる人々も増えているということである。

明治三十九年（一九〇六）時の原内務大臣が出した「神社合祀令《じんじゃごうしれい》」によれば、神社は国家の宗旨《しゅうし》であり、その国家神道の原則に従って、国と地方公共団体が、その公費の出費をできるだけへらす為と、社格の上下関係を明確にする為に行われた、神社の官僚的合理化であった。今から思うと、神社の整理と社林の伐採売却による、富国強兵化への道をつける、荒っぽい、軽率で無謀な方法であったとしか言いようがない。

全国に二十万ほどあった神社は、十三万社ほどに取り壊された。三重県内の合祀が最もひどく、従来の七分の一になり、次いで多かったのは和歌山県で、六分の一にまで減じた。

この政策は、知事の裁量に任されていたこともあり、実行の程度には、地域差がみられた。京都府は、一割程度ですんだといわれている。

この神社合祀政策は、博物学、民俗学、粘菌学の研究でよく知られている、南方熊楠の強力な反対運動により、帝国議会の答弁などを通じて、明治四十三年（一九一〇）以降には、急激な合祀は、一応収まった。しかし、時すでに遅く、この合祀政策が残した爪跡は大きく、多数の祭礼習俗が消えてしまい、宗教的信仰心に後々まで残る損傷を与える結果となってしまった。

南方熊楠は、神社合祀に関する反対意見を、まとめて書き残している。以下、それらを引用しながら、ゆっくりと味わいながら考えてみたい。
平成二十三年の台風十二号による大災害にみまわれた、和歌山県の熊野地方に、想いをよせながら、次の文章を味わって頂きたい。

合祀励行のために人民中すでに姦徒輩出し、手付金を取りかわし、神社を伐りあるき、さしも木の国と呼ばれし紀伊の国に樹林著しく少なくなりゆき、濫伐のあまり、大水害年々聞いて常事となすに至り、人民多くは淳樸《じゅんぼく》の風を失い、少数人の懐《ふところ》が肥ゆるほど村落は日に凋落《ちょうらく》し行くこそ無残なれ。

熊楠は、神社の信仰心の衰退をなげく事と同時に、自然環境への悪循環をも見据《みす》えていた。
又、次のようにも言う。

わが国の神社、神林、池泉は、人民の心を清澄にし、国恩のありがたきと、日本人は終始日本人として楽しんで世界に立つべき由来あるを、いかなる無学無筆の輩にまでも円悟徹底せしむる結構至極の秘密儀軌《ひみつぎき》たるにあらずや。
しかのみならず、人民を融和せしめ、社交を助け、勝景を保存し、史蹟を重んぜしめ、天然記念物を保護する等、無類無数の大功あり。

熊楠には、正しく西洋の歴史を見通せる目もあった。

次の文は重要である。

> 古ギリシャ・ローマには、天然勝景と神祇とを連係すること厚かりしも、耶蘇教《キリストきょう》入りて偏執の極、在来の宗教を全滅せしめしより、天然風致を賞すること大いに衰う、その後、古学復興《ルネッサンス》するに及び、この趣味また起こる由を記せるを見たり。わが邦民《くにのたみ》、気質涵養《かんよう》の要素たる文学が、勝景古跡と離るべからざる縁あるは知れきったることにて、その勝景古跡の多くは、神社と密接の関係あり。例《たとえ》せば、玉津島のごときは、祭神明光浦霊《あかのうらのみこと》にて、衣通姫《そとおりひめ》を従祀せる由、『神社録』に見え、全く風景を神として＊斎《いつ》けるなり。

＊神聖な場所をタブーとしてまつる。

ここでは、さりげなく、西洋のキリスト教の自然破壊と日本との比較、又さらに、両者の神に対する大きな違いを端的に述べている。

以上、南方熊楠の文章の引用を多くしたが、私が要約を述べるより、原文の方がはるかに味わい深いので、お許しを頂きたいと思う。

二、現代の問題

環境問題

今日最も重要な問題は、地球の環境に関する問題である。人類は、長きにわたって、ほとんどそのような問題を考える必要がなかったのであるが、あるいは、深く考える事なくすごすことができたのであるが、産業革命以降、このことは大きな人類のテーマに変ってきた。

今、最も注目される大問題が、原子力発電の問題であろう。産業が、大量生産、大量消費の時代になればなるほど増え続けてゆくのが、大量の産業廃棄物である。二酸化炭素の排出も、大量廃棄物の一種であろう。

地球の温暖化は、かなり早いスピードで進んでゆくばかりである。

又、二酸化炭素の排出が少ない、クリーンなエネルギーであるといわれて、世界中で推進されてきた、原子力発電も、実は、放射性廃棄物を発生させ続けてゆく。しかも、放射性廃棄物の放射能の危険が消え去るまで、なんと十万年の年月がかかるのだといわれている。

原発が、直接、災害や事故によって、放射能をまき散らす危険性については、近年、我々日本人は、経験したばかりではあるが、放射性廃棄物の処理は、一体どのようにすれば解決できるのであろう。

深い土中の岩盤に埋める計画が考えられているが、しかし、この岩盤が、地震によって変形した時に、地下水にもれた放射能が、地上にあふれ出る危険についても、指摘されている。

よくよく考えれば、原子力技術に依存する事は、やめなければならないと結論せざるをえない。

又、森林を最大限に保護しなければならないだろう。

人類が、森の木を切り開き都市を作り発展させて、物質的に豊かな文明を作り出してきた陰にあるのが、現代のもろもろの環境問題であったことを、よくよく考えるべきときが来たのであろう。

道徳問題

人は若い時には、何でも積極的に、やりたい事を思いきりやればいい、自由に、好きなだけやればいいのだ、若い時は一度しかない、後悔しないようにしろ。と、人生の先輩からも、そのように言われ続けて、自分でも、そのように思い続けてきたものである。よく遊び、よく学んだ者が、人間が大きくなり、人生の勝者になることができるのだから。

若いうちは、実際、考える事は、自分のことのみが中心になっている。これは、誰しも、だいたいそうであろう。

若いうちから、コツコツと才能をみがくにしろ、あるいは、モクモクと遊ぶにしろ、誰しも若いうちは同じようなものである。だいたい自分の事しか考えていないものである。

私もそうであった。

そうであったと、過去形でいうのは、実は、六十歳を過ぎ、死んだ親爺の年も越え、高齢者の人口にあたる六十五の声をきくようになって、初めて、つくづくと考えることは、我々の子孫のことについてである。

たとえば、原発の事である。このまま、原発を続けてゆくのならば、「原発や　子孫迷惑十万年」ではないのか。

気も遠くなるような長きにわたって、多大な迷惑をかけ続ける。これは、道徳的に許されることではないのではないか。常識から考えて、これはおかしいと考えざるをえない。絵空事のような道徳問題を語るよりも、何よりも重要な、現在の「道徳問題」ではないだろうか。

若いうちは、愛情や金銭の問題に、随分悩みもし苦しみもしてきたが、実は、これらは立派な「道徳問題」でもあったのだが、これらは、個人的な問題ではなかっただろうか。成長も頂点にまで来た今になって、個人一人一人の問題ではなくて、まさに、人類の「道徳問題」を、我々はつきつけられているのではないだろうか。

霊性問題

世界には、様々な宗教が存在している。

仏教やキリスト教、イスラム教、ユダヤ教、日本の神道やギリシャ、ローマ、インドの多神教、原初的な型態を残している精霊崇拝（アニミズム）や霊能者崇拝（シャーマニズム）など、比較宗教学で分類すれば、何百何千にもなる宗教が、世界中の各地域に分布している。すべての人類には、古くから何らかの宗教がかならず有ったという事は今さら言うまでもない。

近代化の中で、長らく信じられ続けた宗教に対して、疑いの目で見る風潮が、大きな力を持った。しかし、その長い伝統に培《つちか》われた奥深い力は今だに失われたとは思えない。暫《しばら》く忘れられていた程度なのである。

ちょっと古い話になるが、日本人の「大和魂《やまとだましい》」とか、アメリカ人の「フロンティア・スピリット」（開拓者精神）という時に使われる「魂《たましい》」や「精神」の事を、我々は一般的に、「スピリット」と呼んでいる。そして、この「霊魂性」や「精神性」を語る時に使われる時の英語の表現は「スピリチュアリティ」という。「スピリチュアリティ」のままでは、いかにも日本語としてなじみにくいので、最近では、これを「霊性《れいせい》」と訳して使われる事が多くなってきた。実は、「宗教心の本質」を、国際的なレヴェルで広く通用する言葉として、一体何が最もふさわしい言葉なのかをさがし求めてきた結果、たどりついた言葉が、日本語では「霊性」で、英語圏では、「スピリチュアリティ」と呼ばれるようになってきた、というわけである。

ＷＨＯ（世界保健機構）の、「健康の定義」は、今までは次のようなものである。

健康とは、肉体的、精神的及び社会的に完全に幸福な状態であり、単に病気や病弱がないということではない。

これが、最近議論されている改正案には、「霊性」と「活動的」が追加されて、次のようなものになってきた。

健康とは、肉体的、精神的、霊性的及び社会的に完全に幸福な活動的な状態であり、単に病気や病弱がないということではない。

ここに初めて、人間の健康について、宗教心の世界が加入され重視されるようになった事の意義は大きなものがある。

最近の人類の共通する悩みは、どんなに食べ物が不足しない社会であったとしても、何か本質的に「たましい」のやすらぎが得られないという点に集約されてきている。

つまり「たましい」の飢《う》えが広がり始めている、もっと単的に言えば、「宗教心の本質」が欠けている近代文明への疑問が、誰の目にも気がかりになってきた、という事であろう。

科学問題

世の中はたえず進歩し続けている、と思う気持ちは誰にでもある。たしかに、科学の進歩にはめざましいものがあると、大多数の人々が認めている。しかし、科学が進歩すればするほど、人間が幸せになるかどうかは、意見の分かれるところである。

科学が生み出した物は、間違いなくすばらしいものにちがいないとすれば、あの巨大な危険きわまりない原子力技術は、一体何なのだろうと問わざるをえない。

科学の進歩は、幸せの進歩と考える見方を「進歩史観」という。私はこの考え方は、「一神教」の世界観と共通していると思えてならない。

今、宗教を原始的な森の精霊崇拝（アニミズム）や八百万《やおよろず》の神々からの決別から、すぐれたただ一つの神だけが支配すべきだと考える「一神教」の世界観に、疑いをもたざるをえない。

文明問題

「一神教」的な世界観の特長は、唯一至上の神と、その神に愛され選ばれた人間のみが特権をもつ、いわば、神至上主義と人間至上主義なので、その中間にある、自然は、何の権利も持たせてもらえない奴隷のようなものと見なされる。「一神教」の世界観では、自然への畏敬の念が消え、自然への征服の念が発生する。巨大な文明を創りあげる為には、まことにつごうのよい宗教である。

自然は分析の対象となり、ことこまかに研究され尽し、利用の方法のみが議論される。それを、「科学的な精神」あるいは「客観的な精神」と呼んでいるのであるが、一方では、神自身と人間精神を切り刻んでもいるのである。

昔、日本の歌人の西行が、緑なす五十鈴《いすず》川のせせらぎに佇《たたず》む伊勢神宮を拝したときに思わず歌によんだといわれている、

何事のおはしますかは知らねども　かたじけなさに涙こぼるる

これをみてもわかるように、自然と神は分離できるものではなく、一体のものとして、思わず頭を下げたくなるような何者かなのであろう。

今日、科学と文明は巨大な発展をとげた。しかし、その陰で収奪されつくされた、未開と自然のすばらしさには、想像を絶するものがある。失われたものへの哀惜《あいせき》は筆舌に尽くしがたい。

自然は神である。
自然は仏である。

このあたりまえの思想は、今の我々に最も必要なものであり、我々の先祖達は、このあたりまえの思想を実践し、生活をしてきた事を、次の節では、ゆっくりとたずねてみたいと思う。

三、日本の伝統

柳田国男という民俗学者がいる。

日本人の古くからの習俗を研究し、おびただしい記録を残してくれた人物である。日本人の先祖崇拝の風習を具体的に報告した『先祖の話』の後、素直な感想のように述べた『魂の行くへ』の一文を引用しておこう。

日本を圍繞《いにょう》〔とりかこむ〕したさまざまの民族でも、死ねば途方もなく遠い遠い所へ、旅立ってしまうという思想が、精粗《せいそ》〔こまかくあらく〕幾通りもの形を以って、大よそ行きわたって居る。独《ひと》りこういう中に於《おい》てこの島々〔日本のこと〕にのみ、死んでも死んでも同じ国土を離れず、しかも故郷の山の高みから、永く子孫の生業を見守り、その繁栄と勤勉とを顧念〔ねがう〕して居るものと考え出したことは、いつの世の文化の所産であるかは知らず、限りもなくなつかしいことである。それが誤ったる思想であるかどうか、信じてよいかどうかは是からの人がきめてよい。我々の證明したいのは過去の事実、許多《いくた》の歳月にわたって我々の祖先がしかく信じ、更に又次々に来る者に同じ信仰を持たせようとして居たということである。自分も其教《そのおしえ》のままに、そう思って居られるかどうかは心もとないが、少なくとも死ねば忽《たちま》ちコスモポリットになって、住みよい土地なら一人きりで、何処《どこ》へでも行ってしまおうとするような信仰を奇異に感じ、夫婦を二世の契《ちぎ》りといひ、同じ蓮の台に乗るという類《たぐい》の、中途半端な折衷説の、生れずに居れなかったのは面白いと思う。魂になってもなを生涯の地に留まるという想像は、自分も日本人である故か、私には至極楽しく感じられる。出来るものならば、いつまでもこの国に居たい。そうして、一つ文化のもう少し美しく開展し、一つの学問のもう少し世の中に寄与するようになることを、どこかささやかな丘の上からでも、見守って居たいものだと思う。

人が死んだら、その人の魂は、そう遠くない山に帰り、そこから、この世の我々を見守ってくれる。お盆と正月は古来同じように、先祖の魂を家に迎える行事であった。又、仏教寺院では、年忌のときにも、先祖の魂を迎え、鎮魂《ちんこん》するならわしが長く続いてきた。

先祖への崇拝の気持は、自然への畏敬の念と深くつながっている。そのことは、農作物や海や山や川の獲物《えもの》への感謝の念と分かちがたい。

日本列島は、約一万二千年前頃に出来あがってきた。もちろん、神様が創造なさったというよりも、地球の歴史上に地形の変化がそうなってきたということであるが、神話の「国生《くにう》み」は、それを、神様の業《わざ》と呼ぶのであるが。

日本列島が形成されて間もなく、日本に縄文文明が発生してくる。

日本文化、文明の基礎は、この縄文にある。縄文の森は、ブナやナラの林が主流にあり後にシイやカシやクスなどの照葉樹林が広がった。実に豊かな森の文化であっただろう。そこに、大陸や半島や南西諸島からの移住民が加わり、人種がまざり合った。

最近の遺伝子科学によるDNA分析によれば、本州に住む日本人は、中国タイプ（25・8％）、朝鮮タイプ（24・2％）、沖縄タイプ（16・1％）、アイヌタイプ（8・1％）、日本固有タイプ（4・

8%）、その他（21%）である。

様々なルーツをもつ人種は、それぞれの神観念を持っていたに違いない。まず最初に、その様々な神観念が、「神神習合」をしたことであろう。

後に、日本へ仏教が入ってくる。こんどは、長い時間をかけて、神仏が習合してゆく。それは、当然のなりゆきであったと思われる。当然のように、対立や戦争も数多くあったと思われる。神武（イワレヒコ）と紀州の女酋長、ナグサトベやニシキトベとの戦いや、ヒミコの戦乱も、日本の長い歴史の一コマであっただろう。日本は、単一民族国家ではない、習合民族国家である。

日本の中世に、本地垂迹《ほんちすいじゃく》思想が生れ広がった。「本地垂迹」とは、仏教が興隆した時代にあらわれた神仏習合思想の一つで、日本の八百万《やおよろず》の神々は、実は様々な、菩薩や如来や天部などの仏が、化身として、日本に現れた権現《ごんげん》（仮の姿）であるとする考え方である。宇宙の真理そのものを、「本地法身《ほんちほっしん》」といい、真言宗の本尊大日如来のことをいう。大日如来は、絶対の知恵であり、永遠の光であり、万有一切、無差別平等のはたらきである。したがって、これは、秘密にして、荘厳なる宇宙の大生命であり、それはわれわれの中にもやどる。自然の中にひそむ力は生命そのものを生み、われわれの生命の中には、自然の根源的な生命力に通ずるなにかがある。

あらゆる生存する者の世界、草木、山河、大地などのあらゆる非情世界にも遍満していて、永遠に真実のことば、道理どおりのことば、真理の教えを説法している。

したがって、あらゆる仏、菩薩、如来に変化し、すべての神々に垂迹《すいじゃく》する（あとをたれる）。これらの教えは、弘法大師空海によって伝えられ、確立された。又、同じ時期、伝教大師最澄によってても、すべての人々は仏となることができることが説かれた。

やがて、安然（八四一?—九一五?）、良源（九一二—九八五）、忠尋《ちゅうじん》（一〇六五—一一三八）らによって、山川草木みなことごとく成仏することができると強調されるようになった。

これらの思想は、「即身成仏思想」と「天台本覚思想」と呼ばれるが、存在の法（ダルマ）のもとの平等を押し進めたもので、現在の我々日本人の感覚に添ったものであり、これからも期待できる。

歴史学者の黒田俊雄は、中世鎌倉時代に、仏教の新しい流れとして、法然や親鸞のお念仏や、栄西や道元の座禅、さらに、日蓮のお題目によって、広く大衆社会へ、仏教がひろがっていったかに見えるが、高野山の真言、比叡山の天台が、はるかに優位に立っていたことを証明してみせた。

我々は、鎌倉期の新仏教にあまりにも今まで目を奪われすぎてきた。

真言宗、天台宗の独創性があったからこそ芽生えたのであり、さらに、原理的な今日的な理論に、注目する必要があるといわなければならない。自然の中の一木一草にも、人間に等しく心がある。一木一草といえども、あだやおろそかにしてはいけない。

「山川草木悉有仏性《さんせんそうもくしつうぶっしょう》」、「草木国土悉皆成仏《そうもくこくどしっかいじょうぶつ》」ととなえる仏教思想が世に広まり、やがて、和歌、連歌、俳諧、能、狂言、茶の湯、いけばな、庭造り、水墨画、工芸などのあらゆる芸術分野に発展し、日本人の典型的な美意識を形成することになった。草木がくさぐさに生いたち花咲き栄枯盛衰を見せることの深義が、仏法の具現であると理論づけられてみるならば、花を讃《たた》え草木の姿や動きに注目する事が、そのまま絶対的な真理に達する途になるからであろう。

心敬《しんけい》や宗祇《そうぎ》の和歌や連歌にも、そのような境地は色こく現れている。

草も木も葉《（刃）》にしたがえる
露の世に　何と涙の
袖《そで》にあまれる
宗祇

心敬や宗祇の「もののあはれ」や世阿弥の能の「幽玄《ゆうげん》」の美意識も、そこから生れてきた。日本人のもっている、きめの細かい優しさは、そのような、奥の深い美意識からかもしだされたものであろうが、道徳的奥ゆかしさの元になっているものは、儒教の論語の流れであると思われる。

『論語』為政編二の五は、次のようになっている。

魯の国の家老・孟懿子《もういし》が孝行についてたずねた。
孔子《こうし》は「そむくことがないように」と答えた。弟子の樊遅《はんち》が車の御者をしていたときに、孔子の方から話しかけてきた。「孟懿子《もういし》が孝行のしかたについて聞いてきたから、『そむくことがないように』と教えてやった」。樊遅《はんち》がたずねた。

「何にそむくことがないようにするんですか」。孔子が答えた。

「親が生きているあいだは、礼にそむかないように仕える。親が死んときは、礼*にそむかないように葬る。霊を祭るさいには、礼にそむかないようにする、ということだ」。

＊家庭生活などをはじめとする儀式やしきたりの総称および人間関係のけじめのこと。

礼儀やしきたりを大切にする心は、今さら言うまでもないが、その基礎は、親を大事にし、死ねばその霊を祀《まつ》る事であろう。その基本が、現在おろそかにされている。

中国唐の白居易《はくきょい》（白楽天）は、偉い禅僧に「仏教の真髄とは何か」と問うたところ、次のように答えた。

諸悪莫作《しょあくまくさ》（もろもろの悪をなすことなかれ）
衆善奉行《しゅぜんぶぎょう》（もろもろの善い行いをなせ）
自浄其意《じじょうごい》（みずからの心をきれいに）
是諸仏教《ぜしょぶっきょう》（これがもろもろの仏の教えなり）

白居易が、「そんな事は三歳の子供にでもわかることではないか」と言ったら、禅僧は、「三歳の子供にもわかるが、八十歳の老人でもできない」とたしなめた。はたと気がつき深く謝《あやま》ったという。

◉伝統宗教シンポジウム「宗教と環境――自然との共生」自然環境を守る共同提言

私たちは近代以降の科学技術の急速な革新により、物質的に恵まれた日常生活の実現が可能となりました。その結果、現在地球上の資源が枯渇に瀕し、大気汚染が進み、異常気象が常態化する事態を招きつつあります。

今後の生活に危機的な状況が差し迫っているにもかかわらず、私たちは長年にわたり慣れ親しんだ、地球上の有限な資源の大量消費、限りなき自然破壊をもたらす生活のあり方を、今日まで改めることなく継続してきました。

このような状況下、昨年三月に東日本を襲った大地震、大津波、それに伴う原子力発電所の大事故を経験し、ようやく従来の生活態度を根本的に変革することなくして、私たちに希望ある未来は約束されないと気付き始めました。

日本人は古来、民族固有の神祇信仰によって、山川草木のいたる処に神々の存在を感じ、自然と共存して豊かな生活を得てまいりました。

私たち地球に住む人類や動植物が末永く、豊かに生きるためにも、天地万物に神仏が宿るという教えを共に持つ天台・真言の両宗と、神社神道とが、互いに宗派の垣根を越えて協力しあい、中核となってその輪を広げ、世界の人々に、あくなき自然破壊の阻止と、日常生活の根本的な見直しを、積極的に働きかけてまいりたいと決意し、このことを共同して提言いたします。

平成二十四年六月二日

天台座主　半田孝淳

高野山真言宗管長・総本山金剛峰寺座主　松長有慶

神社本庁総長・石清水八幡神宮宮司　田中恆清

実は私はこのシンポジウムの共同提言に、全面的に賛同し、支援いたしたいと願い、今回の拙《つたな》い一文を書かせて頂きました。

御理解頂きましたら幸甚に存じます。

大乗仏教の心

一、衆生心について

人間の心というものは不思議なものである。様々な出来事に会い、喜びや哀しみの心が毎日毎年ぐるぐると入れかわり立ちかわりくりかえされる。これが我々人間の心の人生というものであろう。喜びと判断されたり、哀しみと判断される存在とは、私達の心が作り出してゆく一種の虚構のようなものであって、私達の方から、それを喜びと判断したり、哀しみと判断したりしている。

色々な存在との間にある利害関係や、欲求や好み、恐怖心や羞恥心などによって変り、対象の存在が分類されたり、規定されたりする。人々がいだく心は色々であっても、その方法論は同じである。『華厳経』に、三界唯心と説いているのはそのことであろう。

仏教とは、人間が仏の世界に入ってゆく事を説いた教えなのであるが、シャカムニ世尊が現実に言葉を使って、教えを説いていた時代と、現代は、おのずと違う。又、シャカムニ世尊が滅して後しばらくの間続く時代と現代とも、おのずと異なっている。あるいは、シャカムニ世尊の教えをかなり忠実に守っている世界（小乗仏教）と、我々の社会は大変違ったものであるといわねばならない。

我々の社会は、いわば、大乗の世界であり、大乗仏教の教えにのっとった世界であるといえる。仏教の根本の教えは変わらないが、解釈の違いが出てきたといってもいいかも知れない。その特長の一つは、大乗仏教の中に、一般大衆の〈衆生心〉あるいは、凡夫の現実の〈異生心〉にスポットをあてた事であろう。

大乗仏教の立て役者ナーガールジュナの『大智度論』に次のような語がある。

衆生、心清浄なれば、則《すなわ》ち、仏を見る。もし、心不浄なれば、則ち、仏を見ず。

我々は凡人と聖人を分別して、まったく違ったもののように見ることが多いが、そうではなくて、本質においては、平等であり無差別である。凡夫の衆生が仏の心を持っており、そのみずからの清浄心がみがかれれば、仏としてかがやく、と大乗仏教は教えている。

『不増不減経』にいう。

衆生界を離れずして法身有り。法身を離れずして衆生界有り。衆生界はすなわち法身なり。法身はすなわち衆生界なり。

凡人と聖人を分別して見る見方は、俗的な一般的なものの見方なので、〈俗諦〉といい、低い狭い観点とすれば、凡人と聖人を、無差別平等と見る見方は、一歩勝れた観点なので、〈勝義諦〉という。大乗仏教においては、この両観点が同居しているのである。煩悩即菩提といったり、俗諦即勝義諦といったりする。

このような一つの心の内部の二面性の同居を正確にとりあげた書が『大乗起信論』である。大乗（摩訶衍《まかえん》）の正体は、衆生がみずから備えている〈衆生心〉である。

一切の世間の迷いと出世間の悟りは、この〈衆生心〉という一心の中に有るのだから、この心にもとづいて大乗の本質を解明することができる。〈衆生〉をくわしく調べても、多くの経や論書で一定していない。

『釋摩訶衍論《しゃくまかえんろん》』では、〈衆〉は、如来、菩薩、声聞、縁覚の四種で、〈生〉は、胎児で生れるもの、卵で生れるもの、細菌やカビのように湿った所から生れるもの、霊魂や鬼や龍のように化けて生れるもの、の四種類であるとされている。大変幅が広い。

『大乗起信論』を世に現わした馬鳴《めみょう》は、一心の広大円満なることをあらわす為に、名づけて〈衆生〉となす、という。〈異生〉という語も出てくるが、一般的に、凡夫の異名であり、これも総合して

〈衆生〉と名づけている。

一切の衆生といえば、生きとし生けるすべてのものとでもいえばいいであろうか。

一切の衆生心に、迷いの世界、悟りの世界が同居しているという『大乗起信論』の主張は、今までの仏教を、より普遍的、国際的、内発的、大乗的に変えた。

弘法大師空海の内心にも、この真理は大きな影響を与えた。空海の書、『釋論指事』ではこの重要な真理を第一巻に明記している。

『大乗起信論』では、一心の内容を、二つに分析して、〈心真如〉と〈心生滅〉としている。〈心真如〉とは、心が悟って静かである様子を表わし、〈心生滅〉とは、生じたり滅したり又生じたり又滅したりをくりかえす輪廻転生のせわしない世界である。

世間とは、人間から羊に生れ変ったり、ブタに生れ変ったりする輪廻転生（サムサーラ）のこの世界のことであり、出世間とは、これらの連鎖からの脱出とすれば、皆は、世間をにくみ、出世間を夢みるのであるのだが、『大乗起信論』や『釋摩訶衍論《しゃくまかえんろん》』の真理によれば、一切衆生の一心の中に同居しているのだから、じたばたあせる事はない。そのままでいいわけである。一般的に、仏教の〈空〉の思想とは、そのままでいいと言いたいのであり、たとえば、マイナス思考で考えすぎると、無知や虚無や無意味や無味乾燥など、ろくな事にはならず、又、プラス思考がゆきすぎると、思い上ったり向上心の渇愛、財産へのしがみつきなど、これもろくな事にはならない。これらの有と無への執着を捨てた〈空〉の真理を、人間の心にあてはめてゆくのが大乗の心のとらえ方なのであるといえる。

二、六十心について

『大日経』に有名な句がある。

秘密主、何が菩提（サトリ）とならば、謂わく（いってみれば）実の如く自身を知るなり。

自分の心を如実に知る事が、阿耨多羅《あのくたら》三藐三《さんみゃくさん》菩提《ぼだい》（無上の正等の覚）である、という意味である。それを〈如実知自心〉と一言で表わすことができる。自分の心ほど分りやすいものはないように見えて、実は、これほど複雑なものはないのである。なかなか説明ができないがゆえに、『大日経』にも次のように書いてある。

青に非《あら》ず、黄に非ず、赤に非ず、白に非ず、紅紫に非ず、水精色に非ず、長に非ず、短に非ず、
円に非ず、方に非ず、明に非ず、暗に非ず、男に非ず、女に非ず、不男女にも非ざるなり。

金剛手が、どうすれば菩提心（悟りの心）をおこすことができますか？　心の様々な相（すがた）を教えて下さい、と摩訶毘盧遮那《まかびるしゃな》世尊に訊ねたら、次のように六十種の心を告げて、答えられた。

貪《どん》心、つまり貪《どん》欲のかたまり、人はみずからの貪《どん》欲によって諸々の苦しみをもつ。

かといって、善いことを求めず、意欲のない心も又決してほめられるべきではない、それを無貪《むとん》心という。

心の中で怒りの気持が高まれば、心の平和をみだすことになるのを瞋《しん》心という。

観音様のような大慈悲心をもつのはいいが、ともすれば、愛情の気持がきわまって、分別なき愛となるのが慈《じ》心。

ものごとをよく観ず、よく考えないで行動をしてしまうおろかな癡《ち》心。

智恵があって何でもよくわかるかしこさは、反面、自信満々すぎて、増上慢に落ちこみやすい心を智《ち》心という。

師匠の教えにあまりに従順にしたがいすぎるのも人の短所、これを決定《けつじょう》心という。

逆に、何事にも疑い深く、正しい教えにもしたがえない心は疑《ぎ》心、疑心暗鬼ということわざもある。

疑い深くなれば人の心は暗くなり、真理をみつけられないのは暗《あん》心。

逆に、真理をのみこむのは早いが、じっくり考えない心は明心《みょう》。

色々無量にあるにもかかわらず簡単に一つにまとめてしまおうとする心は積聚心《しゃくじゅ》。

けんかごしにばかりかまえているのが闘心《とう》。

自分の心の中であてでもないこうでもないと内面的に葛藤する心は諍心《じょう》。

又、自分で葛藤もせず他人のしり馬に乗るような心は無諍心《むじょう》。

自分の思いどおりにしか行動せず、あまりにもあっけらかんにしているのは天心《てん》。

阿修羅のごとく快楽を生き死ににかかわらず求めつくすような心は阿修羅《あしゅら》心。

大金持ちになりたい一心は竜心《りゅう》。

何ごとによらず利になることを恩きせがましくふるまい、人生を終えてしまう人間によくありがちな心が人心《じん》。

女性にはちょっと失礼ではあるが、欲が深いのが女心《にょ》。

自分だけの思いどおりになると思うのが自在心《じざい》。

商売人に特有のもうけ方、つまり、安い時に大量に買い、色々バリエーションをつけて多売するような心は商人心《しょうにん》。

農民が土地の事についてベテランの先輩農夫から情報を広くもらって後に収穫を求めるような心は農夫心《のうふ》。

河の流れのように両岸に水があたり、右顧左眄するように、あるいは左右にたえず入れかわるように流れるような心は河心《か》。

河の堤がしっかりして基礎財産はいっぱいあるのに、まだその上に地位や名誉を求める心は陂池《ひち》心。

外から見ても一体何を考えているのか皆目《かいもく》わからないような腹黒い心は井心《い》。

自分だけを後生大事に守ろうとする心は守護《しゅご》心。

ケチな人で、人に与えることを知らない心は慳《けん》心。

狸《たぬき》には悪いが、ものをとる時、ソーッと進みエサを取っても恩知らずの心を狸心《り》。

少しだけ取っただけで、それでもう満足する気の小さい心は狗心《く》。

徒党を組んで大政翼賛会のようにしないと何もできない心は迦楼羅《かるら》心。

鼠《そ》心とは、ねずみの心、家をかじりこわしてしまう。人が仲がいいのをそねみ、コソコソ出てきては、かじって台なしにする心。

歌詠《かよう》心とは、音楽を奏する時、楽譜通りにしか演ぜず、感情豊かではなく、内容が一律的な心。

舞《ぶ》心とは、仏教の修行をしていて気分が高揚したように、舞いまくるように手足までを高調し、様々なイリュージョンをしてみせる心。仏教修行者はこれをつつしまなくてはいけない。

又、トントコドンドコ太鼓を打って鳴り物入りで説法をしても、内容がとぼしい心は撃鼓《ぎゃくこ》心。

ひきこもり児童のように、家や部屋の中にとじこもってしまう心が室宅《しったく》心。

修行はしていてもライオンのように猛々しい心が獅子《しし》心。

ふくろうのように昼は眠ったようにじっとしていて、夜になると活動し、夜中常にもの思いにふけっている心が鵂鶹《くる》心。

どこでもおちつかずおどおどして猜疑心が強く、他者が近づく気配がすると驚くように逃げる心が烏《う》心。

人の善いところを見ても悪口をいい、短所をあげつらうような心が羅刹《らせつ》心。

逆に自分を責めて、どこに行ってもくよくよ思い悩み気分がすぐれないような心が刺《し》心。

仏の修行をしていても山中の洞窟の中に神仙境をさがし求めてゆくような心が窟《くつ》心。

風のようにどこともなく舞い上がるような根のない心が風《ふう》心。

水でゴシゴシ何回も洗わないと気がすまないような心が水《すい》心。

火のようにカーッと興奮して冷静なところがない心が火《か》心。

知能が低いが、一心にはげむと悟りにまで到るが、泥の中をはいずりまわるだけのこともある心を泥《でい》心。

外の色に影響を受けやすく、カメレオンのように色を変えるような心が顕色《けんじき》心。

板《ばん》心というのは、水にうかべた板にある一定の物量しかのせることができないように、自分にはこれだけしかできないと卑屈になる心。

迷《めい》心は、道をまちがえて進むが、自分では気がつかないでいるような心。

ニヒリズムの気持から、毒薬をもちいるように退廃的な心が毒薬《どくやく》心。

ナワで自分自身をしばりつけ、あるいは呪縛の力によって身動きがとれなくなっている心が羂索《けんさく》心。

二足歩行できないようにしばりつける道具が械《かい》、日常生活ができない無理で不自由な修行をするような心が械《かい》心。

梅雨でじめじめとしてうっとうしい心が雲《うん》心。

農業をしているといつも自分の田畑が気になり、自分のもの以外には気をつかわず、自己のみに愛着する心が田《でん》心。

海の塩からい水を飲むと、益々のどがかわき、水をはてしなく欲するような心が塩《えん》心。

坊さんが頭を剃髪して、これで出家したからすべての俗世界からおさらばだと思い、かえって修行をなにもしないような心が剃刀《ていとう》心。

自分だけが須弥山の頂上に登ったようにいばっているような心が須弥等《しゅみとう》心。

海は広いな大きいなと一人じめにして安住しているような心が海等《かいとう》心。

はじめは熱心に修行して結果が器にいっぱいになっているのに、穴があいていて徐々にもれ出てしまうような心が穴等《けっとう》心。

生れ変りの後生を願うあまり、今生の行いに力が入らない生き方をしてしまうような心が受生《じゅしょう》心。

サルのようにおちつきがない心が猿猴《えんこう》心。

以上の六十の心が、摩訶毘盧遮那《まかびるしゃな》世尊が観察された人間の心の姿である。誰もが思いあたるふしがあるのではないか。一見否定的な面のみを述べているが、これらの煩悩が浄化されれば、すばらしい菩提の因ともなる事を忘れてはならない。

三、十住心について

我々がよく唱える、最も短いが非常に深い意味をもっている般若心経というお経がある。これは、〈般若〉〈波羅蜜多〉〈心〉つまり、サンスクリット語では、プラジュニャー・パーラミター・フリダヤといい、現代語に訳すると、〈完成された智恵の心臓〉となる。

弘法大師空海は、『般若心経秘鍵』という解説文の中に一つの詩を示して、これを賛嘆している。

真言な不思議なり
観誦すれば無明を除く
一字に千理を含み
即身に法如を證す
行々として円寂に至り

去々として源初に入る
三界は客舎の如し
一心なこれ本居なり

これを我流で意訳をすると、

真言は不思議である、心にこれを観想し、誦すれば、おろかさや迷いを除くことができる。その真言の呪文の一字一句に、無量百千の意味を含み、それによって肉身そのままに、まことの法《のり》を悟ることができる、行き行きて、円寂の静けさに到ることができ、去り去りて悟りの根本に帰ることができる、三界の迷いの人々は、あたかも現在、過去、未来と仏を求めて旅する仮の宿屋の客のようなものである。その人々の心や体の内部にこそ、本来の仏の住いがあるのになあ。

ここには大乗仏教の心が、しかもその究極態としての密教の心境が如実に示されている。又、空海の、宗教的心情の上昇を段階的に説明した本は『秘密曼荼羅十住心論』である。真言密教に到ると、大乗仏教の心の分析が、マンダラとして図形化してくる。

西洋においては、近代になってはじめて、フロイトやユングによって無意識の説明が明らかになるのであるが、アジアでは二千年以上も前から仏教徒達は、深く広大な、無意識世界を発見応用していた。

唯識をはじめ様々な仏教心理学が発展してきた。

胎蔵生マンダラの中央に位置する〈中台八葉院〉の図形はこのようなものである。

人間の目耳鼻舌触の五感と意識と無意識に分類される。五感とは、視覚、聴覚、嗅覚、味覚、触覚の五つの感覚である。次のマナ識は、ちょうど我々が日常会話で使う「第六感が働いて、ピンとくる」というあの感覚である。五感の次の直感だから第六感というのである。

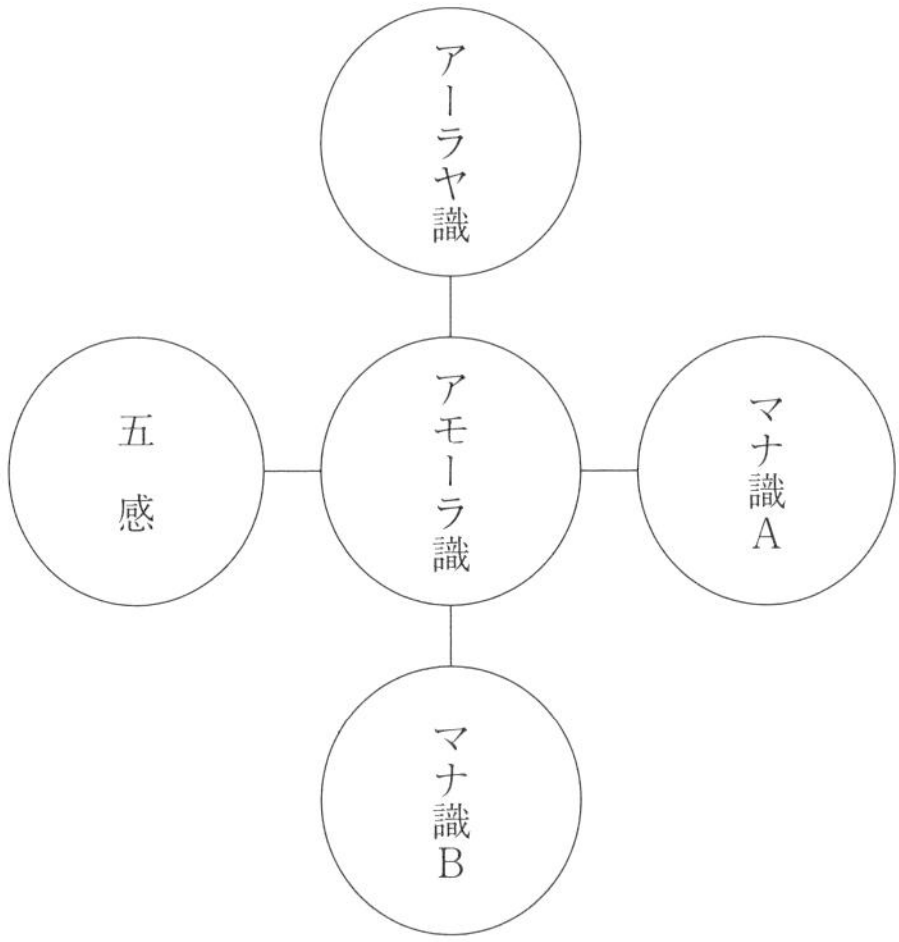

　これは半分は意識の世界に属しているが、後の半分は無意識に足を入れている状態であるので、マナ識AとマナB識に分けたのはそのような意味も含んでいる。次にアーラヤ識とは完全な無意識世界である。あるいは潜在意識と呼んでもいい。アーラヤ識というものは悟りの世界と迷いの世界を両方持っているので深い悟りの心は近づくのも、恐ろしい迷いの世界にはまり込むのも、このアーラヤ識を通じて心が働くわけである。自覚の意識がないので、このコントロールしだいで、順調にいったり、失敗をしたりする。次に、アモーラ

識（アンマラ識ともいう）は中央大日如来の座である。最高の王座であるから、五感、意識、無意識をすべて併せて持ったまま、しかも、それらを超越している。霊的無意識とでも表現すればよい。自分たちからほど遠く高い存在のように見えるが、だれもが、この境地を体や心の中に持っていることに気がつかないで、外にそれを探し求めるのはおろかなことであると弘法大師空海は述べている。「仏法は遙《はる》かにあらず、心中にして、すなわち近し」。

悟りに到るまでの宗教的心情の変化を十段階に説明した本が『秘密曼荼羅十住心論』である。その最初の段階の第一住心が、〈異生羝羊心《いしょうていようしん》〉無知な凡夫が狂酔して自分の迷いを悟らず、淫欲と食欲ばかりに気をとられている雄羊のような心。次に移れば、第二住心は、〈愚童持斎心《ぐどうじさいしん》〉愚かな童児がエチケット、マナーの世界に目ざめる心。第三住心は〈嬰童無畏心《ようどうむいしん》〉天国に生れてしばらくよみがえり、まるで嬰児や子牛のように母親に随って一時安らいでいる心。第四住心は、〈唯蘊無我心《ゆいうんむがしん》〉仏法の教えにふれて、無我無実体説を知り、安住している心。第五住心は、〈抜業因種心《ばつごういんしゅしん》〉仏法の十二因縁説を知り、無明の世界から悟りの世界へ無言のまま一人で納得する心。第六住心は、〈他縁大《たえんだい》乗心《じょうしん》〉初めて大乗仏教の心を悟り、ただ心のはたらきを実在と信ずる心。第七住心は、〈不覚不生《ふかくふしょう》心《しん》〉仏法の空観を悟り、心が空寂で無相のすがたに安住する心。第八住心は、〈一道無為心《いちどうむいしん》〉すべてのものは真実で一如であり、清浄であると悟り、法華一乗の世界に入る心。第九住心は、〈極無自性《ごくむじしょう》心《しん》〉水は風があってはじめて波たつ、法界は究極なくさらに進む心。第十住心は、〈秘密荘厳心《ひみつしょうごんしん》〉顕教はちりを払い、真言密教は庫を開いて秘宝を見せてくれる、完成された徳の世界の心。
以上十住心で、心の発展と仏法の展開をみごとに分類している。

小乗、大乗、密乗、という言い方がある。密乗つまり真言密教で大乗仏教の最高位につくことができるのであるが、ここに到る境地を、弘法大師空海は、十住心で分析したのであった。第一住心から第四住心の〈唯蘊無我心〉と第五住心の〈抜業因種心〉に入って初めて小乗仏教の心を知ることができる。

小乗仏教の心とは簡単にいえば、シャカムニ世尊が説いた、四諦、八正道、十二因縁を忠実に修行することであるといえる。

人生は空であると悟ることは、それはそれで仏の教えの基本ではあるが、まだ自分以外の存在には目が開いてはいない。自分をも含めてすべての存在が空であると悟るのは〈法空《ほっくう》〉と呼ばれる。小乗仏教の知っている空の世界は〈人空《にんくう》〉なのである。

弘法大師空海の十住心の分析によるならば、第六住心と第七住心の境地に到って、初期大乗仏教の〈唯識〉の教えと〈中観〉の教えを体得する。第四住心と第五住心は、〈声聞〉と〈縁覚〉の境地である。第六住心に入って初めて菩薩の境地に入ってくる。

大乗仏教とは、菩薩の仏教であるということができる。菩薩の仏教であるということは、慈悲の心をもって衆生を救済するということである。

一切の大衆の心、衆生の心をよく知っていなければ、そのようなことはできない。

だから、『大日経』の六十心で説いたようなありとあらゆる人間の心を知りつくしていなければならない。

四、菩提心について

大乗仏教の菩薩というものは、一歩進んで如来の境地にまでゆける者であるが、世界の衆生を救う為に、あえて、苦しみの多い娑婆《しゃば》世界に踏み止まり、衆生と共に苦しみながら救い救われようと生きている。この世の娑婆世界で、この世の菩薩達が、いかに大変な苦労をして仏の教えを拡めているかについて『維摩経』に感動的な話が書いてある。

衆香国の香積仏《こうしゃくぶつ》は、非常にえもいわれぬ良い香りで、人々を仏道へと導いている。ある時、維摩居士が、衆香国の菩薩に質問をする。

「香積如来は、何をもって法を説くのでしょうか」。

衆香国の菩薩は答えていう。

「我が国の香積如来は、文字言語での説明は一切しない。ただ香りで法を伝えるだけである」。今度は逆に衆香国の菩薩が、維摩居士に質問した。

「シャカムニ世尊は、何をもって法を説くのですか」。維摩居士の答えは、「この国の衆生は頑固で、教化しにくいので、強い言説をもって仏法を教えているのです」。

衆香国の菩薩達は、この世の現実世界を理解して、大変な努力と忍耐をもって仏法を拡めていることに敬意の念を示された。

余談ではあるが、この話が私は好きである。

中世の日本で、平安時代が終り、武家中心の鎌倉時代が始まる頃、世の中は大いにみだれはじめた。仏教界でも大変な混乱が生まれてきたとき、親鸞と明恵が同じ年に生まれている。

親鸞は師匠の法然の信者となり、新しい仏教を創ろうと考えていた。鎌倉新仏教の一つ浄土真宗である。親鸞の師匠法然は、その当時多くの信者を集めていた。いわば時代の寵児であった。

彼は民衆や貴族に新しい浄土教を説いた。しかし、ここに、明恵という大仏教者が一つの異議をとなえることになる。

それは、法然や親鸞の、阿弥陀如来一仏信仰の中に、〈菩提心《ぼだいしん》〉が欠けているという厳しい指摘であった。

我々の心の中に仏が住んでいるという思想は、如来が心の中にいると考える〈如来蔵思想〉や、悟りの心が本来的に心の中にあると考える〈本覚思想〉として、日本の仏教的伝統の内にあったものであるが、この思想に連なるものとしての、〈菩提心思想〉を、明恵は明確なものとして打ち出した。

そして法然を批判したのであった。

私は明恵の説の方が正しいと思っている。

しかし、両者の説は未だに解決に至っていない。

ましてやその奥には、大乗仏教は仏教ではない〈大乗非仏説〉という考え方も健在である。色々な考え方が同居したままである。

いずれにしても、今世界は仏教の教えを求めているに違いない。

ナーガルジュナ（龍樹）『菩提心論』には次のようにある。


もし人、仏慧《ぶって》を求めて、菩提心に通達すれば、父母所生の身に、速やかなる大覚の位を証す。

『大日経』には次のようにある。

菩提心（心）を因となし、大悲《たいひ》を根（本）となし、方便を究竟《くきょう》となす。秘密主、いかんが菩提とならば、実の如く自心を知るなり。

菩提心を無視して、我が真言密教の教えはなりたたない。以上拙文では、大乗仏教に現われる心の種々な表現の意味を明らかにしようとした。

そして最後に辿りついた〈心〉は〈菩提心〉であった。〈衆生心〉と〈菩提心〉を一筋に貫く思想が、大乗仏教の中には、深々と流れていると言わねばならない。

維摩居士の劇場空間

一、はじめに

維摩経《ゆいまきょう》（ヴィマラキールティの教え）は、一、二世紀ころに成立した大乗仏教経典です。一切経経典の中で、第一に「文学的作品」の趣《おもむき》をそなえた経典であり、まるで演劇の戯曲を読むようなおもしろさをもっています。又、実際にかつて日本の舞台で演劇として上演されたことがあったとも聞いています。ドラマ的構成からいえば、最初の釈迦世尊が住んでいるアームラパーリーの森、つまり菴羅《あんら》樹《じゅ》の園の場面から始まり、次にヴィマラキールティつまり維摩居士の家に移り、そこで、文殊師利菩薩との議論が起こって、その間に十二あるいは十三の場面の設定があり、最後に、もう一度、釈迦世尊の菴羅樹の園にもどって、終結する形式をとっています。

いわば、三幕十四場のお芝居の形式をとっているわけです。もちろん、他の仏典、たとえば法華《ほけ》経《きょう》や、華厳《けごん》経《きょう》などの仏典のように、ドラマチックな要素をそなえた経典は、数多くあり、特別にめずらしい事ではないが、それらの中でも際立って、戯曲的要素はつよく、しかも、釋迦世尊の重要な高弟達が、維摩にやりこめられたり、道化を演じたりする少し滑稽《こっけい》な経典であります。

戯曲的構成ならびに、在家主義的立場から見て、我が国の歴史的な文学史上におよぼした影響は、相当大きなものがあると考えられます。その中で、最も代表的で有名なものといえば、鴨長明の『方丈記』があげられるでしょう。又、多くの無名の文人や、隠遁者達にも、その深い影響が考えられます。あるいは一休などをはじめとする禅僧や仏教者達に与えた影響も、見のがす事ができないと思います。

このように、多くの人々に支持された理由は、結論から先に言うならば、仏法の空寂の思想が、単なる、仏教教団の護教主義的な宗派意識や、非常に狭い「空《くう》」の解釈を打ちやぶり、自由自在な「空《くう》」の本質的理解を示しているゆえんであろうと思われます。

維摩経のストーリーに即していうならば、実際上は、大変狭くて小さい、維摩の一室が、宇宙大の大きさに広がってゆくおもしろさであり、天女が空《そら》から室内に入って現われたり、舎利仏が、女性に変化《へんげ》するドラマチックな物語性と哲学的な「空《くう》」の思想が視覚化されているところがまことにうまいからだと考えられます。

二、維摩経の分析《ぶんせき》

姚秦《ようしん》三蔵鳩摩羅什《くまらじゅう》に訳された漢訳仏典と、チベット語に訳された仏典との若干の違いについても、ふれておかねばならないと思います。鳩摩羅什の訳は、古来、美しい名訳と呼ばれるほど、読者を感動させてきたとされています。しかし、少し文学的すぎるきらいも指摘されるようであります。その点、チベット語訳は、正確な逐語訳《ちくご》であり、論理的に理解を深めるには、チベット語訳の方が、よりすぐれていると思われます。

チベット語訳からの日本語訳は、京都大学名誉教授の長尾雅人先生の文章によって、明解なすじ立てを学ぶことができます。長尾先生の説によれば、維摩経は、「矛盾概念を共に否定する立場」をとっていると解説され、この法門を「対句の結びつきと逆倒の完成された不二法門」であると、説明されています。たしかに、両方を比べて読んでみると、チベット語訳の方が、この経典の「逆説的仕組」を、ありありと理解できるようです。

我が国の最古の経疏《きょうしょ》、つまり註釋書を書いた、聖徳太子は、『法華義疏《ほけぎしょ》』ならびに、『勝鬘経義疏《しょうまんぎょうぎしょ》』とならんで、この『維摩経義疏《ゆいまきょうぎしょ》』を書いています。花山信勝先生の著作『聖徳太子、分科経分、維摩経義疏、全現代語訳』にくわしく解読されています。聖徳太子は、経文の意味の解説と私見《しけん》を述べていますが、数多く有る、日本伝来の経典の中から、維摩経を選んだ理由は、法華経、勝鬘経と共に、聖徳太子自身の、在家主義の立場から、共感をいだいたものではないかと考えられます。法華経はしばらくおいて、勝鬘経と維摩経は、経典の主人公自体が、釈迦世尊自身ではなく、在家の仏教の篤信者、勝鬘夫人や、維摩居士であったという共通点があり、それは偶然のものであったとは考えられないことです。

ナーガールジュナの『大智度論』には、維摩経の引用が多く出てきます。私の考えによれば、この経典は、般若経典や、ナーガールジュナの『中論』に出てくる、「中観思想《ちゅうがんしそう》」の仲間であり、つまりは、「空」の思想の非常に大胆《だいたん》な、「妙有《みょうう》的立場」と「実相《じっそう》的立場」の妙理を表わしていると考えられます。維摩経の言説に即していうならば、「盡無盡解脱《じんむじんげだつ》法門」として示された内容であり、『大乗起信《だいじょうきしん》論《ろん》』の真如《しんにょ》の説と通底するものがあります。東京大学名誉教授の高崎直道先生の長年にわたる研究成果である、『如来蔵《にょらいぞう》思想の形成』を読んでみてもわかるように、『維摩経』は、「後の如来蔵思想の礎《いしずえ》」であり、そのような「妙有的立場」と「実相的立場」は別の一語でいうならば、「諸法実相《しょほうじっそう》」という事であり、その意味は、ものごとが有るがままにして有る、という事であり、『大乗起信論』の「真如」の説につながってきます。

三、維摩の仮病と偽悪主義

方便品第二に於いて、維摩居士は、「方便を以《もっ》て、身に疾《やまい》有る」というように、舞台に登場してきます。

もっと簡単に言えば、仮病で、病人のふりをして現われるという事になります。この病人のふりという事は、ただ単に、仮病を使って、人々の関心を誘い出し、それで、人々を自然に呼び寄せておいて、人々が病気をするから、私も病気になる、というような巧みな方便の言葉を使い、人々をけむりにまくように、仏法の精神を教えるというような、一面的な理解をしてはならないと思います。この場面には二面性があります。一つは今述べた面と、もう一つは、仮病の「仮《け》」は、ナーガールジュナの中論で説かれている、「仮・空・中」の「仮《け》」であり、中観の抽象的概念を、演劇的な世界と手法《しゅほう》で、巧みに、表現しようとしている、と理解されなければならないであろうと思われます。

しかし、ここに、この維摩経を、間違って理解、あるいは、わがままな解釈をすると、大変おそろしい言説が、多く書き現わされています。たとえば、文殊師利が、疾《やまい》の床に休んでいるふりをしている維摩居士に質問します。「仏を願っている者は、どのようにすれば、仏の道を究《きわ》めることができるのですか」という一番大事な質問に対して、維摩居士は、「それは、仏の道にあらぬ行いをすべきである」と答えて、人々を驚かす場面があります。

どのように仏の行いにならぬ事をしても、仮にそのようなふるまいを見せているだけであって、実は、仏が非行を許しているのだと早トチリをして解釈するならば、とんでもない事になります。現在もなお問題の尾を長く引いているオウム事件の過ちにつながります。

維摩居士が、文殊師利の質問に対して次のように答えています。

文殊「仏の道にあらぬ行いとは抑々《そもそも》何か?」

維摩「それは聖者が、五逆の罪を行ない、地獄に行き、畜生となり、凡夫の身を示し(ても)、而《しか》もその因《もと》である悩み、怒り、もろもろの罪業、無明、憍慢などの過《あやまち》なく、よく徳を積み、世間凡夫の(悪の)行ないに満足することのないのをいう」(岩野真雄『新譯維摩経』北斗書院、一九三六年、一一五頁。カッコの付加は著者)。

憍慢《きょうまん》、増上慢《ぞうじょうまん》のあやまちある者を、決して仏者であるとは言っていないわけです。維摩経に表現されている悪の問題は、あくまでも「方便としての偽悪」の問題であり、「実行としての悪徳」の問題ではない事を、我々はよくよく知るべきであろうと思います。

四、維摩の一黙 雷《かみなり》の如し

第九章は、「入不二法門品」であります。

ここが、維摩経の一つの頂点となります。まず、大乗の中心的な説明方式である、両極端にかたむかない、中道の方法を、三十一人の菩薩達が述べます。そのすぐ後に、今度は、菩薩達が、文殊師利に、あなたの意見はどうなのかと問うと、文殊師利は答えて、自分の意見では、皆様の菩薩衆のように、言葉をもって示せるものではなく、無言、無説、無示、無職のまま、そのような問答を離れたところに、本当の不二の法門があるのですと答えます。そして、今度は、維摩居士に、あなたはどう思っているのかと問えば、「時に維摩居士、黙然として言《こと》無《ば》し」。つまり、何も言わぬ事で、まさに、文殊師利に、言説を離れる大事さの真意を演技してみせたわけであります。

古来人々が名づけて、「維摩の一黙、響くこと雷の如し」。それほど、この沈黙は、大きな意味をもち、やや、歌舞伎役者が、大見栄《みえ》を切るような、芝居性をもっています。

おそらく、まじめで実直な人であったと思われる、聖徳太子が、『維摩経義疏』の中に、「然るに若《も》し無言をもって極《きわ》みとなさば、文殊もまた無言なるべきに、なんぞ、なを発言して讃述するや」と考えています。

しかし、ここが、このように芝居じみているからこそ、おもしろいのであって、巧みな演出として、ほめられるべきであろうと思います。維摩居士の劇場空間で、最も見るべき名所であります。

次の章で、衆香国の話になり、ここでも、文字、言説を離れる「離言説《りごんせつ》」の話が出てくるので、芝居の流れが、一層自然につながってゆくようです。私が、この維摩経の中で、最も興味をもった部分は、実は、この第十章の衆香国の、香積《こうしゃく》仏の存在であります。この国では、えも言われぬすばらしい香りで、人々を仏道に導きます。ある時、維摩居士が、衆香国の菩薩に質問しました。「香積如来は、何をもって法を説くのであるか?」。衆香国の菩薩は、「我が国の如来は、文字での説明はしない。香りで法を伝える」と答えます。今度は、逆に衆香国の菩薩が、維摩居士に質問します。「釋迦牟尼《しゃかむに》世尊《せそん》（おシャカさん）は、何をもって、法を説くのですか？」。維摩居士の答えは、「此《こ》の国の衆生は、頑固で、教化しにくい、故に、強い言説をもって、仏法を教えているのです」。衆香国は、いわば、極楽浄土ですね。この答えを聞き、ため息をもらすように、非常に厳しい、此《こ》の世の現実世界の仕組みを理解して、「此《こ》の世の菩薩、如来達は、大変な努力と忍耐をもって、仏法を広めていらっしゃるのですね」と敬意の念を示します。

この経典は、まさに、文学的香りにつつまれた、まことに巧みな戯曲であります。真の大乗仏教の心を、印象的に、読者に伝え、最後に、「意味明了な智に依って、人々を仏法に教化し、分析的な言説にたよることなく」大乗の本来の意味を布教することを強調して、物語りとして、終わってゆきます。

結論として、私が思うことは、この維摩経（維摩詰所説経）の最大の眼目は、「空は、単なる空にあらず」という大乗哲学であり、般若経や、中観の思想の関連をもった、いわば、「空病《くうびょう》」（空にこだわる病）の解脱を説くことにあったと言えるのではないでしょうか。それにしても、おもしろい経典であります。もしかすると、この仏典の原形は、プロの出家僧侶に対する、痛烈な、皮肉文学ではなかったかとも考えてみたくなります。

菩提心

一、菩提をとむらう

家で、おじいさんとかおばあさんが亡《な》くなった時、日本ではふつう、「成仏」しました、とか、端的に、「仏さんになった」と言う。死んで仏になる、という意味である。

日本の伝統的な仏教寺院では、「成仏」というのは、生きているうちに、「仏様の心」つまり、「仏《ぶっ》心《しん》」にできる限り、近づいていって、仏さんの覚《さと》りの世界に入ってゆく事が、大事にされているのだが、口で言うのは簡単で、それは、なかなかむずかしい事なのである。

真言宗の寺院では、この身このままで、仏さんの覚《さと》りの世界へ入ってゆく事を「即身成仏《そくしんじょうぶつ》」といって、大変大切にするが、これが、なかなかにできる事ではない。

我々専門の出家僧侶のあいだでも、むずかしいとされているくらいだから、一般の家庭では、なおさらむずかしいと言わざるをえないと思う。

仏さんの心（仏心）に近づいてゆくと一口で言っても、その一番大事な、「仏心」とはなんぞや、という素朴な疑問が、誰にでもあると思われる。

仏さんの心（仏心）に一番近い現代日本語は、私は、「真心《まごころ》」ではないかと思っている。「真心」ならば、誰にでもあるからだ。

一番わかりやすい、最も近い言葉が、「真心」であろうと思う。

この、「仏心」（まごころ）の事を、我々の伝統的な仏教の世界では、実は、「菩提心《ぼだいしん》」と言っている。

この菩提心という言葉を聞いて、一般的に、想い出される、日常的によく使われる言葉が、「菩提《ぼだい》寺《じ》」という言葉ではないだろうか。

自分の家の亡くなった家族を祀《まつ》ってくれている寺院が、我が家の「菩提寺」である。

おじいさんやおばあさんが亡くなった時、お葬式をしてもらった、つまり、「菩提をとむらってもらい」、その後祀ってくれているお寺のことを「菩提寺」として、自分の心の支えにしている方々は、大変多いと思う。

この菩提《ぼだい》寺の「菩提」（ブッディ）という意味は、実は、インドの言葉で、「仏の」あるいは、「覚《さと》りの」という事で、「菩提心」とは、「仏心」（真心）そのものの表現である。

自分の所のお墓や、お寺にお参りした時には、お墓には、石で作られた墓石があり、お寺には、仏像がある。

日本人ならば、大体そこに向って、自然と手を合わせて拝みたくなるものだが、墓石や仏像は、石でできていたり、仏像は、石や木で作られている彫刻物である。それらに対して、真顔で祈ったり、お願い事をしたり、あるいは、感謝の気持を手を合わせて頭を下げるが、もう少しよく考えてみると、一体全体何に対して手を合わせているのか。表面に現われている彫刻物より、その中に込められている何ものかに向って、「真心《まごころ》の籠《こも》った祈《いの》り」を捧《ささ》げているのではないのか、と、私には思える。目には見えない何か尊《とうと》いもの。それは、実は、仏様の真心とでも言えば良いのか、実にそれが、「菩提心」と呼ばれているものではないかと思うのである。

「仏教」という信心（信仰心）とは、これらの「真心」を拝むことによって、成りたっていると言えると思える。

真言宗を開かれた弘法大師（空海）の有名な著作の中に、次のように書き記《しる》されているところがあるので、是非、紹介したい。

大日如来は中央にいます。大日如来とは一体何の名前なのでしょうか。本々これは、我が心の王

（『遍照発揮性霊集《へんじょうほっきしょうりょうしゅう》』巻第一の一）

なのであります。

心の王（心王《しんのう》）といっているのが、これが、菩提心のことである。

そしてさらに大事な事は、もう少しつっこんで言えば、この「菩提心」の正体は、何かといえば、「如実知自心《にょじつちじしん》」、つまり、自分の心を、自分であるがままに、よくよく知る、という事である。

これが、最も大事な、仏教の教えであるという事を、今回、私は、色々の角度から、話してみようというのが、この「菩提心の話」の重要なテーマになろうかと思う。

ゆっくり読んで頂ければ幸いである。

二、いつ頃から「菩提心」が出現したのか

初期の仏教（小乗仏教）には「菩提心」の言葉がまだ現れていなかったといわれている。それは、つまり、お釈迦様は、この言葉を使って説法をしていなかったことを表しているといえる。

いわゆる大乗仏教の時代になってから、経典の中にしばしば出てくるようになってきた。

大乗仏教の経典の中で、最も重要な経典は、なんといっても、『般若経《はんにゃきょう》』であるといわざるをえない。仏教の中心的な教えである「空《くう》」の思想を説いている。

後に続いて書かれた、多くの経典に多大な影響を与えたといわれている。

人の心の本源的なあり方が、「菩提」にほかならないという、大乗仏教の基本的な認識を示した。しかし、大乗仏教以前には、「菩提心」に通じる思想が、まったくなかったわけではない。たとえば、お釈迦様が生きている時、その肉声を綴《つづ》ったお経といわれている、『法句経《ほっくきょう》』には、次のように記《しる》されている。

弟子のアーナンダが、釈迦がまさに入滅しようとしている直前に、この後、私はどうすればよいのかと悲しみを堪《こら》えながら質問した時に、答えを言った。

「己《おのれ》こそ、己のよるべ、己をおきて、誰によるべぞ、よくととのえし己こそ、まこと得《え》がたき、よるべをぞ得《え》ん」。

私は、これは、小乗仏教に表れている、「菩提心」の原型ではないかと、強く思う。

又、自分自身の中にある「自分の心の灯明《とうみょう》」をよるべにして強く生きなさいと教え、その自分の心の灯明は、自分でよくととのえなさい、と最後に教えを残したのである。

又、次のようにも言ったといわれている。

「自分の灯明」を大事にすると同時に、「自分の島」をも、大切なよるべにしてゆきなさい、と。

「自分の島」というのは、一体何を言おうとしていたのであろうか?

「自分の島」というのは、私（釈迦）の教えのことであり生きているうちに種々に述べてきた仏教の心髄《しんずい》のことを表している。

これらの仏の教えの心髄のことを、別の言葉では、「法《ほう》」と表現する。「仏法《ぶっぽう》」の「法」のことである。インドでは、「ダルマ」と呼ばれているものである。

だから、一般的には、「法灯明《ほうとうみょう》」という。

師匠が亡くなった後は、自分一人で生きてゆかなければならない。

その時に、よるべ（たより）になるのは、「自分の灯明」と「法の灯明」であると、ハッキリ示された。

私は、この言葉が、後に非常に大きな意味をもってくるのだと考えている。

三、『華厳経《けごんぎょう》』の出現により、大乗仏教の「菩提心」が広く伝わる

『華厳経』という経典は、インドで伝えられてきた様々な経典が、三、四世紀頃に、中央アジアでまとめられたものであり、一冊のまとまった経本ではなく、「時間と空間を超越した仏の様々な華で飾られた教え」を意味する。

この経典は、お釈迦様の深い悟りの内容を示しているものといわれ、ここに登場する本尊は「太陽の輝《かがや》きの仏」とも呼ばれ、真言宗の本尊の「大日如来」と、ほとんど同じ仏様である。この中でも、

特に重要な部分は、「入法界品《にゅうほっかいぼん》」と呼ばれ、「善財童子《ぜんざいどうじ》」という修行中の少年が、五十三人の師匠を訪《たず》ねて旅をする物語で、これにならって、東海道五十三次の宿場ができたといわれている。

又、奈良の東大寺の大仏さんは、この華厳経のご本尊さんでもある。

この『華厳経』には、「菩提心」について、非常に多くの文章が書かれている。たとえば、次のような文である。

菩提心は、すなわち、一切諸仏の種子《しゅし》（タネ）である。
よく一切諸仏の法を生《しょう》ずるがゆえなり。菩提心は、すなわち、良い田畑である。人々の百浄《びゃくじょう》の法を養うがゆえなり。菩提心は、すなわち、大地である。よく一切の世間を維持《いじ》するがゆえなり。
菩提心は、美しい水である。一切の煩悩《ぼんのう》の垢《あか》を洗濯《せんたく》するがゆえなり。

『華厳経』の普及《ふきゅう》によって、「菩提心」の思想が、アジア世界に広く伝えられていったと言えるが、もう一つ重要なことは、この経典によって、あらゆる生類は、皆平等に、仏性《ぶっしょう》をもっている、という事を宣言《せんげん》しているところである。

誰もが、平等に、仏性をそなえている事を、「如来蔵《にょらいぞう》の思想」という。

これは、非常に大事なことなのである。

たとえば、不空《ふくう》という名の有名な僧は、『観智儀軌《かんちぎき》』という著作で、次のような意味のことを述べている。

『華厳経』などの大乗仏教に説かれているように、あらゆる生類は、その身にみな仏性をそなえて、如来蔵を伴っている。あらゆる生類は、無上の教えを受けるに値する器《うつわ》ならざるものはない。

これらの思想は、『法華経《ほけきょう》』や『涅槃経《ねはんぎょう》』などにも、より積極的に書かれているのであるが、これらの「如来蔵（仏性）の思想」を、大変、体系的に研究した仏教学者に、堅慧《けんね》という人がいる。堅慧の重要な著作に、『宝性論《ほうしょうろん》』と『大乗法界無差別論《だいじょうほっかいむしゃべつろん》』という二つの論文が残されている。『宝性論』は、如来蔵思想について、丁寧《ていねい》に説明されたものであるが、もう一つの『大乗法界無差別論』は、非常に短い作品であるが、「如来蔵思想」と「菩提心思想」をつないで述べている点で、注目にあたいするものである。

端的にいえば、「菩提心＝如来蔵」という等式が、述べられているのだといえる。

『華厳経』の「入法界品」という最後の章では、善財童子という名の少年が、修行の為に、旅をして、五十三人の師匠の所へ訪《たず》ねて行って、最後に出会って、悟《さと》りを得ることができた師匠が、「普賢《ふげん》菩薩《ぼさつ》」であるという構成《こうせい》をとっているのであるが、この「普賢菩薩」とは、インドでの名前は、「サマンタ・バドラ」という。

「サマンタ・バドラ」とは、「普《あまね》く賢《かしこ》い者」の意味であり、彼が、世界に、あまねく現れ、仏の慈悲と智恵を顕《あらわ》して、人々を救う賢者である事を意味している。

真言密教では、「菩提心」の象徴とされ、同じ性格を持つ「金剛薩埵《こんごうさった》」と同一視される。そのため、「普賢菩薩」は、しばしば「金剛薩埵」の別名でもある「金剛手菩薩《こんごうしゅぼさつ》」とも呼ばれることがある。

『密教大辞典』の説明によれば、『華厳経』は、「普賢菩薩」の法門を説くのを本旨《ほんし》（本来の意味）としている、とも述べられている。

又、他の論書（大日経疏）などによれば、

普賢菩薩の身体は、虚空《こくう》（じゃますもののない広い空）のごとくで、仏国《ぶっこく》に依《よ》らず（仏教だけに限られておらず、あらゆる世界宗教に通ずる）。

とも書かれている。

又、女性の成仏を説く『法華経』にも登場することから、特に、女性の信仰を集めた事でも知られている。

すべての衆生（生類）に、まったく平等にひらかれているので、「菩提心」＝「如来蔵」＝「普賢菩薩」＝「金剛薩埵」という等式が成立することになる。

かくて、『華厳経』『法華経』等の、大乗仏教経典は、真言密教に通ずる、無限に広大な世界観を、我々に伝えることとなった。

四、真言密教が成立して、「菩提心」はどうなったのか

真言密教の成立に果《はた》した『華厳経』の役割《やくわり》は、大変重要であった。

『華厳経』の成立は、四世紀頃ではないかといわれているが、それよりも少し後れて、七世紀、八世紀には、真言密教で最も重要な経典とされている、『大日経《だいにちきょう》』と『金剛頂経《こんごうちょうきょう》』が生み出されてきた。

時期的にみれば、『大日経』の方が、『金剛頂経』よりも、少しだけ早くできてきたであろうといわれている。

『大日経』も『金剛頂経』も、真言密教の最大の特色とされている、「曼荼羅」（マンダラ）と呼ばれる絵図を考案した。

誤解を恐れずに、非常にわかりやすく言うならば、「曼荼羅」（マンダラ）とは、一種のポスターのようなものであろう。

仏教の真理を、目で見て、細大《さいだい》もらさずに示し、できるだけわかりやすく説明したポスターである（しかし、実際は、複雑で、わかりにくいのではあるが）。ポスターとしての絵図が先にできて、『大日経』及び、『金剛頂経』の経典が後からできた訳では決してない。

『大日経』及び、『金剛頂経』の経典に現われた教えなり、哲学が、できる限り忠実に、正確に伝わるように工夫《くふう》されて表現されたものが、曼荼羅のポスターなのであろう。

『大日経』のマンダラのことを、「大悲胎蔵生曼荼羅」というのであるが、中央に、「大日如来」がいるように描かれている。実は、この「大日如来」が、何を象徴しているかが、やや隠《かく》された、大変大事なところなのである。

この「やや隠された」というのが、顕《けん》教《ぎょう》に対する、密《みっ》教《きょう》の「秘密」の意味なのである。

結論から申し上げるならば、『大日経』の名称は、『大毘盧遮那成仏神変加持経』と一般的に、漢訳されているが、実は、正確には、『大毘盧遮那現等覚神変加持経』という。

偉大な仏教学者、ブッダグフヤの説によれば、一般的には、「成仏」となっているが、正確には、「現等覚《げんとうかく》」（アビサンボーディ）であり、自分の心の本源態の認識の事であり、つまり、「自分で、自分の心を、如実に知ること」（如実知自心）の、まさに、その事をさすといっている。

別の言葉で言えば、「大日如来」（大毘盧遮那）の成仏そのものは、「如実知自心」による、「現等覚」であり、大乗の教理そのものである。

つまり、「現等覚」とは、自分の心を、自分で、如実にありのままに知ることであり、それが、やや隠された秘密の「大日如来」の本来の意味なのだと言うことができる。

『大日経』の「住心品《じゅうしんぼん》」という章には、次のように書かれている。

何をか菩提という、謂《い》はく（言ってみれば）、実の如く自心を知ることなり。

一般的には、「菩提心」とは、「真理を究《きわ》めて悟りを求めようとする心」であるが、『大日経』の菩提心思想では、「菩提を求める心」と、「菩提を本性とする心」の二種類に分ける。もちろん、「菩提を本性とする心」の方が、重要とされている。

又、『大日経』の住心品には、次の重要な名文句がある。

菩提心を因《いん》とし、大悲《だいひ》を根本とし、方便を究竟《くきょう》とする。

これは、『菩提心論《ぼだいしんろん》』にも表れる有名な「三句の法門」であるが、一番大事な「菩提心」が種《たね》であり、「大悲」（愛情のこと）が根《ね》であり、「方便」（実生活のこと）が果実（み）なのである。

一方、真言密教のもう一つの柱である、『金剛頂経』では、『大日経』の精神を、さらにもう一歩進める。

『金剛頂経』の大きな特色は、『大日経』が、「菩提心」を成仏の正しい原因としていることを重視して、それを、「如来蔵」（本来の仏性をそなえている）と、「普賢菩薩」と結びつけて、さらに言えば、「菩提心」の「心」の問題から、「身体」へのレヴェルまで進めている事であろう。

「菩提心」と「普賢菩薩」との密接な関係は、『華厳経』の入法界品に説かれていたが、「如来蔵」と「普賢菩薩」を明確に結びつけたのは、実は真言密教のもう一つの重要な経典である『理趣経《りしゅきょう》』に由来する。『金剛頂経』の思想は、この『理趣経』と密接に関係し合っている。

つまり、「心」から「身体」を重視する立場へと移ってゆくといえる。

たとえば、『金剛頂経』に「五相成身観《ごそうじょうしんかん》」という瞑想《めいそう》方法が説かれているが、これをつぶさに観察すれば、その意味が少しずつわかってくる。

「五相成身観」とは、『大日経』にすでに説かれていた、「如実知自心」（自分の心を如実に知る）を柱とする、「菩提心」に、正しく対応して、瞑想を修行の基本に置き、それを通じて、成仏にいたる方法を、新たに具体化して、真言密教の立場から、釈尊の成道の内容を、五段階に分けて提示し、明らかにしたものである。

本来は、正式の師匠につき、修行中の弟子が習うものなのであるが、その一端を示せば、次のようになる。

五相の第一（通達本心又は通達菩提心）

a　自身を妙観察する三摩地《さんまじ》（瞑想）に入りなさい

b　〈オーム、われは心に通達する〉

c　菩薩は自らの心《むね》に月輪（満月）の相を見る。

五相の第二（修菩提心）

a　心は本来光明である。その本性光明智を増大するために菩提心を起こしなさい。

b　〈オーム、われは菩提心を起こす〉

c　菩薩は月輪の相（満月のこと）として現れたものが月輪そのものであるのを見る。

五相の第三（成金剛心）

a　一切如来の心髄である汝の普賢発心《ふげんほっしん》は完全なものとなった。

その一切如来の普賢発心を堅固にするために、その月輪の中に金剛杵（金属の法具）の影像を思念しなさい。

b　〈オーム、起《た》て、金剛よ〉

c　菩薩は月輪の中に金剛杵を見る。

五相の第四（証金剛身）

a　その一切如来の普賢心金剛を堅固にしなさい。

b　〈オーム、われは金剛（ダイヤモンド）を本質とする者なり〉

c　一切如来の加持によって、一切虚空界に遍満するすべての一切如来の身口意《しんくい》金剛界が、菩薩のむねの薩埵金剛《さったこんごう》（月輪の中の金剛杵）に降入し、菩薩は一切如来から金剛名の灌頂《かんじょう》を受けて金剛界大菩薩となり、自らが一切如来の身であるのを見る。

五相の第五（仏身円満）

a　その一切如来の身口意金剛界から成る薩埵金剛（金剛薩埵ではない）こそ、一切の最勝相を備えた仏の影像であり汝自身であると修習しなさい。

b　〈オーム、一切如来があるように、そのようにわれはある〉

c　菩薩は自らを如来であると現等覚《げんとうかく》する。そして、この悟りをさらに堅固にするために、一切如来に加持を乞《こ》い願ったところ、一切如来がその薩埵金剛に降入し、金剛界如来は一切如来の平等性智を現等覚して、如来・応供《おうぐ》・正遍知となった。

（新国訳大蔵経『金剛頂経』補註四〇七頁―四〇八頁）

一から順番に、「三摩地」（瞑想）が深められてゆくのであるが、ここで重要な事は、瞑想の中心に、月を想いうかべることと、第一段階から第三段階までは、「心」を中心テーマとしているが、第四段階と第五段階になると、「身」が中心テーマになってゆき、「心」から「身体」への展開が図られている事である。

「五相成身観」は、『金剛頂経』のキモであるといえよう。

「成仏」（仏になる）の思想は具体的に深まってきた。

高野山を開かれた、弘法大師（空海）も、当然、この瞑想修行をしていたのである。ここで、「菩提心」＝「満月（月輪）」＝「金剛薩埵」＝「普賢菩薩」＝「如来蔵」＝「大日如来」の等式が成り立つことになる。

五、弘法大師（空海）と『菩提心論《ぼだいしんろん》』について

真言密教の伝統の中に、『菩提心論』という極めてユニークな論書がある。

弘法大師（空海）によって、この書の重要性が認識されたが、インド仏教においても、中国においても、又、チベットにおいても、文献研究の痕跡《こんせき》が残っていない、謎だらけの不思議な論書である。

しかし、弘法大師（空海）は、みずからの「真言宗」形成に、大変重要な役割を与えたというより、ほとんど丸ごと、この書を活用しているといってよい。

「真言法の中にのみ、即身成仏するがゆえに」という文面があり、「真言宗」という宗旨の名称も、

「即身成仏《そくしんじょうぶつ》」という概念も、この論書から頂いているくらいである。

『菩提心論』に、次のようにある。

あらゆる生きものは、ことごとく「普賢菩提《ふげんぼだい》」の心を有しており、自らの心を見れば、その姿は、月輪のごとくなるのである。なぜ月輪を喩《たと》えとするかというと、満月のまどかな光のかたちが、まさに菩提心の姿にたぐいするものだからである。

これは、前章の『金剛頂経』の「五相成身観」の、満月と悟りの話を、わかりやすく説明しようとする文章である。又、三摩地（瞑想）の菩提心の段には、次のようにある。

三摩地（瞑想）の菩提心とは、どういうものであろうか。真言門の行者が、このように観じ終って、どのように、無上の菩提を証することができるのであろうか。それは、あるがままに、「普賢の大菩提心境界」に住することであると、知るべきである。

この文章は、『大日経』の住心品の「如実知自心」を説明しているものである。

『菩提心論』という書は、今まで学んできた、中期密教の諸要素《しょようそ》を、非常にコンパクトにうまくまとめて、人々が、出来るかぎり理解し易く読んでもらえるようにした小著なのであるが、しかし、内容はこい。

『菩提心論』の最初のページには、次のように書いてある。

瑜伽中《ゆがちゅう》にあって（ヨーガ的瞑想中）、菩薩の身を得るとの願いを達成すれば、また、発菩提心のものと名づけられる。なぜなら、このような諸尊は、すべて、大日如来の仏身に同じなのである。

この言葉は、「菩提心」＝「諸仏」＝「大日如来」＝「衆生（生類）」の等式を完成させる。

これが、弘法大師（空海）の「即身成仏思想」の達成にほかならない、と見ることができる。

弘法大師（空海）は、この身このままで「即身成仏」することができるという思想を、この『菩提心論』から、直接に学んだということができる。

『菩提心論』の結論は、弘法大師（空海）の「即身成仏」の思想の結論とかさなる。

『菩提心論』の、最後のしめくくりの言葉は、次のようなものである。

そのような菩提心を賛嘆《さんたん》して次のように説く。

もし人があって、仏の智恵を求めて、菩提心に通達するならば、我が父と母とによって生み出された、この身をもって速《すみ》やかに、大菩提の境界を証明することができる。

六、「菩提心」をめぐり法然と明恵の対立

日本の鎌倉時代には、今日、非常に多くの信者を持ち続けている、「鎌倉新仏教」と呼ばれる宗派が生まれてくる。

その中でも、代表的なものは、阿弥陀如来《あみだにょらい》の念仏信仰を開いた、「浄土宗」であり、その宗祖は、「法然上人《ほうねんしょうにん》」である。

西暦一一九二年、源頼朝が鎌倉幕府を始めた年、法然はちょうど六十歳になっていた。この同じ年、法然より四十年が若い「明恵上人《みょうえしょうにん》」は二十歳であった。

この二人の天才宗教家の間に、仏教思想をめぐって、巨大な対立があった事を御承知の人は多いと思う。

法然は、民衆に、わかりやすい仏教を伝える為に、阿弥陀念仏信仰を広めていた。

世の中が、かなり乱《みだ》れてきて、末法の時代に入ってきたという認識が、一般的な時期であったといえる。

多くの人々は、救《すく》いを求めて、右往左往《うおうさおう》していたともいえよう。

とにかく、このような時代には、むずかしい学問仏教より、易《やさ》しくわかりやすい方が好まれたのであろう。

法然が信仰した、『仏説《ぶっせつ》無量寿経《むりょうじゅきょう》』には次のようにある。

わたしが仏になるとき、すべての人々が心から信じて、わたしの国（浄土）に生まれたいと願い、わずか十回でも念仏して、もし生まれることができないようならば、わたしはけっして正覚《しょうがく》（さとり）をとりません、ただ五逆の罪を犯《おか》したり、仏の教えを謗《そし》るものは除きます。

この願いを、一般に、「弥陀《みだ》の十八願《じゅうはちがん》」、あるいは、「念仏往生《ねんぶつおうじょう》の願《がん》」といって、法然は、阿弥陀如来の「本願《ほんがん》」の中の王であると言っている。「他力本願《たりきほんがん》」という。「他力」というのは、他人の人間の力、という意味ではなく、「阿弥陀如来」の力であって、かえって、自分自身の力を「自力《じりき》」といい、「自力聖道門《じりきしょうどうもん》」として、これを嫌《きら》う。

法然が書いた、『選択本願念仏集《せんちゃくほんがんねんぶつしゅう》』には、「菩提心を余行として、廃《はい》すべし」とも、はっきり書いてある。

又、「菩提心」を中心にする、「自力聖道門」を、群賊《ぐんぞく》（どろぼう）にもたとえている。

それに対して、明恵は、『摧邪輪《ざいじゃりん》』という書をあらわし、真正面から、法然を批判することとなった。

明恵は、『摧邪輪』の中で次のようにいう。

菩提心は、是《こ》れ、諸善《しょぜん》の根本《こんぽん》、万行《ばんぎょう》の尊首《そんしゅ》なり、仏道《ぶつどう》の種子《しゅし》なり。

明恵は、「厳密《ごんみつ》の尊者《そんじゃ》」といわれ、「華厳経」と「真言密教」の大学者であった。法然の思想を、まったく許すことができないのは、当然であったであろう。又、「厳密」の学者らしく、「マンダラ」思想の根本から、阿弥陀如来の意味を大果実ととらえ、「無量不思議の現法の楽」であるとたたえ、「阿弥陀如来」とは、「菩提心」の果実なのであるにもかかわらず、なぜ、捨ててしまうのか、と問う。

法然が信仰している、当の『仏説無量寿経』にも、

三輩《さんぱい》(上・中・下すべて)の往生の人は、皆無上菩提心を発すべき。

との文言もあり、又、法然の先輩《せんぱい》の浄土念仏信仰者であった「源信《げんしん》」も、

皆、菩提心をもって、浄土《じょうど》往生《おうじょう》の正因《しょういん》となせり。

と発言しているにもかかわらず、なぜ、法然は、正しい教えを理解しないのか。

明恵は、「あるべきようは」（何が最も正しいのか）をたえず考えぬいていた人であった。法然の思想信条を、許しがたい誤解としか写《うつ》らなかったのは、当然といえよう。

七、月影の里

中世の歌僧、「西行《さいぎょう》」は、諸国を遍歴《へんれき》した、日本の代表的な歌人である。

その中でも、一時、紀州の高野山に修行に行っていたことは、あまり知られていないかも知れない。

「西行」が出家し、高野山に入る少し前、新義真言宗を開いた、「興教大師」（覚鑁）は逆に、高野から、根来へ出たが、しかし、高野には、すでに、覚鑁の新義真言宗教学は流布《るふ》しつつあった。

覚鑁も、同じ真言宗仲間として、真言密教の中の『菩提心論』を重視した、独自の教学を発表していた。

西行には、『菩提心論』を題材にした歌七首ほどが残っている。

『菩提心論』には、次の有名な偈《げ》がある。

八葉白蓮、一肘《いっちゅう》の間
阿字素光《あじそこう》の色を炳現《へいげん》す

禅智《ぜんち》倶《とも》に金剛縛《こんごうばく》に入る
如来の寂 静智《じゃくじょうち》を召 入《しょうにゅう》す

この偈は、真言密教の「月輪観」(満月の瞑想)をふまえている。『菩提心論』には、「菩提心」が、「湛然《たんぜん》として、清 浄《しょうじょう》なること、満月のごとし」と説明されている。

これについて、西行は、次のように歌によむ。

雲おおう、二上山の月影は、
心に住むや、見るにはあらむ

つまり、雲がある奈良の二上山の空に、月を見ずとも、我が胸中には、皎々《こうこう》たる「心の月」が澄む。この心の月輪を観ずれば、山上の月を見るのと同じである。という意味であろう。

又、もう一つ紹介すると、

たらちねの乳房《ちぶさ》をぞ、今日思い知る、
かかる御法《みのり》を聞くにつけても

この歌は、『菩提心論』の次の偈に基《もとづ》いている。

もし人、仏恵《ぶって》（仏の智恵）を求めて、菩提心に通達すれば、父母所生《ふぼしょしょう》の身《み》に、大覚の位を証す。

この意味は、真言密教では、父と母から生まれた、この身のままで、成仏することができる、という教えであり、この教えに大感激した西行が、歌にしたものであろう。

真言密教では、「十六大菩薩」を、月輪の変化する、十六夜にたとえる。

かの、明恵にも、次のような歌がある。

くまなくも、
すめる心のかがやけば、
我が光とや、月おもうらん

意味は、自分の心がすんでかがやけば、月自身が、これは、自分の菩提心の光ではないかと思うであろう、ということである。

明恵は、月の光を、まったく菩提心のようだと信じていたにちがいない。

もう一つの明恵の歌は、衝撃的《しょうげきてき》ですらある。

あかあかや、
あかあかあかや、
あかあかや、
あかあかあかあかや、
あかあかや月

明恵の純粋性に、ほれぼれとするような歌である。

また一方、あれだけ明恵と、「菩提心」をめぐり、対決した法然にも、すばらしい月の歌が残されている。

月影《つきかげ》のいたらぬ里はなけれども、
ながむる人の心にぞすむ

実に、すばらしい歌ではないだろうか。もう一つ、法然の歌を紹介しておこう。

雲晴れて、後《のち》の光と思うなよ、
元《もと》より空に有明《ありあけ》の月

このような歌を観賞すると、法然といえども、元々《もともと》からある、「菩提心の月の光」を、実は、よく悟っていた人ではなかったかとさえ思ってしまう。日本人は、月影に、すばらしい美意識を感じることができた民族であった。月の光の美意識と、心の中の菩提心がかさなるのは、むしろ、伝統的な、我々に共通する感性ではなかったかと思うのである。

地蔵菩薩考

一、一般的なお地蔵さんのイメージ

ここに、空也上人《くうやしょうにん》の作られたと伝わる、「西院《さい》の河原《かわら》地蔵和讃《わさん》」があるので、まず、最初に、これを示しておきたい。

あらゆるむずかしい議論をするよりも、説得力がある。

これはこの世の事ならず
死出の山路の裾野《すその》なる
西院《さい》の河原《かわら》の物語

聞くにつけても哀れなり
二つや三つや四《よ》つ五《いつ》つ
十にも足らぬみどり子が
西院の河原に集りて
父上恋し母恋し恋し
恋しと泣く声は
この世の声とはこと変り
悲しさ骨身《ほねみ》を通《とお》すなり
かのみどり子の所作として
河原の石を取り集め
これにて回向の塔を組《っ》む
一重組《ひとつく》んでは父のため
二重組《ふたつく》んでは母のため
三重組《みっつく》んでは故里《ふるさと》の
兄弟わが身と回向して
昼は一人で遊べども
陽《ひ》も入相《いりあい》のその頃は

地獄の鬼が現れて
やれ汝《なんじ》らは何をする
娑婆《しゃば》に残りし父母は
追善作善《ついぜんさぜん》の勤《つと》めなく
ただ明暮《あけく》れの嘆きには
むごや悲しや不愍《ふびん》やと
親の嘆《なげ》きは汝《なんじ》らが
苦患《くげん》を受くる種となる
我を恨《うら》むること勿《なか》れと
黒鉄《くろがね》の棒《ぼう》を差しのべて
積みたる塔を押し崩《くず》す
その時能化《のうけ》の地蔵尊
ゆるぎ出でさせ給ひつつ
汝ら命短くて
冥途《めいど》の旅に来たるなり
娑婆《しゃば》と冥途は程遠し
我を冥途の父母と

思うて明け暮れ頼めよと
幼きものをみ衣《ころも》の
裳《もすそ》のうちにかき入れて
哀れみ給ふぞ有難《ありがた》き
未《いま》だ歩まぬみどり子を
錫杖《しゃくじょう》の柄《え》に取りつかせ
忍辱慈悲《にんにくじひ》のみ肌《はだえ》に
抱《いだ》きかかえて撫《な》でさすり
哀れみ給ふぞ有難き
南無延命地蔵大菩薩《なむえんめいじぞうだいぼさつ》

真言

オン・カカカ・ビサンマエイ・ソワカ

お地蔵さんといえば、路傍の辻にある石の地蔵さんと、「サイの河原」の地蔵さんを思いうかべる人は多いであろう。

特に、年配の方は、そのもの哀しい調《しら》べと共に、ひとつつんでは父の為、二つつんでは母の為……という言葉を思い出すであろう。

今でも、旅行にゆくと、日本各地に、「サイの河原」と呼ばれる名所が数多くあるのに気がつかれるであろう。

「サイの河原」のサイという言葉の意味は、漢字で書くと、「賽《さい》」と書いたり、「西院《さい》」と書いたりするが、元々は、死者の住む冥途（冥土）と生きた人間の住む娑婆世界を塞《さえぎ》る意味をもつ「塞《さえ》の河原」である。

もとから日本の海や河の近くにある、洞窟に、死者を風葬する習慣があった。

そこで、死のケガレから日常を塞《さえぎ》り守る為、石を積んでいたのだろう。また、先祖を祀る為に、道祖神《どうそじん》（塞《さえ》の神）の石を立てていたのであろう。

地蔵さんで、多く目にするものは、石の地蔵さんであろう。地蔵信仰の元には、古くからの日本人の、死者を祀り、先祖を祀る伝統があった事を忘れてはならない。

今も、日本人のお墓参りの習慣、つまり、「墓石信仰」に、それは連綿とうけつがれている。

地蔵の文字の中に、そもそも、「大地」の「蔵」という意味が入っている。インドの言葉でも、クシティ・ガルバと言い、「大地の子宮」という意味であった。したがって、「地蔵」とは、大地のごとく、万有の母体であり、すべてを平等に育成し、成就せしめる力の働きを所有するものという意味になる。

日本では、死んで「成仏」するかどうかが大きな問題であった。

我々は、死んだら仏さんに成るという事がほとんどあたりまえのように思っているのであるが、また、変な死に方や子供のうちに死んだ時、霊がうかばれないのではないかと、心配したりするのであるが、公式の仏教学の世界では、そのような考え方には否定的であるし、世界の仏教国の中でも、あまり聞かないのではないだろうか。もちろん、阿弥陀仏のおわす西方極楽浄土へ往生《おうじょう》するという信仰は、古くからあって、阿弥陀仏を念じて、口で称名《しょうみょう》をとなえて、その功徳《くどく》によって、阿弥陀浄土へ往生（成仏）する思想はあるのであるが、では、まだ信仰の年齢ではない赤子や子供や、一般に、阿弥陀念仏をしない人々が死んでも「成仏」できるのであろうか。

我々日本人は、素朴に、死んだら誰でも仏さんに成ることができると無意識的に思っているふしがある。

生きているうちに、悟《さと》りを開いて成仏は、なかなかできないが、死んだら、誰でも成仏する事ができると信じている。あるいは、「成仏」する権利はすべての人が平等に持っていると考えている、とも言い変えてもいいのかも知れない。

こういう考え方は、日本に於いて、よく発達しえた思想ではないだろうか。

仏の慈悲は、広大無辺であるが、仏でなくても、父母兄弟姉妹にむける愛情は絶大である。民間の中で発達し、定着してきた信仰形態のみが、長く残ってゆく。

私の寺院には、本堂に、木造の延命地蔵尊一体と、境内に、厄除《やくよ》け地蔵尊の石像と子守り地蔵尊の石像が、それぞれ一体ずつある。寺院の長い歴史の間に、実に多くの檀信徒の方々が、実に様々な願いや祈りをつぶやき、礼拝をくりかえし、くりかえし続けてこられた。いつの世も、人には、それぞれの悩みや苦しみがある。私はすなおに、石の地蔵さんに念じる心をこそ、大切にしたい。

よくお墓や火葬場の横に、六体の地蔵さんが並んで立っている事がある。これらの地蔵さんを「六地蔵」と呼んでいる。なぜ、六体が並んでいるのかというと、仏教では、世界を六つに分けて、地獄世界、餓鬼世界、畜生世界、阿修羅世界、人間世界、天上世界という。

地獄世界の中でも、最も怖ろしい苦しみを感じるのが、「無間《むげん》地獄」と呼ばれる所で、地の底の底へ墜《お》ちてゆくような体験をさしていて、焦《あせ》れば焦《あせ》るほど深く墜ちてゆく感覚を表《あらわ》している。

誰もが、一度や二度は経験した事があると思う。このような人間の心理を、「六道の巷《ちまた》を彷徨《さまよ》う」といったりするが、こんな時、地獄のどん底から、助けに来てくれるのが、地蔵菩薩であるといわれている。ゆえに、「六道能化《のうけ》の地蔵尊」と呼ばれるのであるが、私は端的に、「地獄の仏」と言ってもよいのだろうと思う。

お地蔵さんとは、六道の巷の番人であり、深い苦しみの地獄世界の見張番としてイメージされ、信仰されてきたということが、重要である。

二、お地蔵さんの原型

地蔵菩薩の元々の姿を、インドにたずねてみる事にする。インドの大地の神様、プリティヴィー（地神＝地天）が仏教の神話の中に取り入れられて、地蔵と成ったといわれている。

中国の孫悟空《そんごくう》が活躍するお話で有名な『西遊記』のもとになるのが、玄奘三蔵《げんじょうさんぞう》法師の『大唐西域記《だいとうさいいき》』という旅行記である。

その中で、玄奘が、お釈迦様が悟りをひらいた場所である、ブッダガヤを訪れた時に見た精舎《しょうじゃ》（寺院建築物）に安置されている仏像について、次のように記述している。

（この仏像が）右手を垂れているのは、往時、如来（注・釈迦のこと）が仏果を証しようとされるや、天魔が来て悩まそうとした。その時、地神は天魔がやってくることを知らせ、地神の一人がまず出て来て仏の降魔を助けようとした。如来は、「汝ら憂え心配する必要はありません。私は忍耐力で彼らを降《くだ》すこと確実である」と言われた。魔王は、「誰が証明しますか」と問うと、如来は手を垂《た》れ地を指《さ》し、「ここに証人がある」と言われた。この時、第二の地神が躍り出し証明をしました。それで今の像の手は昔垂《た》れられた姿を模《も》しているのである。

この時の姿を模した仏像彫刻が、有名な「降魔成道図像《ごうまじょうどう》」となって伝えられているものである。手の印相は、触地印《そくじのいん》と呼ばれるものである。大地の神が、釈迦の成道（悟り）を助けたというこのエピソードは、大変重要である。

次に、興味深い話は、中国唐の時代に、義浄《ぎじょう》という僧が訳した『金光明最勝王経《こんこうみょうさいしょうおうきょう》』に出てくる「堅牢地神《けんろうじしん》」の話であろう。

釈迦如来が、地蔵菩薩を含む多くの菩薩衆と共にいて、この経（金光明最勝王経）を賛嘆《さんたん》すれば、「堅牢地神《けんろうじしん》」が大変喜んで、釈迦如来に次のように発言する。

世尊、この因縁をもって、もし、四衆（あらゆる階層の人々）にして、法座に昇《のぼ》り、この法を説くものある時は、我まさに、昼夜、この人を擁護し、みずからその身を隠し、座所に在りて、その足を頂戴《ちょうだい》すべし。

そのように語った後、呪文をとなえる。

タニヤタ・キリキリ・シュロシュロ・クロクロ・クチュクチュ・トチュトチュ・バカバカ・ブシヤブシヤ・ソワカ。

この不思議な呪文をとなえ、この経とこの経を説法する者を護るならば、無量の福徳を得るであろうと、釋迦如来は述べた。

この「堅牢地神」は、大地の神女であると書かれている。「みずからその身を隠し」という表現が、気になるところである。

というのも、その図像が、あちこちに残っているからである。彌永信美《いやながのぶみ》氏の『大黒天変相』という本には、次のように書かれている。

「本身を隠して地下から説法者の座を支える」というこの堅牢地神の姿は、まさに兜跋毘沙門天《とばつびしゃもんてん》の足下の大地女神を連想させるものである。

（中略）まず調べてみたいのは、兜跋毘沙門と大地女神および他の「夜叉鬼《やしゃき》」の関係である。ホータンの最古の兜跋毘沙門石像では、大地女神は一人だけ小さく地中から上半身を現わしている。その乳房が大きく作られているのは、ホータンの毘沙門天に祈願して与えられた神童を、「大地の乳房」が育てたという神話に見事に対応したものと言えるだろう。これとちょうど同じ形の地中から上半身を現わした小さな大地女神の姿は、四川省・龍興寺の兜跋毘沙門にも見られるが、更に興味深いのは北西インドの古代都市タキシラで発見された四臂《しひ》のヴィシュヌ立像の足下にも、まさに同じ形態の大地女神が上半身を覗《のぞ》かせていることである。

東洋のみならず、西洋においても、また、あらゆる地球上の古くから継承されてきた神話でも、一般的に、天空は男性神、大地は女性神が住む場所とされている。

天空には太陽があり、生命の源《みなもと》である日光がおしみなく世界全体を照らし、また、空《そら》や雲からは、もう一つの命の恵みであるところの雨水が、これもおしむことなく降りそそいでくれる。

これに比べて、大地の方は、天空からの日の恵み、水の恵みを存分に受け取って、日々の食物となる、植物、動物、あるいは鉱物を豊かに実らせてくれる。

多くの財宝は大地の中に眠っている。

古くから、天と地は、男性と女性の性的な暗喩《あんゆ》で語られ、多くの神話と昔話を残してきた。

中国の哲学の基本となっている考え方は、「陰《いん》」と「陽《よう》」の分け方であり、陰は女性に、陽は男性に振り分けられている。

宇宙は、陰と陽との関係でなりたっているというわけである。同じような考え方は、ほぼ世界中で一致していると言えるであろう。

大地は陰である。

大地性には二つの面があると、インドでは考えられてきた。一つは、大地性の暗くて恐ろしい面、もう一つは、大地性の耀かしい面。暗くて恐ろしい面とは、血に飢えた、貪欲な、淫欲が強いという負の面、もう一方の輝かしい面とは、実り豊かな豊饒をもたらす、無尽蔵の財宝のねむる、この上もない幸福と快楽、そして、安産と多産と繁栄をもたらしてくれるという反面、これを、二面性とも、両義性ともいっている。

インド人の神話の中では、梵天（ブラフマン）は陽の神格であり、大自在天（シヴァ神）は陰にあたると言えそうである。

陰のシヴァ神の圏内には、大黒天（マハーカーラ）やカーリー女神や荼吉尼天《だきに》（ダーキニー）や弁財天（サラスヴァティー）や歓喜天《かんきてん》（ガネーシャやヴィナーヤカ）や吉祥天《きっしょうてん》（シュリーラクシュミー）などがいる。

これらの中で、地神女天は、まさしく、カーリー女神に当たる。カーリー女神は、「黒の女神」であり、インドの神話的象徴体系では、肌の黒い女性神は、つねに「大地」を連想させる。カーリーやカーラの語は、インドの言語では端的に「黒」を意味している。

シヴァ神の圏内には、異様な神仏が多く取り囲んでいる。ジャンバラ（宝蔵神）＝ウィチュシュマ（烏芻澁摩明王《うすさま》）やクベーラ（多聞天《たもんてん》）＝ヴァイシラヴァナ（毘沙門天《びしゃもんてん》）などである。彼らは、動物のマングースやネズミを手にもち、そのマングースやネズミは、宝石を吐《は》き出している図像として描かれることが多い。金銀財宝・宝石を内に蔵していて、大地の中に、隠された産物が無尽蔵にあるという観念が働いていると思われる。

「大地性」の福神としての輝かしい一面である。大黒さまが、福袋をかついでいるのとまったく同じ考えに立っている。

しかし、別の一面、彼らのもつ底知れぬ薄暗さも知っておくべきであろうと思う。

十一世紀のインドの文献『カター・サリット・サーガラ』には、次のように誌《しる》されている。

火葬場とヴェータラ、シヴァ神との密接な関係を示す挿話《そうわ》があり、その火葬場はウッジャーニーにあり、マハーカーラ（大黒）と呼ばれている。「そこには、夕方の供物の人肉が豺（ジャッカル＝犬科の肉食獣）のために食い荒されて散らばっていましたし、其処彼処《そこかしこ》には屍体焼く火が燃えさかり、その光にあたりは照らし出され、怖ろしいヴェータｰラの拍《う》つ掌の音が響き渡って、そのさまは真っ黒な夜の宮殿さながら」という光景が広がり……

田中公明氏は、『性と死の密教』の中で、次のように述べている。

このように中世のタントリズム（インド密教）には、ヒンドゥー教、仏教、ジャイナ教という宗教の枠を越えて、共通の要素が数多く見られる。そこで津田真一博士は、これらの宗教の共通の基盤となる土着宗教の存在を仮定し、これを「尸林《しりん》の宗教」（火葬場・墓場の宗教の意味）と名づけた。

彌永信美《いやながのぶみ》氏は、これらの事を結論づけて、

仏教の修行者とシヴァ教の修行者は、非常に古い時代以来、「墓場」という修行の場で出会い、そこでさまざまな観念の交流がありえたのではないだろうか。墓場はまた、四世紀後半ころから（？）アウトカースト（注・最下位の身分の人々）の巫女《みこ》などの民間宗教者の集まる場所でもありえた。そして、こうした仏教とシヴァ教潮流に民間宗教者的要素が混合し、儀礼的・哲学的には仏教、またはシヴァ教的な体系の中にまとめ直されて出現してきたものが、七、八世紀以降のタントラ（インド密教経典）として現われてくるのではないだろうか。

と述べておられる。真言密教も、このような地盤からおこったと言えそうである。

地蔵信仰も、実は、このことと大きく関係していると言わざるをえない。

三、地蔵菩薩の変遷

日本で目にする多くのお地蔵さんは、頭が丸くて、宝珠《ほうじゅ》や錫 杖《しゃくじょう》（音のするつえ）を持った、一見かわいらしい比丘《びく》形（お坊さんの形）をしているのだが、インドに行って、仏教遺跡や博物館を訪ねた人の意見を聞いても、そのような姿はどこにもなかったと言う。

ところが、インドでは、日本ではなじみのない、菩薩形（観音さんや彌勒さんのような仏の形）をした地蔵石像を、かなり見かけるという。

エローラ石窟、オリッサ遺跡等。

これらは、密教系地蔵の萌芽《ほうが》であろう。

のちに、真言密教の中に取り入れられて、金剛幢菩薩《こんごうとう》（幢《とう》とはハタを意味する）となる。この菩薩の特徴は、手に宝珠と幢幡《とうばん》（ハタ）を持っていて、要約すると、真言密教の地蔵は財宝を秘めて持つ仏の姿を表《あらわ》している。

まさに、「大地の宝蔵」を象徴している。この姿は、金剛界マンダラの中に見ることができる。真言宗の所与の経典『大日経』や『金剛頂経』の中で、変身、変化をとげていったものと言うことができる。ところで、地蔵菩薩の浄土は南方にあるとされているが、日本で、「北向きの地蔵さん」と呼ばれ、南から北を向いている地蔵さんを特別視する習慣があるのだが、それについて、頼富本宏氏は、次のように述べている。


まず第一は、南方という方角は、インド古来より死者や祖霊の住む方位と考えられてきた。ヴェーダの祭祀において、祖霊を供養する火炉は必ず南方に設けている。地蔵菩薩が後に死者の地獄救済、あるいは六道救済と結びつくのも、この南という方位と決して無関係ではあるまい。第二は、密教化した地蔵菩薩、とくに金剛幢《とう》菩薩との関係であるが、金剛幢《とう》菩薩は、金剛界五仏のうち南方を司る宝生《ほうしょう》如来の四親近《ししんごん》菩薩（周囲を取り囲む四尊の菩薩）の一尊である。地蔵菩薩が密教化して、金剛幢菩薩となり、宝生如来の周囲に配されるのは、地蔵菩薩と宝生如来に共通する財宝性という要素に起因すると考えられるが、地蔵菩薩の南方性という要素も何らかの形で関わりがあったと推測されるのである。

以上で、インドにおける地蔵菩薩の説明をいったん終えて、中国、日本においては、どのような変《へん》遷《せん》をしたのかについて見てみたい。

地蔵菩薩を中心に説いた仏教経典は、インドやチベットには、ほとんど見られないという。中国の漢文による経典類は十種類ほど残り、今日まで伝えられている。しかし、インド原典からの訳は『大乗大集地蔵十輪経』十巻のみで（玄奘法師訳）、あとは、中国撰《せんじゅつ》述であろうといわれている。

しかし、後に、日本で多くの人に読まれて、多大な影響をおよぼしたのは、それらの経典類であった。特に、後世に与えた影響が強かった経典は、『地蔵十王経』と日本版の『発心因縁十王経』であった。

中国の道教の思想と合体したもので、閻魔《えんま》大王と地蔵菩薩をくっつけ、初七日から各年忌にあたる日を、閻魔さんと十王《じゅうおう》と呼ばれる、いわゆる冥途の裁判官が審判をするもので、地蔵と閻魔の裁判日は、五七日《いつなのか》であるとする。

中国の唐の時代頃から、これらの地蔵十王信仰が盛んになり、日本へも伝わったものと思われる。

我々は、いつのほどか、子供の時に、ウソをついたら、閻魔さんに舌をぬかれる、と言われて育ったものである。

日本で最も人気を博した経典は『仏説延命地蔵菩薩経』一巻であるが、これは、平安から鎌倉時代にかけて、日本人が作ったものであるが、特に、女性の安産、子守りなどが書かれているのが特徴で、日本で大いに広がったものと思われる。

日本では、路傍の辻や、峠の坂道などに、石の地蔵さんを祀《まつ》っているのを、よく見かけるが、これは、いつの頃からの流行であったかというと、熱心な地蔵信仰者であった、足利尊氏が、旅に出かける誰もがご縁を結べるようにと、道のあちこちに安置したのが、一つの起源であったといわれている。

しかしながら、この日本でよく見かける「石の地蔵さん」には、実に深い因縁があることに触れないではいられないのである。

古く縄文時代から、石柱やストーン・サークル、男女の性を表する陰陽石などが残されている。縄文遺跡の石柱や積石の下には墓として使われたものもあり、造営の意図は複雑であるが、だいたい、祖霊崇拝の目的があるであろうと考えられている。

それらが、道祖神《どうそじん》や塞《さえ》の神《かみ》、岐神《ふなどのかみ》として祀られるようになったのは、いつの頃からであっただろうか。

村や町の境界に立てて、外からの悪霊や疫病が侵入しないように祈る、一種の魔除《まよ》けの働きをしたのであろうと思われる。また、同時に、人々に福をもたらす、縁結びや安産の神様でもあっただろう。

これらの石仏は、まったく自然に、外来の仏教の石仏地蔵と合体することができたと思う。

柳田国男の『石神問答』にも、次のような文章がある。

甲斐中巨摩《なかこま》郡下高砂《たかさご》村に、傘《からかさ》地蔵と云ふ（もの）ありて、安産の守仏と（し）て祈る者多く、かつ、この村には、産のあやまち、これ無きよし。この地蔵の背に開き戸ありて、本箱のふたの如く、内には一尺八寸の石棒、蓮座《はすざ》に、はめ込みありしを、一覧《らん》せしことあり。これも陽形（男根形）に見立てしが故と、存じ候。

（中略）甲斐には、沢山に、新古の石棒、御座候が、これらは、道祖神として祀《まつ》られをり候。

石神（いしがみ＝しゃくじ）は、日本の太古からの、性と死の祀りにかかせない、シンボル（象《しょう》徴《ちょう》）であった。いや、最も古い神様で、根元的な救いをもたらしてくれるものであるかも知れない、宿神《しゅくじん》として、「精霊の王」（中沢新一）であるかも知れない。

明治以前には、このような、石造仏は、日本国中いたる所にあったらしいが、明治政府による、神《しん》仏分離《ぶつぶんり》、廃仏毀釈《はいぶつきしゃく》の令、淫祠邪教《いんしじゃきょう》の禁により、莫大な数が撤去処分されたらしい。

素朴な日本人は、これらに、夫婦和合や、縁結び、安産、子守り、五穀豊穣、商売繁昌、家内安全など、何でも、真剣に祈願してきた。

庶民の願を取っ払ってしまった明治政府の罪は小さくないであろう。

しかし、このような基本的な信仰は、現代まだ残っていると見てよい。

日本各地に広がる夏の行事、「施餓鬼《せがき》」や、京都などに残っている「地蔵盆」や、あるいは、「祇園祭」などにも、それはうかがえそうである。

飢《う》えて、うらみや祟《たた》りをもたらすと考えられていた、御霊《ごりょう》や荒魂《あらみたま》や餓鬼《がき》（死霊をあらわす）は、大変怖れられていたものであって、これらは、もてなしをせずに追い払うと、余計に大きな祟《たた》りをすると考え、「饗遏《きょうあつ》」（御馳走《ごちそう》をして、もてなし、追い払う）という事が信じられてきた。

この辺の事情にくわしい五来重《ごらいしげる》氏によれば、次のように述べられている。

御霊というのは一般に非業の死や怨死《おんし》のために、祟《たた》りやすい霊ということである。しかし新盆の精霊のように、死んで間もない霊の荒魂《あらみたま》を指す場合もある。これらはしばしば疫《えき》病《びょう》をはやらすと信じられたので、夏のはじめや土用、または秋のはじめに御霊会《ごりょうえ》をおこなって、御霊を町や村に入らしめないばかりでなく、町や村の中の御霊《ごりょう》も外へ追い出す祭をした。信州などのトンドをともなう塞の神祭（三九郎祭）や、京都の祇園御霊会や各地の天王祭（牛頭《ごず》天王祭《てんのうさい》）、天神祭なども御霊会、御霊祭である。

（中略）したがって、陰陽の神像人形そのものが、御霊ではなくて、追われるべき鬼魅《きみ》が御霊であり、陰陽の神像はこれを追いはらう神、すなわち、塞《さえ》の神、道祖神であったことがわかる。

この道祖神が、いつの時代から地蔵石仏に変わったかは明らかではないが、いま辻々に見られるものには、鎌倉末期から室町時代のものが少なくないから、鎌倉時代には完全に仏教化したものと言ってよい。しかし、仏教化しても、この地蔵石仏は道祖神の機能を失ったわけではなく、町内から悪疫をはらう、御霊祭が地蔵盆としておこなわれてきた。

特に、地方に残る牛頭《ごず》天王祭などで、地霊の「土公神《どこうしん》」をはらいしずめるために、行われてきた、「反閇《へんばい》」と呼ばれる、足のステップは重要であると思われる。

ふつう、この「反閇《へんばい》」は、「盤古《ばんこ》・大王・堅牢《けんろう》・地神・王」と唱え、五足で地を踏むのがひとつの基本であった。

地霊の「土公神《どこうしん》」や密教の地神（地蔵）に対する、ていねいなマジカル・ステップの技であろう。京都祇園祭で、「蘇民将来《そみんしょうらい》」に願をかけ、疫病、災難からのがれる祈りも、これと同じ原理にもとづいているわけである。

また、京都の子供達にとって、毎年八月二十三日、二十四日は大変楽しみな、特別な日である。京都の町には、辻々に、小さな祠《ほこら》があり、お地蔵さまが祀られている。町内の子供会が、八月二十三日、二十四日になれば、お地蔵様の祠の前に集まって来て、大きなお数珠をぐるぐる回しながら、オン・カカカ・ビサンマエイ・ソワカと大きな声で唱えて、お祈りをする。これが、地蔵盆の子供祭りであるが、これも、子供達に病気や災難がふりかからないようにと祈願する、伝統的なお祭りである。

子供達は、お供えのお菓子を沢山もらえて、大変楽しみな一日でもある。京都の「地蔵盆」と「祇園祭」は、奥底で、有機的につながっている、日本の伝統的な行事というわけである。

四、『今昔物語集』の地蔵菩薩霊験記

『今昔物語集』は、十二世紀前半、平安時代末期に作られた、日本最大の説話集である。この説話の中から、地蔵菩薩のありがたい霊験に関するものをいくつか紹介して、私のお地蔵さんの話をしめくくりたいと思う。

今は昔、陸奥の国（福島）、恵日寺のそばに住む女、如蔵は心優しい美人であったが、結婚運がなく若くして病死してしまった。
如蔵は死後冥土にいき、小僧（実はお地蔵さま）に会って「南無帰命頂礼地蔵菩薩」と数回唱えると、小僧は「私は地蔵菩薩であるぞ。そなたは多くの善根を積んだ功徳で助けてやろう」と閻魔王庁の許しをもらって門外へ連れ出し、「そなたは極楽往生すべき因縁があるぞよ」と告げられたと思った瞬間生き返った。その後、如蔵は出家して名を如蔵尼と名乗り、一心に地蔵菩薩を念じ、八十歳を過ぎて臨終の時、心正しく正座して念仏を唱え地蔵菩薩を念じながら入滅した。これを見ていた人々は、尊《とうと》ばない者はいなかったと伝える。

（今昔物語巻十七の二十九）

今は昔、近江の国（滋賀）の崇福寺の僧、蔵明は、慈悲の心深く、地蔵聖と呼ばれるほど地蔵菩薩を念じていた。

ある時、夢に地蔵様が現れ、「播磨《はりま》の国の山に住むがよい」とお告げを受け、移住して何年か経《た》った。また夢に小僧が現れ、「お前は前世の業《ごう》が良くないため、今生で貧乏の報いを受けているが、ねんごろに地蔵を念じているから宝珠を与えよう、これをもって施しの行をしなさい」とお告げがあった。蔵明は涙を流して喜び、前にもまして地蔵を祈念し奉《たてまつ》ったので、国中に知れ渡り、たくさんの人々が帰依するようになり、富裕の身になった。その後、この寺は清水寺と称されるようになり、霊験あらたかで不思議なご利益が得られて、国中の人が参詣し、お布施が山のようになった。蔵明は人々におしみなく施したと伝わる。

（今昔物語巻十七の七）

猛々しくて邪険な武蔵用方（むさしのもちかた）という者が、地蔵を信仰し、極楽往生した話

今は昔、猛々しくて邪険な武蔵用方は善心などなかったが、あるとき、地蔵菩薩を信仰するようになった。そのころ、阿弥陀の聖《ひじり》という諸国を歩き回っては念仏をすすめる者がいた。阿弥陀の聖《ひじり》は、ある時、夢に金色の地蔵菩薩が現われ、「おまえが明日、何々の小路を歩いている時、ある人に会うが、その人を地蔵と思うが良い」とお告げを受けた。

さて、阿弥陀の聖は明日確かに用方と会うことになって、涙ながらに用方を拝んで、善行の功徳によって地蔵の化身に会えた喜びで、「私をお導きください」という。用方は「極悪邪険なわた

しになぜ」と聞き、事の次第を解したとき、「地蔵を何年も拝んでいるが、もしかしたら霊験をお示しくださったのでは」と更に地蔵菩薩への信仰を深くした。その後、用方は老いて出家入道し、十年経って、病気になったが、少しも苦しまずに、西に向って念仏を唱え、地蔵菩薩を念じつつ大往生したと伝える。

（今昔物語巻十七の二）

今は昔、仏の道を修行する延好という名の僧が、越中の国（富山）の立山という所にお籠《こもり》をしていたら、夜の二時頃に幽霊のような影が現われた。延好はゾッとしたが、その影のようなものが泣きながら延好に告げた。「私は京の七条のあたりに住む女人である。私は若くして死んで、この山の地獄に堕ちた。しかし、生きている時に、京の祇陀林《ぎだりん》の寺の地蔵講に参ったことがあった。ほかに何一つ良いことはしていないが、地蔵菩薩が助けて下さり苦しみを救ってくれている、是非この事を、父と母に告げてください、そのご恩は忘れません」と言って消えた。延好は怖ろしいが、あわれみの心をおこして、立山を出て、京の七条のほとりの父母の家を訪ねた。たしかに、まちがいなく父母に会い、この事を告げると、父母は涙を流した。その後、仏師にたのんで、三尺の地蔵菩薩像を造り、法華経三部を書写して、法会を開いて供養した。地蔵菩薩のご利益はことに勝れている。地蔵講に一たび参った女人の苦に代ってくれた事は、まことにありがたい話であると伝えられた。

（今昔物語巻十七の二十七）

今は昔、伊勢の国（三重）に住む一人の身分の低い男が、地蔵信仰をおこたらず、毎月二十四日精進して地蔵菩薩を念じ奉っていた。彼は水銀を求める為に、同郷の者三人で、水銀を掘り出すための穴の奥深くへ入っていって作業をしていたところ、ある時、土がくずれて、三人共穴の中にとじこめられてしまった。

男は、毎月二十四日に地蔵を念じて精進している私であるから、どうかお助け下さいと祈っていると、目の前に、小さな小僧が現れて、穴の中に火の光がさした。十歳ばかりの端正な小僧に、私の後についてきなさいと言われるままに、小僧の尻についてしばらく進んでいるうちに、道が現れ、自分の家の前にまで帰りつくことができた。この小僧は実は地蔵菩薩であった。

しかし、あとの二人は火の光が見えず止ってしまった。家に帰れて、妻子にこの事を話すと、泣いて喜んで無事にもどれた事を感謝した。

この後は、水銀掘りに行く時には、殊《こと》に深く地蔵を奉って祈ったと伝えられている。

（今昔物語巻十七の十三）

今は昔、周防の国（山口）に宮玉《みやたまのおや》祖神社の神主、惟高《これたか》がいたが、神官の子なのに地蔵さまを深く信仰していた。長徳四年（九九八年）惟高は病を得て、六、七日のうちに死んだ。冥土に行くと、広々とした何もない野原に、六人の小僧が現れた。見れば、一人は香炉をもち、一人は合掌し、一人は宝珠をもち、一人は数珠《じゅず》をもち、一人は錫《しゃくじょう》杖をもち、一人は花籠《はなかご》をもっている。この中で香炉をもつ小僧に、「私達は六地蔵である。六道の衆生を救うため六種の形をしている。そもそも、お前は神官の子なのに長年地蔵を信仰している。お前はすみやかに国に帰り、私達六地蔵の像を造って供養しなさい」と告げられたかと思った瞬間、生き返った。その後、惟高はお堂を造り、等身大の六地蔵を造り、開眼供養《かいげんくよう》をした。

そこは六地蔵堂といい、冥土でお会いした六地蔵の姿を写し彫ったものである。遠方からも結縁に集まってくる者の数知れず、惟高はますます地蔵菩薩を崇敬し、年七十歳を過ぎて臨終の時も、地蔵を念じながら西に向って座したまま極楽往生をとげた。これを見聞きした人々は皆涙を流し、感激した。思うに、惟高は神官の身でありながら地蔵の功徳で極楽往生した、世の人々は、是非とも地蔵菩薩を崇敬すべきであると伝えた。（今昔物語巻十七の二十三）

以上、いくつかの説話をのせたが、これらの多くは、地蔵が小僧となって現れるというストーリーになっている。

子供（小僧）と地蔵は、どうやら、切っても切れない関係の様である。日本においては、地蔵像の丸頭の小坊主さんのイメージが、子供のあどけない可愛らしさとつながるらしい。

しかし、その本来もっている、底知れぬ地霊のパワーは、その外面とはうらはらに、地獄的な状況に、そっと救いの手を差し伸べる、「地獄に仏」の光明であり、たえず、人々に豊饒と福徳をもたらす、お助けの神さまなのであった。

今日に、伝えられているお地蔵さんには、色々な名前がある。延命地蔵、北向地蔵、子守り地蔵、水子地蔵、勝軍地蔵、田植地蔵、蛸《たこ》地蔵、腹帯地蔵、厄除《やくよ》け地蔵、とげぬき地蔵など多種多様で、これを見てもわかるように、いかにお地蔵さんの信仰が庶民に広く盛んに行われて来たのか知ることができる。ひそやかな庶民の祈りが、これらの信仰を、長い時間をかけて生み育ててきたのだろう。

オン・カカカ・ビサンマエイ・ソワカ　　オン・カカカ・ビサンマエイ・ソワカ

の響きが、万難を笑いとばす庶民の力強い、底ぬけの明るさのように聞こえてきた。

塔婆とマンダラ

一、仏塔（ストゥーパ）の歴史

「仏塔」は、インドの言葉では、ストゥーパといっている。「仏塔」は、まず、インドで生れた。最初の目的は、土やレンガや石を積み上げた「墳墓《ふんぼ》」（お墓）である。

特に、のちのち世界各地に、拡がって、形も、多彩《たさい》なものに変っていった。

仏教を説《と》いた「釈迦」（おシャカさん）が、亡《な》くなった時、弟子達によって、荼毘《だび》にふされて（火葬）、その遺骨《いこつ》を納《おさ》めた墓《はか》が、「仏塔」の起源といわれている。

インドの「サンチーの塔」が、原初の形に一番近いのではないかとされているが、形は円型の「土まんじゅう」の様なものである。

中国に「仏塔」が伝来して、やはり、仏教信仰の象徴として、中国式の「仏塔」が、非常に多く作られるようになった。中国の「仏塔」を最も代表するものは、「三重の塔」「五重の塔」「七重の塔」「十三重の塔」などの、いわゆる「重層塔《じゅうそうとう》」であろう。

日本には、早くも飛鳥《あすか》時代には、木造の「重層塔」が、作られ始めていた。

それらの時代の代表的な日本の塔は、「法隆寺の五重塔」である。「仏舎利《ぶっしゃり》」（お釈迦さんの骨）の代わりに、中には金、銀、銅の器《うつわ》にもった「玉や香料」と共に、「心柱《しんばしら》」の基礎に納める事が、当時の常識であったらしい。

平安時代には、益々、塔の建立は盛んになってきて、その中に、「五輪塔《ごりんとう》」や「多宝塔《たほうとう》」と呼ばれる、新様式の塔が、考案されてきた。「五輪塔」や「多宝塔」は、「日本」で最初に生まれた、新発明であった当初は「仏舎利」を納める事が目的であったが、新たに、「最澄」や「空海」によって、中国から伝来した、「真言密教」の教《おし》えそのものを、「仏塔」に、強く意味づける意図《いと》が、明確になったものであった。

また、その他の形式のものも含めると、日本で発展した様々の「塔」の形は、非常に多様なものとなっている。我が国の「塔」の一種に加《くわ》える事のできるものに、一連の、「碑伝《ひで》」と呼ばれるものがある。それらは、「山伏行者《やまぶしぎょうじゃ》」達によって、後の人に伝えられたもので、最初は、山中の修行の時、生《なま》の「立木《たちき》」を、中途から切って、「本尊《ほんぞん》」として修法を行なったことが始まりであったが、いつしかそれらは、「密教」の「五大法界《ごだいほっかい》」を表するようになって、今日、一般に、お寺の法事の時、立てられている、「板トーバ」として成立するようになってきたといわれている。

日本仏塔の内容は、「仏舎利」の意味を拡大して、「肉舎利」、「法舎利」、「籾《もみ》」、「土砂」まで含めると共に、他方、仏像、人骨までを包含《ほうがん》して、「凡仏一如《ぼんぶついちにょ》」の思想を、具現するものとなった。このことは、インド・中国・朝鮮の「仏塔」内容と大いに異なるもので、また我が国「仏塔」の特徴の一つである。

しかし、そもそも、「お墓」というものは、大地の土中に作られる、「母体回帰」の意味あいは、世界中どこでも共通のものであり、それらに基づく、「墓石信仰」と「石塔信仰」は、同じ共通の、古里とルーツを持っているものなのであるから、形式は、時代によって変化はすれども、人間の心理や、身体や、考える事は、さほど、変ってゆくものではないと思える。

さて、これから、「一本三千円」ほどの、今日の寺院で一般につかわれている「板トーバ」への、長い歴史と変遷と、その意味するところを、ゆっくりと話してみよう。

二、「マンダラ」と「仏塔」

「真言密教」の教えは、非常に奥深くて、言葉や文字での表現は、むずかしい。だから、仮に絵画的表現による「マンダラ」をもって、まだ悟らぬ人々に、分りやすく示すのである。

と、空海（弘法大師）は、『御請来目録《ごしょうらいもくろく》』という著作に書き記《しる》している。

曼荼羅（マンダラ）とは、「真言密教」の成立過程に、多くの仏や菩薩や、その他の神々を、一定のパターンに配置して、「仏教」の悟りの思想を図示したものである。

日本に伝えられた「マンダラ」を、大きく分けると、一つは「胎蔵《たいぞう》（界）の曼荼羅《まんだら》」と、もう一つは、「金剛界《こんごうかい》の曼荼羅」の二つになる。

両者共、七世紀か八世紀頃のインドで、別々に成立してきたいきさつがあるのであるが、この二つの体系は、弘法大師（空海）の師匠で、中国の「恵果阿闍利《けいかあじゃり》」によって、さらに、統合されて、「両《りょう》界《かい》曼荼羅」（あるいは、両部《りょうぶ》曼荼羅）として成立してきた。

そして、恵果の一番弟子の、日本から留学《りゅうがく》していた「空海」が、それを日本に伝え、その後の日本の文化一般に、大きな影響を与えることとなった。

このうち、「胎蔵曼荼羅」は、三尊形式（三部族）から発展したもので、様々な試行錯誤《しこうさくご》ののち、この形式にたどりついてきたとすれば、これに対して、「金剛界曼荼羅」はさらに成長して、今までになかった「五尊《ごそん》」（五部族）の形式を導入して、新しい「曼荼羅」の出発点というべきものになった。

この二つの曼荼羅の統合を、「金胎不二《こんたいふに》」のマンダラと呼んだりして、その後の日本の「真言宗」

と「天台宗」などの、日本の「密教」の大きな中心的なテーマとなった。

この二つの「マンダラ」は、元々は、インドで、別個に生れてきたものであったが、「中国」と「日本」の文化の中で、独自《どくじ》の発展をとげていった。

「マンダラ図形」だけにとどまらず、「高野山」では、「大塔」と「西塔」を考え出した「空海」の発想により、「仏塔」のみならず、「五輪塔」や「多宝塔」の形式を作り出し、それらと、「密教の哲学」を組み合わせる工夫《くふう》が、色々な僧侶達により考え出されてきた。

インドにもない、中国、朝鮮にもない、日本独特の信仰文化が、花開いていったものと考えられる。


現代の欧米では、中国・日本系の「両界マンダラ」よりも、むしろ、チベット系「マンダラ」がよく知られている。チベットに伝わった「後期密教」は、「胎蔵界」系の「マンダラ」が、「金剛界」系の中へ、吸収合併《きゅうしゅうがっぺい》したような形で、新たな、チベット特有の世界観が形成され始めた。

初期の「マンダラ」の原型は、「三尊形式」であった。

それは、つまり、中央（釈迦如来を中心とするグループ）、左側（観音菩薩を中心とするグループ）、右側（金剛手を中心とするグループ）を配置するものであった。


西インドのアジャンター、エローラなどの石窟寺院《せっくつじいん》には、これらの三尊形式が認められるそうである。おそくとも、七世紀の頃には、これらの三尊形式が、出来上がっていたと推測《すいそく》されている。

なぜ、釈迦如来を中心にして、左右に、「観音《かんのん》」と「金剛手《こんごうしゅ》」が置かれているのかという問題は、大変重要であると思われる。なぜならば、今のところ、「観音」は「慈悲《じひ》の象徴」として、「金剛手」は「力《ちから》の象徴」として形成されたものであろうと考えられているが、まず気になるのが、「金剛手」の意味である。「金剛手」は、「力の象徴」であるといわれている。では、その中心の言葉の「金剛」（インドでは「ヴァジュラ」という）とは一体、何であろうか?

インド古典物語の一つに、『マハーバーラタ』がある。インドの神々の戦争物語であり、インドを、イギリスからの長い苦しい独立運動を指導したリーダーの、マハトマ・ガンジーの心の支えにもなっていたといわれている、ヒンドゥー教の聖典とも言われている書である。

この『マハーバーラタ』を読めば、「金剛」（ヴァジュラ）の本来の意味が、自然《おのず》とわかる。

たとえば、

敵を滅《ほろ》ぼす者よ、ラーマとスグリーヴァとラクシュマナを殺せ。私のよい息子よ、お前は戦闘において、金剛杵《ヴァジュラ》を持つシャーチーの夫である千眼者（インドラ）をうち破り、輝かしい名声を獲得した。敵を滅ぼす者よ、最高の戦士よ。（第三巻二百七十二章）

あるいは、

彼は雷電《らいでん》をつかんで、その武器である金剛杵を激しく投げた。そして、阿修羅《アスラ》の殺戮者《さつりくしゃ》（インドラ）は神々に、二人はもうおしまいだと告《つ》げた。（第一巻二百十八章）

等々の記述が何度も登場する。「金剛」（ヴァジュラ）を、武器としているよい実例であろう。

又、解説書にも、「ヴァジュラ」（vajra）とは、もとは、インド神話の「ヴァジュラ王」、父は、クリシュナの孫《まご》、母は、アスラ族の女、『マハーバーラタ』に出てくる、とある。

辞典によれば、「ブッダ」を守る棍棒《こんぼう》を持つ神（執金剛神《しゅうこんごうしん》）で「ヴァジュラ・パーニー」にさかのぼる、ゴータマ・ブッダ（釈迦）のボディーガード、と有り、又、この「ヴァジュラ・パーニー」の原型は、ギリシャ神話の「ヘラクレス」ともいわれている。

荻原雲来編の『梵和大辞典』を開いてみると、

「vajra」（金剛）

（一）雷電とくにインドラ神の雷電

（二）神話的武器、破壊的呪文、金剛石《ダイヤモンド》、金剛杵《こんごうしょ》

（三）電撃を与えるもの、とくに言葉

具体的な武器の形は、「金剛石《ダイヤモンド》をちりばめた棒《ぼう》」のようなものらしい。ちょっと現代人には、想像がつかないものであろうが、古代のインドの人々にとっては、「最高に恐《おそ》ろしい武器」と思われていたに違いない。

次に気になるのは、左右一対になっている、もう一方の「観音」とは、何であろうか。

「観音菩薩」の起源そのものは、大乗仏教の成立の謎と同じ謎につつまれている。（彌永信美《いやながのぶみ》）

「蓮華《れんげ》」、「水瓶《すいびょう》」は、インドの観音像の、もっとも一般的な持ち物であるが、その意味する所は、「泥水《でいすい》の中に生じるにもかかわらず、泥《どろ》に着することなく、清浄微妙な美を表わす」ことに有る。

又、『妙法蓮華経』（普門品《ふもんぼん》）には、「観音」は、三十三種に「変化《へんげ》」をする。「女性」にも、明らかに、「変化をする」と、述べられている。

又、「蓮華」の象徴が、「生産するもの」としての「大地」「水」、その豊饒性《ほうじょうせい》、女性性を示唆《しさ》するものであり、それらが、古典的な大乗仏教の時代以来、つねに、「観音」のイメージに密着していた。

端的《たんてき》にいえば、チベット密教で、「観音」の呪文《じゅもん》として大変有名な、「オン・マニ・パドメ・フーム」の深く意味する所は、男性器と女性器の結合の嬉《よろこ》びを表している。

「パドメ」（パドマ）は、ハスの花を意味するが、「女性器」の隠語でもある。

そういうことになると、話を元にもどすと、初期マンダラの、「三尊形式」の内、左右の「観音」と「金剛手」の元型的意味が明らかになると、次に、中央の、「釈迦如来」を加えて、「仏部・蓮華部・金剛部」の三部族体制がおのずと想像しやすくなる。

まず、「三尊形式」から、「三部族形式」ができ上がり、以後、「財宝《ざいほう》」や「労働《ろうどう》」などの新しい属《ぞく》性《せい》が加わって、『金剛頂経』などの、「五部族性」（五尊形式）へと移動してゆく。初期密教から、中期密教へ、そしてチベットなどの「後期密教」へと、歴史的展開をしてゆくわけであろう。

この「三部族」や「五部族」の「部族」と訳されている言葉は、インドでは、「クラ」（Kula）と呼ばれる。ちなみに、『梵和大辞典』（荻原雲来編）を見ると、「クラ」〔獣群《じゅうぐん》、群《むれ》、集団、種姓《しゅせい》、族《ぞく》姓《せい》、性、親、家、家族、住所、裁判官《さいばんかん》〕となっている。

「五部族」（五種姓）は、「パンチャ・クラ」という。

宮坂宥勝博士によれば、「種族社会」は、「母権性《ぼけんせい》」であることを原則とする、という。氏族の系譜《けいふ》は、本来母系であるが、仏教興隆時代には、家父長制大家族化にともなって、「カースト制」が強化されていた、とされ、しかし、釈迦は、階級制を否定している。たとえば、『法華経』（普門品）の「観音信仰」には、アウト・カーストの奴隷《どれい》等の、木や鎖《くさり》による「足枷《あしかせ》」からの解放が、述べられている。又、古代インドの仏教サンガ（集団）の「入団式《にゅうだんしき》」に入った者は、すべての、元の氏族と階級を失うとされ、それは、諸大河の流れが、海に入ってゆくと、もとの名と姓を捨てて、等しく、「大海」と呼ばれるように、と説明されていた。

又、古くは、「種族社会」には、古墳崇拝《こふんすうはい》があり、巨木のおい繁る場所であり、種族の共同の墓地であった。この古墳崇拝は、仏滅後に、「仏塔（ストゥーパ）崇拝」に変わり、そこから、「大乗仏教」が、生れてきたといわれている。

「仏塔」（ストゥーパ）の形成と、「胎蔵マンダラ」や、「金剛界マンダラ」の成立には、お互いに、関連性を保ちながら、発展し、「最後の仏教」と呼ばれる、「密教」への進展があった事を、我々は注目し、忘れてはならない重要な事実として、知っておくべきだと思う。「密教」の時代に入ると、「仏塔」は、大日如来《だいにちにょらい》の「三昧耶形《さんまやぎょう》」（シンボル）也、とまで、言われるようになり、最初、「三部形式（三尊形式）に近い形式の「胎蔵マンダラ」に発展し、ほとんど同時に、「五輪図形《ごりんずけい》」（イラン、ヒンドゥー、中国で発生）から、日本で初めて、「五輪塔」なるものが、生れてくる。そして、「五輪塔」の略式である、「板塔婆《いたとうば》」となる。

今日、どの寺院でも（浄土真宗以外）使用されるようになった「板塔婆」の、日本に於ける歴史は、「平安時代末期」ないしは、「鎌倉時代初期」に、さかのぼることができる。なぜならば、十二世紀末に描《えが》かれた、『餓鬼草紙《がきぞうし》』には、早くも登場しているからである。

「五輪塔」の思想の基礎は、おそらく、中国、朝鮮でも多く作られた、「五重塔」であろうと思う。五重の屋根の意味するところは、下から、地・水・火・風・空を表《あらわ》し、それぞれが、五つの世界、「五大思想」を示し、仏教的な宇宙観を表しているからである。世界最古の、木造五重塔は、「法隆《ほうりゅう》寺《じ》」に有り、近世以前で日本一の高さを誇《ほこ》る「五重塔」は、京都の「東寺」のものである。

三、「曼荼羅」（マンダラ）の構造（一）

まず、「真言密教」とは、「マンダラ」と呼ばれる「図形」で、「自然」と「人間」を、「生理的」、「内面的」、「総合的」、「統一的」に、説明しようとして、それらを、様々な「象徴」として表明する宗教の試みの一つ、であると見てよい。

それらの始まりは、「宇宙」の「三分節《さんぶんせつ》」及び、「四分節」をする、世界中にある「自然神話」から始まっていると思われる。

まず、「宇宙」というものは、当然、最初は、「コトバ以前」のものであり、解りやすく言えば、何の「名前」もなかったはずであろう。それらの事を、「無分節態《むぶんせつたい》」とむずかしく言う。

「宇宙」や「自然」と、「人間」が、共生するようになってから、初めてモノの「名前」や「分類《ぶんるい》」がおこってくる。

わかりやすく実例で示せば、昔三つの氏族（クラ）に分かれていた部族があるとすれば、それらの氏族には次の様な動物の名前がついていて、その動物は、それぞれの一つの「自然要素」を象徴する。

亀（水）
ワシ（空）
熊（地）

あるいは、「昼」と「夜」や、「東西南北」の「方位」や、「春夏秋冬」の「季節」や、

黒　キノコ、ゴボウ、味噌《みそ》
白　コメ、大根、牛乳
緑　ピーマン、ホウレン草
黄　カボチャ、レモン
赤　トマト、ニンジン

などの、「食物」の「五色《ごしょく》」など、最初の人間のいとなみから生まれてくる「分節」が、自然に、必要なものとなってくる。

その中で、最も世界各地で共通していると思われる「分節」は、「地・水・火・風・空」の「五分節」ではなかっただろうか？

しかし、人間の歴史も進んでくると、神話的な自然状態のままではすまなくなってくる。

ここに、様々な、「科学」、「哲学」、「形而上学《けいじじょうがく》」の要素が、複雑にからみ合ってくると思う。「仏教」の代表的な、「哲学的分節」は、「地・水・火・風・空」の五つに、人間の「心」のはたらきを加えて、「地・水・火・風・空・識《しき》」の「六大元素」であるが、チベット仏教の最終の教えでは、「地・水・火・風・空・智」の「六大元素」説になっているが、チベット仏教説の二百年も前に、日本の「空海」は、「六大説」をとなえていたといわれている。

そもそも、インドでは、「仏教以外」の哲学も、ほぼ同時に発生していた。

一般的に、それらは、「六師外道《ろくしげどう》」と呼ばれる。それらの「仏教以外」の哲学との交流なくしては、成長した「密教」は、完成することはできなかったといえる。

その中でも、「サーンキャ哲学」は、インド哲学（ヒンドゥー教）の中の、代表的な一つで、「仏教」の「唯識《ゆいしき》」や「ヨーガ」、「アビダルマ」との大きな関係が考えられよう。特に、「分節」(分類)の考え方に重要性がある。「合理的」、「数学的」ともいえる。

「サーンキャ哲学」は、「ヨーガ学派」と対《つい》になり、ヨーガを理論面から、基礎づける役割をはたしたといえる。

少し説明すれば、「視覚」、「聴覚」、「味覚」、「嗅覚《きゅうかく》」、「触覚《しょっかく》」の五つの生理的な「分類」から、「地・水・火・風・空」の五つの哲学的な「分類」(分節)になり、そこに、「このような展開を観察するのみで、それ自体は、変化することがない」とする「プルシャ」を加えれば、ほとんど、「六大説」の基礎《きそ》に近いことになる。

又、「アビダルマ哲学」では、(一)「物質的なもの」、(二)「心の主体となる識」、(三)「心のはたらき」、(四)「それら以外のもの」と、(五)「生滅変化なく、因縁によって動かないもの」の「五位の分類」をする。そして、『倶舎論《くしゃろん》』(アビダルマ・コーシャ)では、「一切の存在を説明する方法」として、「五位七十五法」という大変な「分類」(分節)を構築《こうちく》する。

あまりにも複雑な為に、僧侶の間では、それらをマスターするのに、「唯識三年、倶舎八年」という言いぐさがある。

「仏教」の代表的な学派に、「唯識学派」と呼ばれるものがある。「真言密教」の成立には、かかせないものであるといえよう。

「唯識哲学」は、仏教の代表的な、基本的な「分節」をしている。唯識思想では、各個人にとっての「世界」は、その個人の「表象《ひょうしょう》」（イメージ）に過ぎないと割り切る。

そして、修行の結果、「悟《さと》り」をひらいてくると、八つの「心のはたらき」は、四つの「智慧《ちえ》」に変化するという。

八つの「心のはたらき」とは、（一）「五感」、（二）意識、（三）二つの無意識（マナ識・アーラヤ識）のことをいう。「識」が転じて、「智」が生まれるので、「転識得智《てんしきとくち》」と、むずかしく言う。どのような「智慧《ちえ》」に転じるのかといえば、「五感」転じて、「成所作智《じょうそさち》」、「意識」転じて、「妙観察智《みょうかんざっち》」、「マナ識」転じて、「平等性智《びょうどうしょうち》」、「アーラヤ識」転じて、「大円鏡智《だいえんきょうち》」となると言われている。

そこへ、最後の「大日如来」の「智慧」を加えれば、「五智如来」とも呼ばれる、「密教」の基本構造が確立することになった。

『仏説仏地経《ぶっせつぶっちきょう》』（玄奘《げんじょう》訳）が、その思想の最も早い例だとされている。こういうものだ。

「五種の法」
（一）清浄法界（虚空のごとし、無増無減《むぞうむげん》、労弊《ろうへい》なし、起作なし）
（二）大円鏡智（諸所境識の衆像影現、光明照す）
（三）平等性智（苦楽一味）

（四）妙観察智（地獄・餓鬼・畜生・人趣天趣の妙観察）
（五）成所作智（殉利務農勤工等の趣求《しゅきゅう》、善巧方便力《ぜんこうほうべんりき》）

これと同じ事を、中沢新一は、「サンボガカーヤの五体構造の位相」、として次のように書いている。

（一）「鏡のような」（ありありと映し出す）
（二）「ダルマ・ダーツのもの」（存在の意味のとぎれることのない連続性）
（三）「平等な」（全体とのつながりを見る）
（四）「一つ一つの差異を見分ける」（個別性の認識）
（五）「行為をなす」（最善の行為をはたす）

これで「五智」の意味するところを、大体想像をしてみてほしい。

四、「マンダラ」の構造（二）

「善無畏《ぜんむい》」（シュバカラシンハ）という名前の人物が、（六三七―七三五年）、インドの「マガダ国」に生まれた。

幼年より、神童といわれ、求められて、マガダ国の国王となるも、兄弟同志の戦争平定の後、出家して、ナーランダ寺院に入学し、「顕密両教《けんみつりょうきょう》」の学修をおさめ、七一六年、玄宗皇帝《げんそうこうてい》統治下の唐《とう》の国の都、「長安《ちょうあん》」についた。

真言宗で、最も大切にされている『大日経』等を、漢訳したことで、大変有名である。『大日如来』（マハーバイローチャナ）と漢訳したのは彼が最初であったといわれている。又、「真言宗」にとって重要な、『破地獄儀軌《はじごくぎき》』系の論文を書き、「密教の哲学」をより深めた。のみならず、中国伝統の「五行思想」をも加え、より「完全成の合体」をめざした。このミックスには、少々無理があるかも知れない。何とか、「宇宙の完全性」を一つにまとめた感じがどうしてもする。

中でも「天台宗」は、積極的に活用するが、「真言宗」は消極的である。又、「新義真言宗」は、「興教大師」（覚鑁《かくばん》）を始めとして、大変積極的である。

中心的な思想の特徴は、『大日経』（胎蔵界）と『金剛頂経』（金剛界）の合体を説き、胎蔵界の「理《り》」と、金剛界の「智」の不二を主張する。又、中国五行思想と、インド五大思想の合体をも説く。

図に示せば、次のようなものである。

大日教 ── 理（元のすじみち）
金剛頂経 ── 智（最終の結論）
中国五行思想 ── 実用（方位・木火土金水）

春	木星	肝臓	色	青	東	方	地	アラヤ識（第八識）	大円鏡智（金剛智）	阿閦（宝幢）	金剛部	𑖀（ア）
秋	金星	肺臓	想	白	西	円	水	ハダナ識（第六識）	妙観察智（蓮華智）	阿弥陀（無量寿）	蓮華部	𑖪𑖽（ヴァン）
夏	火星	心臓	受	赤	南	三角	火	アダナ識（第七識）	平等性智（灌頂智《かんじょうち》）	宝生（開敷華）	宝部	𑖨𑖽（ラン）
冬	水星	腎臓	行	黒	北	半月	風	前五識	成所作智（羯磨智《かつまち》）	不空成就（天鼓雷音・釈迦）	羯磨部	𑖮𑖽（カン）
土用	土星	脾臓	識	黄	上	団	空	アンマラ識（第九識）	法界体性智	大日	虚空部（仏部）	𑖏𑖽（キャン）

図Ⅰ

一気に全体図を図示すれば図Iのようになる。

先に述べた「種姓」、「部族」の分類から考えてみれば、私は次のような「分類」もできるのではないかと密かに考えている。

金剛部┬クシャトリア（王族・武人・兵士・軍隊）
蓮華部├女性、アウト・カースト
宝部├バイシャ（商人、資本家）
羯磨部├農民、労働者、スードラ、アウト・カースト
仏部└バラモン（司祭者、貴族）

釈迦族王子「ゴータマ・シッダルタ」は、「出自」を、「クシャトリア」と自認していた。

私は、この構図を前程とすることができるとするならば、「マンダラ構造」の円い「同心円」は、人間として元々平等な「衆生《しゅじょう》」「有情《うじょう》」（サットバ）達が描いている、「普遍的平等性」の思想を、「如来」、「菩薩」、「鬼神」の姿《すがた》をかりて、目に見えるように、「象徴《しょうちょう》」したものが、実は、「マンダラ」の本意ではなかったかと考えるのである。

なぜならば、人間平等のキーワードは、実は、「サットバ」にあると考えるからである。

「サットバ」（sattva）とは、『梵和大辞典』（荻原雲来編）によれば、本来の意味は、「有ること」、「存在していること」であり、「存在する価値が有る事」を指しているからである。それが、仏教教典の伝統的な「漢訳」では、「衆生」とか「有情」となっているのであるが、本来の意味は、もっと広く、「生きとし生けるもの」といった語感に近いのではないかと思う。

つまり、「生きとし生けるものは、すべて存在する価値が有ること」を指していると思う。このことが、「仏教のおしえ」の最も重要なところだと思っている。「如実知自心《にょじつちじしん》」（自分の心をあるがままに知ること）が、「密教」の、『大日経』に説かれている「本旨」（根本の教え）だから、『金剛頂経』に表現されてくる、「金剛薩埵《こんごうさった》」（ヴァジュラ・サットバ）とは、「普遍的な価値をもつ」とされている「普賢菩薩《ふげんぼさつ》」にゆきつくわけであろうと思われる。いいかえれば、「普賢菩薩」という「仏」を象徴として、「生きとし生けるものは、すべて存在する価値が有ること」を強調しているわけだろう。

もちろん「大日如来」が、「密教」の中心の「仏」であることには違いないが、「大日如来」の内部に、そして、入り口に静かにおわす仏が「本初仏」としての「金剛薩埵」である。その別名を「サマンタ・バドラ」（普賢）という。

「普《あまね》く賢《かしこ》い者」というのが大変大事な、「真言密教」の奥義《おくぎ》である。

『梵和大辞典』には、不思議なことに、「大日如来」（mahāvairocana）は載っていなくて、「遍照金剛」（マハーヴァイローチャナ・ヴァジュラ）はあるが、「ビロチャナ」（virocana）が近いものとしてあり、その意味は、〔照らす、太陽、普照・ヴィシュヌ神の名、あるアスラ神の名、毘盧舎《ビルシャ》〕と説明されている。「仏教辞典」ではなく、「サンスクリット辞典」なのだという事を、あらためて思い知らされた。我々の「大日如来」も、ヒンドゥー教にとっては、「ヴィシュヌ神」か「アスラ神」の片割れなのだという事も、知っておくべきなのだと思い知った次第である。

五、「五輪塔」のいきさつ

お墓参《まい》りにいったことがない人は少ないと思う。「墓地《ぼち》」へ行けば、だいたいの人は、そのイメージを想いうかべることができよう。

図Ⅱ

お寺の中の寺院墓地に、お参りした方は気がつかれていると思うが、ふつうの在家のお墓以外に、一風変わった形をした、石の積み重なった形のお墓を見たおぼえがあると思う。「高野山奥之院」に参拝された方は、大杉の林立している間々《あいだあいだ》に、戦国時代の武将や江戸時代の大名の、大変立派なお墓が、所狭《ところせま》しと並んでいる光景《こうけい》を想い浮べる方は多いと思う。あれを「五輪塔」という。図Ⅱの様な形をしている。下から、地・水・火・風・空を表す梵字《ぼんじ》が刻《きざ》まれている。

図Ⅲ（出典：『興教大師撰述集』上、山喜房仏書林、185頁）

この「五輪塔」は、いわば「マンダラ図形」の縮図《しゅくず》のようなものといえる。

「地・水・火・風・空」（ア・ヴァ・ラ・カ・キャ）で、「宇宙」を表そうとしている。

「五輪塔」は、大日如来の「三摩耶形《さんまやぎょう》」（象徴的な形）なのだ。

一つ一つの文字（種子《しゅし》）の意味をさぐってみたい。

キャ（kha）直訳〈空虚《くうきょ》なる所、特に人体の穴《あな》、感覚器官〉意訳〈無碍自在《むげじざい》、空大《くうだい》〉

カ（hetu）直訳〈原因、動機《どうき》、理由、論議《ろんぎ》、自然、外界〉意訳〈自在、原因条件造作《ぞうさ》を離《はな》れている、風大《ふうだい》〉

ラ（rajas）直訳〈空気、塵《ちり》、月経、激情、動性〉意訳〈清浄無垢塵《しょうじょうむくじん》、煩悩《ぼんのう》を焼く、火大《かだい》〉

ヴァ（vari）直訳〈水、河、大海水〉意訳〈洗浄《せんじょう》、清涼《せいりょう》、不定形、表現不可能、水大《すいだい》〉

ア（anutpāda）直訳〈根足《こんそく》がない、生まれない、出現しない〉意訳〈阿字諸法本不生不滅《あじしょほうほんぷしょうふめつ》、堅固不動《けんこふどう》、地大《ちだい》〉

「善無畏」説では、「空大」の「キャ」（𑖏）が大日如来を象徴するが、別に、「不空《ふくう》」説があり、若《じゃっ》干違《かん》う。

「地水火風空」の「五大」（五輪ともいう）で、一人の「人体」を表す図もある。図Ⅲのようなものである。

元々『大日経』具縁品《ぐえんぼん》の次の表明が、発端《ほったん》となっている。

我、本来、不生不滅《ふしょうふめつ》を覚《さと》り（空）言語の道を超越《ちょうえつ》し（風）もろもろの煩悩《ぼんのう》を解脱《げだつ》した（火）。様々な因縁を離れ（水）虚空《こくう》に等《ひと》しい悟《さと》りをえた（地）。

初期の「五輪塔」の普及の要因として、「高野聖《こうやひじり》」などの勧進《かんじん》と布教《ふきょう》が考えられる。平安時代末期に、「根来寺《ねごろじ》」の「覚鑁《かくばん》」（興教大師）達の活躍《かつやく》が、大いに関係している。「覚鑁」も元は、「高野聖」の一人であったといえる。

六、多宝塔《たほうとう》（大塔《だいとう》）について

「多宝塔」とは、「密教文化」の中で生れてきた、寺院建築のうちの「仏塔」の一種の形式である。「亀腹《かめばら》」と呼ばれている、円いダンゴ状の漆喰《しっくい》（石灰に粘土やふのりなどをまぜあわせたもの）を持っている、二重の塔のことである。代表的なものに、「根来寺」の「大塔」や、高野山の「根本大塔」がある。
その特徴は、塔の内部に、密教のマンダラ構造を入れているところであろう。

空海が高野山上に、多宝塔形式の大塔を作ることを考えた。胎蔵と金剛界の大日如来を本尊とする、十六丈《じゅうろくじょう》の「大塔」を発願《ほつがん》し、「東塔」（胎蔵）と「西塔」（金剛界）の予定であったが、完成しなかった。現在、東塔が「根本大塔」にあたり、現状では、金剛界大日如来を「胎蔵四仏」が取り囲んでいる。しかし、図像学的には、「胎蔵四仏」であり、その配置を、金剛界マンダラにあわせて、移動させたものである。これは、インドのウダヤギリ大塔によく似た遺跡《いせき》が残されているといわれている。

又、「根来寺」の「大塔」には、興味深い歴史が秘められている。

長年「根来寺文化」を研究されてきた、中川委紀子《いきこ》氏によれば、覚鑁も、空海にならい、根来寺に、東塔と西塔を作り、「胎蔵」と「金剛界」諸仏を祀《まつ》った。しかし、豊臣秀吉による、天正の兵火によって、西塔は失われた。

その後、紀州藩主《はんしゅ》徳川重倫侯《しげのりこう》によって、文化十一年（一八一四年）より、大塔をはじめ境内全域《ぜんいき》の再建計画が出来上り、「栄性上人《えいしょうしょうにん》」の手により、復興事業が着手された。

栄性は、自《みずか》ら京へ出向き、三十七尊の御衣木加持をおこない、むかえて、文政十三年には、「大塔」の「二層上階《にそうじょうかい》」に、九尺四方の須弥壇《しゅみだん》と「羯磨会《かつまえ》」（成身会《じょうじんね》）の諸尊を奉安《ほうあん》し、天保二年（一八三一年）に、開眼法要《かいげんほうよう》を執行《しっこう》した。

ここに、栄性は、一つの「大塔」内の、「一階」と「二階」に、「胎蔵界」と「金剛界」の「金胎不二」の密教世界を合体させた「塔」として、注目に値する。こうする事で、失った「西塔」の欠を補《おぎな》うことができた。

このような作りは他に聞いた事がない。国宝になっている。

又、面白いことに、この「両界マンダラ」の構造は、実は、「南方熊楠《みなかたくまぐす》のマンダラ」の構造とよく似ているのは、不思議である。

南方熊楠のマンダラの特徴は、「金剛界」が「胎蔵界」の中に、すっぽりと含まれている。「根来寺」の「大塔」の構造も、「一層《いっそう》」（一階）は大きく、「表《おもて》」になる。「二層」（二階）は小さく「裏《うら》」になる。二階は一階にのみ込まれていると見える。実は、「板塔婆」の構造も、物事の表面に現われた「自然五大」の「表」と、物事の表面に現れない「心」の「裏」の両面構造になっていて、大変興味深い。

七、日本人が考えたコンパクトな「板塔婆」

「板塔婆」とは、「追善供養《ついぜんくよう》」の為に、お墓の後などに立てる細長い板のことである。墓地、霊園に行けば、どこにでも見かけることがあるであろう。亡《な》くなった人の為に、「板塔婆」を立てる事を、

「卒塔婆《そとば》供養《くよう》」といったりする。多くの方が、自分の名前の書かれた「板塔婆」をあげた経験がお有りであろうと思う。なじみの深いものなので、今さら、説明を聞かなくともよいと思われるかも知れないが、実は、大変深い意味がある。

皆さんは、「板塔婆」などと丁寧に言うよりも、単に、「トーバ」をあげる、たてると言う方がなじみ深いと思われる。

「トーバ」は、長い歴史の中で、その意味合いや形、大きさが変遷《へんせん》してきた。今私達が目にする「トーバ」が、最終のスタイルとなっていると見てよいと思う。簡便《かんべん》でコンパクトであり、割合安くできる。しかし、朽ちやすい特長がある。十年もすれば、だいたいくさって使えなくなる。

しかし、この「トーバ」こそ、日本人の考えた、最も簡便な「密教曼陀羅《みっきょうまんだら》」なのであると言えば、驚《おどろ》かれるかも知れない。

板の表と裏を両面つかう。そこに書かれた梵字には、実に味わい深い意味がある。実物は図Ⅳのよう。

表には、上から「𑖏𑖮𑖨𑖪𑖀」とまず墨《すみ》で書く。上から、「宝珠」、「半月」、「三角」、「円」、「四角」の細《こま》かい切り込みがされている。

その意味は、「五輪塔」とまったく同じである。下から「地・水・火・風・空」を意味している。「自然の要素」を表している。その下に続《つづ》いて、「トーバ供養」の目的を書く。最後に、それをあげる「施主《せしゅ》の名前」を入れる。ふつうお寺では、一本「千円から五千円位」でできる。

裏には、「心」（識）を表す「𑖪𑖽」（ヴァン）字を書く。「金剛界大日如来」の「種子」である。表には、「胎蔵界大日」の「種子」を書くことによって、「金胎両部」という密教の大きな思想を、コンパクトにまとめている。さらに裏には、「地獄」に落ちた時、あわや間一髪《かんいっぱつ》で助《たす》かるという神秘の呪文、「吉祥《きちじょう》浄土《じょうど》変真言《へんしんごん》」を続けて書く。「ハラ・ドボウ・オン・ボッケン・シュタン・シリー」の「種子」を書く。意味は、「随求《ずいぐ》。滅悪《めつあく》。穢土《えど》を浄土となし、地獄の苦しみを救済《きゅうさい》し、吉祥あらしめたまえ」。

これには、非常に古い神話と伝承がある。『大随求陀羅尼経《だいずいぐだらにきょう》』に出ている、「大随求菩薩」は、梵名

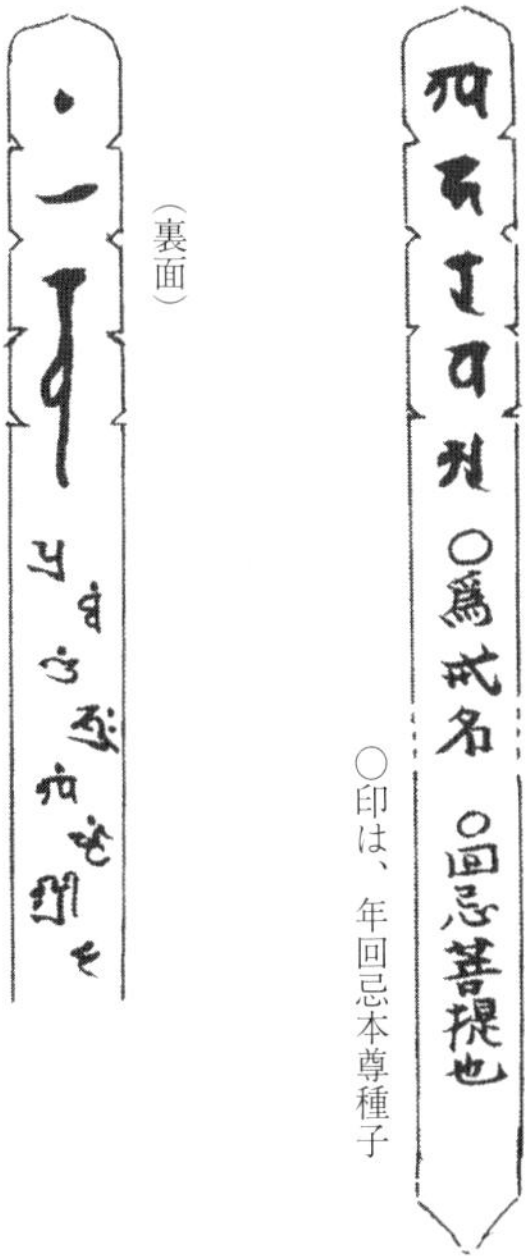

板塔婆（正面）

（裏面）

○印は、年回忌本尊種子

図Ⅳ

「マハー・プラティサラー」と言い、「多くの真言の護符《ごふ》の所持者《しょじしゃ》」という意味あいがある。つまり、「お守りを、お守りする堅《かた》いきびしい菩薩」という意味であろう。私達僧侶が、若い時先輩から、まさかのあぶない時、「ハラドバンボンボッケン」と呪文をとなえたら助かるぞ、と教えられてきた。

かなり強力な呪文（真言）である。

そして、「大師宝号」「年月日」などを入れる。

私は、この「表と裏」の「マンダラの構造」に、興味を持つ。

コンパクトなものであるが、実に簡便に作られた、「表裏世界の立体曼荼羅」であると思う。実によく考えられたものだと感心する。

そもそも「真言密教」とは、「ブッディ・チッタ」（菩提心、覚心、道心、得道心）を自分自身の心を見つめることにおいて、あるがままの自分を知ることが主目的の「宗教」であり、「仏教」の「ブッ」の発音の頭文字が、漢字にあてはめられて「ブッキョウ」というのであり、「ブッ」の発音の意味は、「ブッディ・チッタ」のことであり、「悟り・覚り」を表している。だから、「仏教」とは、「悟りの教え」と言い換えることができる。

英語では、単に、「仏教」のことを「ブッディズム」というではないか。

それらの「悟り・覚り」への最も確実で迅速《じんそく》な方法を教えようとしているのが、「真言密教」の信仰なのであるから、年をとるにつれても有難いと思わないではいられなくなってきた。

「如実知自心」つまり、「自分で自分の心をあるがままに知る」事こそ、「現等覚《げんとうかく》」あるいは「等正覚《とうしょうがく》」といって、「即身の成仏《そくしんじょうぶつ》」（この身このままの成仏）なのである。「成仏する」というのは、決して、死ぬことではない。「生き生きと元気になること」なのだ。

もしも、もしも、死んでしまうことになっても、そんなに恐《おそ》ろしくはなくなる。まじめな「信仰の力」が育てば、子供の時から、できれば、育ってのびてゆくならば、「現代」の誠に恐ろしい、悲しい、悍《おぞ》ましい出来事の多い世の中を、平気で楽しく、明るく、生きてゆくことが、かならずできると思う。

ウソだと思うのならば、自分で試してほしい。

八、まとめ

インド国という所は、不思議な所だと思う。天才バカボンの国かと思ってしまう。「薄伽梵《ばかぼん》」とは、実はインドの言葉で、〔幸運を持つ、神聖な、世尊《せそん》、有徳〕という意味で、「バガヴァティー」では、「女神」となる。インド神話物語に、『マハーバーラタ』という有名な書がある。その中に、「秘密の教え」が途中に出てくるが、それを、『バガヴァッド・ギータ』という。

この語源の「バガ」（bhaga）には、幸福をもたらし、結婚を成就《じょうじゅ》させ、愛らしい恋の楽しみ、という意味を持つが、端的《たんてき》には「女陰」（バギナ）を意味する。だから、『バガヴァッド・ギータ』は、一般論では、「神によって歌われる秘密の教えの歌」という事になっているが、直訳するなら、「〈女陰〉の詠歌」ということになる。意訳をするならば、「女性たちによる平和の祈りの歌」といえよう。

インドの最大の三つの価値観といえば、「ダルマ」「アルタ」「カーマ」であるが、「ダルマ」とは、「慣例を保つこと」であり、「アルタ」とは、「財宝を守ること」であり、「カーマ」とは、「性愛を楽しむこと」である。

又、インドのシヴァ神信仰の「至聖所《しせいしょ》」（寺や墓地）は、端的に、「子宮」(garbhagrha) とも呼ばれるらしいが、インドにかぎらず、世界中で、「墓地」は、死者の世界で、「冥界《めいかい》」であろう。少し薄暗い、あまり気味のいい場所ではなかったであろう。

そのような場所から、シヴァ神信者と共に「真言密教」は生まれたのだという見解を、津田真一博士は出している。

それには、理由があって、インドのカーストからはみ出している「貧民《ひんみん》」を、仏教徒達は救済しようと思い、大変激《はげ》しい「後期密教」をあみだす必要があったと言う。

いずれにしても、人は死ねば、「母体回復」するとされている。それは、日本でも同じだと思う。特に、「沖縄文化」の墓は、まさにそのようになっている。

それは、一種の安らぎの場所であり、大きな安心と満足感につつまれよう。

ちなみに、ヨーロッパの「ハロウィン祭」は、十一月一日「諸聖徒の日」をはさんで、三日間は、

「死者の日」とされていて、「お墓参り」もする日といわれている。さしずめ、日本の「お盆」にあたるのだろうか。

又、「オリンピック」(古代ギリシャのオリンピアードの祭)は、四年に一度開かれて、ゼウス神にささげる祭であるが、余興として、運動、詩《し》、音楽などの各種の競技《きょうぎ》もなされていた。

オリンピックのことを「五輪」ともいうが、何か関係があるかもしれないと思い、調べてみたら、「五輪マークの旗」は、クーベルタン男爵《だんしゃく》によって、一九一二年に、デザインされたらしい。五つの輪《わ》は、アジア、アメリカ、ヨーロッパ、アフリカ、ユーラシア(あるいはオセアニア)の五大陸を表す。色は、地の白を入れて、青・黄・黒・緑・赤の合計六色で、当時の参加国の旗の色が、すべて表せた。クーベルタン男爵が、古代オリンピックの開催地の一つであった、「デルフォイ」の祭壇《さいだん》にあった、「休戦協定」を中に刻んだ、「五輪の紋章」に着想を得て、一九一四年のIOC設立二十周年記念式典で、発表されたらしい。

読売新聞記者の、川本正信氏が、一九三六年に、「宮本武蔵」の書いた、『五輪書』にヒントを得て、日本語名を名づけたらしい。

「デルフォイ」は、パルナッソス山のふもとのポリスで、古代ギリシャ世界では、「世界のへそ」と信じられており、「ボイポス・アポローン」を祀《まつ》る神殿の下に、「デルフォイの神託《しんたく》」のある所として、知られていた。「デルフォイ神託所」には、「ビューティー・アイ」と呼ばれる「巫女《みこ》」がいて、ヤギのイケニエとともに、「神託」（予言）を下した。非常によく的中すると言われていた。

「デルフォイ」には、「子宮」という意味もあるらしい。又、神託所にあげられた看板には、（一）汝自身を知れ（密教の「如実知自心」と同じである）、（二）過剰の中の無（過ぎたるは及ばざるがごとし）、（三）誓約と破滅は紙一重《かみひとえ》（無理な誓いはするな）。以上のいましめが挙げられていたという。

ああ、いずこも同じ……。人間は「慈悲の器」である。くめども、くめどもつきせぬ智恵の水は、いったいどこから、わいてくるのであろうか。筒井筒、井筒にかけし麿《まろ》が長《たけ》、生《お》ひにけらしな、生《お》ひにけるぞや。

IV

日本のイタリア、熊野の聖性

――その光と影を透視する

一、日本の原型・熊野

日本人の旅行好きは、世界でもまれなぐらい、よく知られています。二〇一一年、東北地方で、巨大な地震と津波がありました。そして、あの忌まわしい原発事故が発生しました。

近代の文明が引きおこした、まがまがしい禍《わざわい》であります。今後、日本人は、いや世界の人類は、これをどのように解決してゆくのでしょうか。気が遠くなるような思いにかられます。又、台風十二号の豪雨は、熊野地方に甚大な被害をもたらしました。

地震と台風がなければ、何回かの連休中には、多くの観光客が、東北や熊野の温泉地に行った事でしょう。火山、地震、水害の危険性やリスクと裏腹に、豊かな温泉文化が、多くの日本人を楽しませてくれます。

日本各地への観光旅行を陰で支えているのは、多くの旅行代理店でありますが、日本の旅行代理店のゆきとどいたサービスは、何も今に始まったものではありません。

古くは、平安時代末期に、京の都の貴族達が、紀州の熊野詣をした時に、なくてはならない重要な働きをしていたのは、「熊野御師」と呼ばれる人々でした。

中世から近世にかけて、日本人の観光の初期のかたちは、単なる、観光ではなくて、神社仏閣への参拝や祈祷を、兼ね備えた、総合的な旅でありました。いわば、観光と信仰の一体化でありました。いやむしろ、信仰に最大の重点がおかれていて、いわゆる観光は「付随的」なものでした。もしも、観光という言葉を使うのであれば、字のごとく、そのまま「光を観《み》る」、風光を愛《め》でるという意味で、その事自体が、宗教的な意味を持っていたといえると思います。

熊野詣と伊勢参りが、かつての日本人の、代表的な旅でありましたが、その他にも、富士山参拝、木曽の御嶽山参り、白山信仰、大山《だいせん》参拝など、多くの聖地が、参拝と観光の聖地になっています。

その陰で、祈祷や宿泊の世話をした、多くの、御師《おし》や御師《おんし》の存在はなくてはならないものであり、中世や近世の、観光と信仰を蔭で支えてきたものと考えられます。

彼らは、一面、「毛坊主」とも呼ばれたことがあり、日本の芸能や文化の形成に、はたした役割は、とても大きなものがありました。かつての紀州藩は、熊野のみならず、伊勢、松阪までも管理しており、御師《おし》（熊野ではオシ、伊勢ではオンシ）、御師《おんし》制度にともなう、檀那《だんな》権益の総元締め的役割をそなえていました。

京の都の上皇公家貴族達の神社参りは、京の近くでは、賀茂、松尾、日吉、石清水、貴船、など盛んであったらしいのですが、長旅の代表は、熊野詣でした。遠い、道の険しい旅は、決して楽なものではなかったことが、後白河上皇の編纂した『梁塵秘抄《りょうじんひしょう》』をみればわかります。

院政期の政治の混乱した時期に最も多くの熊野詣がなされていました。

白河上皇九度、鳥羽上皇二十一度、後白河上皇三十三度、後鳥羽上皇二十八度。

これだけでも、合わせれば、九十一回であります。

なぜかくも度々、熊野詣をしたのか。一つは、日本政治史上、大変大きな変動の時期であったこと、もう一つは、京都の天候気象と比べて、南国紀州の光は、気を晴れればできるほど明るかった事が挙げられます。

熊野は根の国、底の国と呼ばれます。

日本書紀や古事記が書かれた時代から、早や熊野は、根の国、底の国、黄泉《よみ》の国、隠国《こもりく》なのですが、そのようなイメージとは逆に住んでいる人々にとっては、光の国のあたたかい南国でもあるわけです。

日本書紀には、熊野は、「神邑」（みわのむら）とも表現されています。

北部の国からやってくると、一種の別天地でもあったわけです。

しかし、この熊野の明るい南国は、実際は光と闇の両方の性質を持っていて、光が輝けば輝くほど、闇の暗さはすごみをおびることになります。

単に明るいだけではない。

京の都の上皇公家貴族達は、そこに惹《ひ》かれていました。はかない命と、政治をする上での苦しさ、栄光のほまれと同時に、紙一重になっている黒い闇。それらの複雑な心が、熊野を必要としていたと言えます。

徒歩《かち》より詣でる肉体的苦しさは、逆に、それをなしとげる時に、精神的な喜びに変わります。病気の苦しみや、罪のつぐないは、祈りと共に不思議と心が晴れてくる。心が浄化されるわけです。

日本で生まれた、日本独特の山岳宗教信仰に山伏修行、修験道があります。十世紀、十一世紀に確立してくるのですが、それよりも、はるか以前、奈良時代頃から、日本には、すでに、人が神仙に成ることが出来るという思想が生まれていた事は重要な事であると思われます。だから、山伏、修験道の祖は、役の行者であるといわれるのです。役の行者は、様々な、超人的な力を発揮したと半ば、伝説的に語り伝えられていて、平安時代に入って、その宗教的な思想を、発展的に継承したのが、高野山に、真言宗の密教的仏教を、確立した、弘法大師空海であったと言うことができると思います。弘法大師空海の宗教哲学は、インドから中国をへて、日本に伝わった、仏教の歴史の流れの中で、必然的に生まれてきた新しい教えではありましたが、その本来の考え方は、日本固有の、神と人との交わりや、人が神に変化し、不思議な、超人的な力や知恵となって、病気の治療や夢のお告げを現すという信仰に、自然とつながることができました。

真言密教では、「即身成仏《そくしんじょうぶつ》」と呼ばれますが、これが山伏や修験道の宗教思想と一つにとけ合っています。

又、天台密教の中には、「天台本覚思想《てんだいほんがく》」と呼ばれるものが形成されて、やがて、修験道では、真言の「即身成仏」この身このままで仏と成ることが出来るという思想と、「天台本覚思想」人間は本来サトリを開いているという思想が、むすびついたと言う事ができます。

真言の「即身成仏《そくしんじょうぶつ》思想」と、天台の「天台本覚思想《てんだいほんがく》」は、日本では、ほとんど同じようなものと見なされます。

サトリは遠くにあるものではなくて、非常に近くにある。草や木も、山や川も、成仏できる。この身このまま、血や汗の流れる、この体の中にこそ、仏がやどります。

熊野や吉野の神仏や自然が宿り、このように、凡夫の私達に、語りかけ、教えてくれるというわけです。

とはいうものの、名も知れない、日本歴史上の多くの民衆にとっては、いつの世も、戦乱や災害や、疫病のたび重なる発生に苦しまなければならない現実がありました。

人々はたえず救いを求めていました。

末法の世には、なかなか、思い通りにならない事が多く、苦しみぬく民衆に、新しい、宗教指導者の出現と共に、新しい芸能の伝統が生まれてきます。

熊野信仰を考える上で、なくてはならないものに、熊野に関する、いくつかの説話文学があります。

それらは、民衆を対象にしたもので、多分に、空想的なおもしろさを意識して作られたものであり、厳密な意味では、実証的精神から大きくかけ離れたものであるにもかかわらず、一般の大衆が、感動を持って聞き語りをしたり、浄瑠璃、文楽、歌舞伎、狂言、あるいは草紙物語として、親しんできたものであります。そして、大衆的であるからこそ、大衆に深い感動を与えると同時に、熊野信仰そのものの本質をずばりと表現したものであるといえます。大衆の多くは、人生において多くの苦しみをなめ、悲惨な生活の実体験を通して、信仰のありがたさを実感することができたのでしょう。また、それは、その当時の人々の数少ない娯楽の一つでもありました。信仰と娯楽の両面を通して、人生の機微《きび》を悟ることができたのだともいえるでしょう。ここに、『熊野の本地』と『小栗判官照手姫』と『甲賀三郎伝説の諏訪縁起』の三つの名前を紹介しておきたいと思います。

いずれも、冥界からの蘇《よみがえ》りの話として、共通しています。主人公の数奇な運命と苦しみの後の再生は、おそらく、自身の体験と重なっていたと思われる、「歩き巫女《みこ》」や「勧進比丘尼《かんじんびくに》」や「念仏聖《ひじり》」や「毛坊主《けぼうず》」と呼ばれる、一般的に身分の低い人々によって、伝承されてきたものとみて、まず間違いないと思われます。

又、そのような、民間伝承を研究しつつ、熊野に引きつけられた日本の民俗学者に、折口信夫《しのぶ》と、南方熊楠の二人がいます。

折口信夫は、大正十四年に出版された歌集『海やまのあひだ』の中で、「奥熊野」に旅に出た時、口をついて出て来た、霊的な、みょうになつかしい古里として、次のような歌をつくっています。

青うみに　まかがやく日や　とふどふし、妣《はは》が国べゆ　舟かえるらし

折口は熊野の風景を、「妣《はは》が国」（母の国）と歌いました。

これは、熊野が、もともと、根の国、底の国、イザナミの黄泉《よみ》の国であると同時に、なつかしいような、かそけき、母の国と歌ったのであり、このような海と山の間にはさまれた日本の原型として、熊野を見ていた、ととらえておけばいいと思います。

折口は、直接、奥熊野の山地に分け入る前に、伊勢、志摩の旅の先に、三重県側の大王崎まで来て、この歌をよんでいます。

伊勢志摩の光から、さほどはなれていない熊野に、「妣《はは》の国」から「常世《とこよ》」（はるかにはなれた永遠のくに）の風景を読みとることができたといえると思います。

一方、南方熊楠は、口熊野と古来、いいならわされた、田辺《たなべ》に住まいして、那智地方を始めとする、熊野一帯の、植物観察を続けながら、古くから残っている、民俗、フォークロアの収集に日夜明けくれていました。

南方熊楠にとっては、柳田国男の民俗学理論である、「日本一国の民俗の特異性」の研究態度には満足できず、広く、世界全体の比較民俗学研究に、なじんでいました。

南方熊楠の研究は、下《しも》がかった話、エロチックな話が多すぎるという一般的な批判がよく聞かれま

す。南方熊楠にしてみれば、民俗学というものは王侯貴族のみならず、一般の民衆の生活文化であり、それは当然、下がかった笑いと活力に満ちあふれた、農民、漁民や、山人、猟師の生活の言い伝えが多く集まるのは、あたりまえであり、それが、しかも、日本という地域だけにとどまらず、似たような話は、諸外国にも存在するという幅広い知識に、うら打ちされたものであったといえるでしょう。

たとえば、柳田国男に宛てた書簡には、次のようにあります。

熊野比丘尼のことは、小生ただ一つ拠《よりどころ》がある。西鶴『一代女』三巻三章の『たわぶれの歌船』の段に、比丘尼は、大方《おおかた》、浅黄の木綿ぬのこに、竜門の中幅帯、前結びにして、黒羽二重《くろはぶたえ》の頭隠《あたまかく》し、深紅のお七指《ざ》しの加賀笠、うね足袋《たび》はかぬということなし、絹の二布《ふたの》の裾《すそ》短く、とりなし一つに拵《そな》え、文台に入れし、熊野牛王《ごおう》、酢貝《すがい》、耳かしましき四つ竹、小比丘尼に定まりての、一升《いっしょう》びしゃく、勧進《かんじん》の声も引き切らず。比丘尼が売淫することは、釈迦《しゃか》の世よりあり。（中略）欧州にもキリスト、売淫女を教化せし伝多きにより、後世、それを口実として比丘尼売淫のことはなはだ多し。

熊野比丘尼も最初期には、宗教的役割をになった人々も多かったでしょうが、時代も下がるほど、いかがわしい者達も、多く出たと察せられます。

二、ヨーロッパの聖地とルネッサンス

さて、目をヨーロッパの方に転じていきます。

中世ヨーロッパの聖地巡礼には、キリスト教の古里、エルサレムを始めとして、中央ヨーロッパから、西は、ピレネー山脈を越えて、スペインの、サンティアゴ・デ・コンポステーラや、アルプス山脈を越えると、イタリアのローマ巡礼がありました。

スペインのサンティアゴ・デ・コンポステーラは、聖ヤコブの遺骸が祀られていると信じられており、一九九三年「サンティアゴ・デ・コンポステーラの巡礼路」として、ユネスコの世界遺産に登録され、二〇〇四年に、「紀伊山地の霊場と参詣道」として世界遺産に登録された、熊野とは、姉妹関係を結んでいます。

ちなみに、このユネスコの世界遺産登録基準は次のことが、満たされていないといけません。

一つ。ある期間を通じて、または、ある文化圏において、建築、技術、記念碑的芸術、町並み計画、景観デザインの発展に関し、人類の価値の重要な交流を示すもの。

二つ。人類の歴史上重要な時代を例証する、ある形式の建造物、建築物群、技術の集積、または景観の顕著な例。

三つ。顕著な普遍的な意義を有する出来事、現存する伝統、思想、信仰、または、芸術的、文学

的作品と、直接に、または、明白に関連するもの。

以上となっています。熊野とサンティアゴは、この用件を十分みたしているということになります。

聖地への巡礼は、苦しくても歩いて向かうことに大きな意味があります。目的をはたした後にはすばらしい、神あるいは神々の祝福が感じられます。

十八世紀、寒くて、重苦しいドイツから、文豪ゲーテが、ローマをふくむ、イタリアの土地への旅行をしました。

それは、『イタリア紀行』というすばらしい文芸作品として、今日まで、残されています。イタリアは、中央ヨーロッパの人々にとっては、最大のあこがれと、憧憬《しょうけい》の土地でありました。古くは、ギリシャとローマの歴史と文化を色こく残していて、中央ヨーロッパ人にとっては、まさに、南国の光の国、でありました。ヨーロッパの文化は、中世の重苦しいゴシック様式を備えた、キリスト教神学の支配する世界であり、一神教の神の国でした。

イタリア紀行をした、ドイツの文豪ゲーテが、友人に書き送った、イタリアのローマでの感動についても、一言引用しておかねばならないでしょう。

ヴィンケルマンがイタリアから書き送った書簡集が今朝、手に入った。これを読みはじめて、なんという感動をおぼえたことか！　（中略）フランケに宛てたヴィンケルマンの手紙の一節は、特にぼくを喜ばせた。「ローマには、あらゆる世界にとっての最高学府があるものと私は信ずる。

そして私もまたそこで、純化され、試練を受けたものである。」……ここに言われたことは、その地で事物を探究するぼくのやり方に、じつによく適合している。いかに、ここで教化されるかは、たしかに、ローマのそとでは理解できない。人はいわば生れ変らねばならぬ。（中略）なんといっても、こうしたすべては享受であるよりは、労苦であり、心労である。ぼくを内奥《ないおう》から作りかえる再生は、たえず働きつづけている。（中略）願わくは、帰国のおりに、一個の広大な世界における生活が、ぼくに、芸術的精神と同時に道徳的精神が、偉大な更新をし、ぼく自信の身に感じられますことを。

このように述べています。

ヨーロッパの優れた知識人にとって、イタリア体験は、ことさら特別なものなのでしょう。なぜならば、ヨーロッパ精神は、大きく分けて、二つから成っているからです。

一つは、キリスト教が生まれてきた、ユダヤ・キリストの文化であるヘブライズム。もう一つは、それ以前からある、ギリシャ・ローマの文化であるヘレニズム。この二つが融合して、ヨーロッパの精神文化は成り立っています。イタリアのローマは、この偉大な二つの精神の源が、二つともあるめずらしい場所であるといえます。一つは、キリスト教の総本山であるバチカン宮殿であり、もう一つは、古代ローマの遺跡であります。

昨年十月、たまたまイタリア旅行ができました。

有名な、トレビの泉の前で三十分ほど座って、ゆっくり観照しました。象牙色をした大理石で作られた、幅十メートルほどの泉の中央には、ギリシャ・ローマの海の神様ネプチューンが立ち、その足元から、コンコンと清水があふれ出ています。その背景には大きな建築物に連なり、その最上段には、キリスト教のローマ法王の紋章が、ひときわ目立つようにつけられています。本来ならば、何者も許さない一神教の神様の威厳を表する、ローマ法王の紋章とギリシャ・ローマの多神教の神様の一人であるところの海の神、ネプチューンとは、当然矛盾するはずのものですが、ここでは、不思議と同居しています。

イタリア・ルネッサンスの巨匠ミケランジェロは、バチカン宮殿の中の、システィーナ礼拝堂の天井画によって、世界絵画史上の最大級の賛辞を得ていますが、同時に、ギリシャ神話の登場人物の彫刻家としても有名であります。

バチカン宮殿の一室には、ラファエロの描いた「アテネの学堂」があり、ギリシャ哲学の巨匠達、中でも、プラトンとアリストテレスが、二人ならんで立つ姿が描かれています。

このように、イタリアでは、キリスト教神学とギリシャ・ローマ精神が、自然とミックスしている様が、数多く見られます。ギリシャ・ローマの神様は、元々、日本の八百万《やおよろず》の神様と同じで、自然を崇拝する人々の多神教であります。

中世ヨーロッパは、厳密なヘブライズム（ユダヤ・キリスト）の支配する暗い「神の国」でした。それは千四、五百年続き、そこに、ヨーロッパ・ルネッサンスの栄光が現れてきて、「人間の国」が復活したのです。

ゲーテは、十八世紀の人です。ゲーテは、『イタリア紀行』の中で、直接ルネッサンスに言及したものはないが、次のような記述が見られます。

ローマがどのようにつづいてきているのか、古いローマから新しいローマへの連続だけでなく、新旧ローマの、それぞれちがった時代の連続をも、明らかにするのは、観察者にとって、初めから困難なことになる。ぼくはまず第一に、半ば隠されている諸点を、自分で感じとることに努める。その時初めて、これまでの立派な予備作業も真に完全に利用されるというものだ。というのは、十五世紀より今日にいたるまで、すぐれた芸術家や学者たちが、これらの事物の研究に彼らの全生涯を捧げてきたのだから。

ここで言っている、「十五世紀より今日（ゲーテの時代の十八世紀）にいたるまで、すぐれた芸術家や学者たちが、これらの事物の研究に」とは、明らかに、ルネッサンス思想の研究の事を指しています。

十四世紀から三百年ほど続いた、ルネッサンスの運動があって、中世の闇から開かれるように、生々とした、人間の国が現れることができたといえます。ルネッサンスは、一般に、文芸復興と呼ばれることが多いが、本来、「再び生まれる」「よみがえる」という意味であります。と同時に、ギリシヤ、ローマ文化の再発見でもありました。ルネッサンスの運動は、十四世紀イタリアから始まりました。つまり、「神の国」から「人間の国」への正に再生でありました。

三、イタリアの光と影

イタリア・ルネッサンスのはじまりの頃の十四世紀に、二人の偉大な文学者がいます。ダンテとボッカチオの二人であります。

ダンテは『神曲』を書いた人として有名でありますが、『神曲』は、地獄《じごく》篇、煉獄《れんごく》篇、天国篇の三部から成る長編叙事詩であります。それまでの文学作品は、キリスト教神学で普通にもちいられていたラテン語でおもおもしく書かれていたが、ダンテは、イタリアのトスカーナ方言でこれを書きました。この作品以後、イタリア語は、新しくこれにならうようになったと言われています。

地獄、煉獄、天国の世界を遍歴して、天界へ昇天する物語になっていて、日本の文芸作品に対比するならば、民俗学者でもあり、すぐれた、文学者でもあった折口信夫の『死者の書』に匹敵するものと考えられます。これは、奈良の当麻《たいま》寺に伝承する、「当麻曼荼羅《たいままんだら》」の世界を表現したものでもあります。

この当麻曼荼羅の構成は、浄土三部経の一つ、『観無量寿経』の中に説かれている内容を忠実に描いたものだといわれています。

第一面には、阿闍世《あじゃせ》と提婆達多《だいばだった》の、「王舎城の悲劇」と言われるもの。

第二面には、釈迦が韋提希《いだいけ》に説いた、十六の観想の図。

第三面には、下品下生から上品上生に至る九品の往生の様が描かれています。ちなみに下品下生の様は、親を殺し、物をぬすみ、仏の教えに刃向かう最悪の人間のことを表現しています。

最後に、大地に浮かぶ池の蓮の中から、往生者が生まれてきて、阿弥陀如来、観音菩薩、勢至菩薩と共に、空中に浮かび、散花や色々な楽器と共に天女が舞飛ぶ、極楽浄土の様子が描かれています。

折口信夫の『死者の書』には、平城京の都の栄える頃、春の彼岸の中日に、奈良の二上山の二こぶ山の間に、日が落ちるとき、姫が、非業の死を遂げた、大津の皇子《みこ》の亡霊にまみえ、経典の写経と共に、当麻曼荼羅を、蓮の糸で織り上げながら、さまよう魂を鎮《しず》め、自らも浄土へといざなわれるという物語であります。死と浄土を描いた幻想小説ですが、イタリア、ダンテの『神曲』にあてはめれば、地獄と天国の話に比較することができます。

又、ダンテを尊敬して、自らの文学を作った、もう一人のイタリア人作家に、ボッカチオという人がいます。

ボッカチオは『デカメロン』という作品を書いていて、ダンテの『神曲』に対して、『人曲』と呼ばれることがあり、人間くさいユーモアとエロスに彩《いろど》られた小説であります。

これは、たとえば、南方熊楠の作品に比較することができるでしょう。カトリックの僧侶が、村の娘と欲情のたわむれに、はまってしまう話や、その他艶笑《えんしょう》な話がいっぱいつまっています。

この二つの作品は、ヨーロッパ全土の中でも、後世の文学者に与えた影響は、はかり知れないものがあり、イタリアのみならず、ヨーロッパ・ルネッサンスのはじまりを告げるものであったといえます。

イタリアを旅行していて感じる事は、イタリア人の光と影であります。

長い間、ヨーロッパの精神的なシンボルであった、イタリアの歴史と伝統は、ルネッサンス運動の後、主役が入れ替ってきました。

十八世紀から十九世紀、産業革命をへて、新たに登場してきたのは、アングロ・サクソン（イギリス・アメリカ）の生み出した近代文明でありました。

たしかに、近代文明は、我々人類にとって、かがやかしい恩恵をもたらしてくれました。

生産性と効率化を重視する社会は、巨大な富をもたらしました。巨大な富と軍事力を背景にした、画一的なアメリカ文化は、世界大戦の前後にかけて、まぶしく輝きました。

その反面、近代文明から置き去りにされたラテン文化は、その対極にありました。

ラテン文化の代表である、ギリシャ、イタリア、スペインは経済的に逼迫《ひっぱく》し、あえいでいます。

しかし、ごく最近、アングロ・サクソン（イギリス・アメリカ）文化の生み出した、グローバリズム（国際金融資本主義）は、音をたててきしみ始めています。

今、世界中で、人々は、経済的不況のみならず、精神的不況、つまり、魂の飢《う》えに苦しんでいます。

もちろん、経済的まずしさは、克服されなければならない重要な問題ではありますが、さらに重要な点は、魂の聖性や霊性におけるまずしさの克服であります。

今、日本においては、古くからの神仏の聖性が求められなければならず、おそらく、ヨーロッパにおいては、ギリシャ・ローマの古い神々の聖性が、もう一度、復活しなくてはならないのではないでしょうか。

ひと言で言うならば、深い「心」の豊かさこそがなければならない。魂が蘇《よみがえ》ると共に、深い活力が得られなければならない。そして、おぞましい原発などの、近代が生み出した大問題に対峙《たいじ》する、深いエネルギーが養《やしな》われる事を祈らずにはいられません。


熊野が、イタリアに匹敵するのではないかという着想は、死と浄土、地獄と天国が、同時に、二つながら共存する、光と闇の国。

近づき、中に入ることによって、再生と贖罪《しょくざい》が約束されている国、新しいルネッサンスの息吹をもたらした国、エロスと死霊がこだましている南国、聖性と世俗が響きあう土地、そして、最後に、たましいの再生をもたらしてくれる、たぐいまれな場所。

豊かな民俗と実りある異界。

ラテン気質の本場。

それが、熊野とイタリアがとりまく共通点ではないかと考えるしだいであります。

ブッダとチュンダ

——涅槃経典類のチュンダの食施について

小乗涅槃経（長阿含・遊行経等）が、釋尊の無余涅槃に入る前後の情景を、具体的に記し、チュンダ（純陀・淳陀・周那・准陀）の食施を受けて、病になり、直接の死の原因になったことを、くわしく書いているのに対して、大乗涅槃経に於いては、チュンダの食施を、引き金として増広された形で、仏性論、法身論、涅槃論の大乗思想のモチーフとして、そのことが巧みに編集しなおされている事を指摘し、チュンダの身分は「鍛冶師」である事を重視し、鍛冶師の意味するものを考察し、不浄の聖化によって、釋尊が神聖視され、悟りのキッカケとなった食施と死のキッカケとなった食施の問題を考え、「不浄的」と思われる食施によって涅槃を達成したことを積極的に認め、不浄が浄化され、聖化されるすじ道を「不浄の聖化」とし、それがキッカケになり、「仏身の永遠性」が問題となり、さらに仏教の「宗教化へのプロセス」を考える。この三つの問題意識が、チュンダのあつかい方の具体性から抽象性への道であるととらえ、チュンダの、仏教の宗教化にはたした役割の大きさを再確認し、キリスト教を含めた宗教的、世界的、古代的な宗教現象学として比較してゆきたい。

一

私は初め涅槃経の一般的解釈、つまりこの経典は、悉有仏性をとなえ、常楽我浄の説を明確に打ち出した、記念碑的仏教経典である事を再考察しようと考えていた。しかし、研究が進むにつれて、そのことはかなり多くの学者が行っていて、大体において、同じ結論を得ているという事に気がつき、その研究の方向を、まったく変えてみようと考えるに至った。

多くの涅槃経経典類の分類と考察、漢文翻訳を続けている時にふと、一つの興味ある物語をみつけて、それを、仏教研究以外の、宗教現象学のレヴェルとして、一つの論文にまとめてみれば良いのではないかという思いを持ちはじめた。それが今回の論文発表のキッカケになったいきさつである。

さて、その具体的なキッカケを作ったのは、一人の鍛冶屋《ママ》の息子チュンダと名のる男についての深い興味であった。おいおいその内容については、論文中でふれてゆくことになると思うが、今回は、宗教の本質的な理解を我々に示してくれた、オットーの『聖なるもの』を、この論文の中軸にもってくることになるであろう。

この古典的な名著は、いつ何回読んでも、直接的に、宗教の本質的理解へ誘ってくれるような気がする。そこで、私はまず最初に、オットーの『聖なるもの』の中に、シャカムニブッダの涅槃にふれた部分がないかどうかたしかめてみた。そうすると、わずか一ケ所であったと思うが、非常に良い、宗教学研究にふさわしい例文を発見することができた。まず、このオットーの『聖なるもの』（岩波文庫、七二頁—七三頁）に書かれているいささか長い文章を、そのまま引用することから始めたい。

> 私たちがキリスト教において、恵みの経験ならびに再生と名づけるものは、キリスト教以外の高い霊的宗教についても当てはまる。
>
> 救いをもたらす菩提（Bodhi）の顕現、「天眼」の開明、無明の暗黒に打ち勝ち、量りがたい体験を輝き出させる「救済知」（Jñāna）または「主」（Jśvara）のPrasāda「恩恵」などは、その類例である。そしてこれらの場合にもまた常に、全く非合理的なもの、および全く類を異にする浄福を、直接認めることができる。それらの働きは非常にまちまちであり、キリスト教におけるものと全然異なってはいるが、体験の強度においては、どこでも大体同様であり、どこでも絶対的に魅するものであり、どこでも、凡て「自然的」に言い表わし得るもの、比較し得るものに対立している「救い」であり、「豊満せるもの」自身か、またはその跡を留めているものである。このことは完全に仏陀のねはん（Nirwana）と、その外見は冷やかな、否定的な浄福についても言える。ただ概念上からすれば、ねはんは否定であるが、感情上からすれば、最も強い形の肯定であって、その信徒を狂熱に導く「魅するもの」である。私は今、「否定神学」と無我および空無の教理とを頑強にかつ論理的に私に対して述べ立てた仏教の一修道僧との対話を、ありありと

思い起す。しかし最後になって、するとねはんとは何かと私が尋ねると、長く考えた後、ついに静かに控え目に、「祝福です―言えません」と答えた。彼の静けさと答えの控え目であった中に、彼の声と顔付きと身振りの厳粛であった中に、その意味するところが、語るよりも明白に現われていた。それは「魅力ある秘義」への告白であり、ドシェラル・エディン（Dschelāl eddin）が次のように言ったところを、この人の流儀で言い表わしたのである。

《信仰の本質は、ただ驚きのみ。しかも神から目をそらすためではなく、酔うて、友に愛着し、彼の中に全く沈みこむためである》。「ヘブル人福音書」にも、不思議に深い言葉がある。《それを見出す者は、驚くであろう。驚いて王になるだろう》。


この興味深い引用から、以下イメージをふくらませてゆきたいと思う。

涅槃経典が、キリスト教の福音書に似ていると指摘する人が多い。この問題を考える前に、涅槃経のチュンダの場面を少し紹介しておかねばならない。

涅槃経と一口に言っても、大きく分けて、阿含部の小乗涅槃経グループと、同じグループに属する、律部の「有部毘奈耶雑事」等の経典類を第一グループとするならば、原始大乗涅槃経（下田正弘説）は、最初に編纂された大乗涅槃経グループに属する。これは第二グループとする。次にくるのが、涅槃部の大乗涅槃経四十巻（北本）と大乗涅槃経三十六巻（南本）であり、これを第三グループとして分けることができる。

この各経典類に登場するチュンダという人物に焦点をしぼり、今回の論文をまとめてゆく。第一グループのいわゆる小乗涅槃経と分類されるものの中には、シャカムニブッダの最期の様子が、非常に克明にえがかれているものが多いことが、その特長である。

チュンダという人物は、シャカムニブッダの最後の死のキッカケを作った人であり、しかも、そのテーマは基本的には、第一グループ、第二グループ、第三グループを通じて同一であるが、この人物と事件のとりあつかい方が違っていることが、第一、第二、第三グループのそれぞれの本文の目的と経典製作意図の違いを示すと考えられる。

チュンダがシャカムニブッダに、最後の食物をほどこし（食施）をする。これは多くに共通している。しかし、第一グループにはチュンダの登場しないものも若干ある。

第一グループの代表的な経典、『長阿含遊行経』では、チュンダが「梅檀樹耳《せんだんじゅじ》」という料理を、シャカムニブッダに食施する。これが原因となり、ブッダは、はげしい背痛を患う。

阿難がブッダの言い伝えを、チュンダに告げて、「チュンダよ、自分を責めるな。あなたには大果報がある。悟りをひらいた時の食施と、完全なる涅槃に入る時の食施は、「二施の果報」である」と伝えるが、しかし、これを聞いたチュンダは、「あの大事なお方様を死なせてしまう、それは私の責任なのだ。ブッダは死ぬ、どうすればよいのか私は」。そう苦しんだチュンダは、シャカムニブッダに、私は死にたい、私は死にたいと二度告げる。その時のシャカムニブッダは、いささかつめたいようであるが、「よろしく是れ時なるを知るべし」と答える。つまり、あなたがそんなに死にたいならば、死ぬがよいと答える。チュンダはシャカムニブッダの仏前において、ブッダに一歩先だって、自殺し、般涅槃（完全なる死）をする。チュンダが自殺をするように、描かれているものは、私が十一篇の経典を調べた中で、この一つだけであった。又、『根本説一切有部毘奈耶雑事』（巻第三十七）には、シャカムニブッダは、チュンダが、供養をするのを見て、随喜して、以下の詩を述べる。

若《も》し、施福にして、増長せんに、怨み止息し、悪を除き、悩み尽くして、涅槃を證せん。

これに先だって、シャカムニブッダの腹痛の様子が、はげしくリアルにえがかれている。たとえば、ブッダが歩きはじめた途中、一本の木にもたれかかったまま、「私は今、腹痛がはげしい、下血が出た。阿難よ、この木の近くを離れてほしい」と愛弟子の阿難に訴える場面がある。下血が出たことを、リアルにえがいているのは、私が十一の経典を調べたかぎり、ただこれ一つであったと思う。

このように、第一グループの涅槃経典類は、最大の特長として、シャカムニブッダ自身の、人間としての、いわば、実存的なきわめて人間的な面が、書かれている事だといえる。これはたしかに、キリスト教の聖書の福音書に通じる部分をもっているといわざるをえない。福音書においても、ローマ兵に密告したユダは、自責の念にかられて、自殺している（マタイによる福音書）。十字架にかけられたキリスト自身は、なぜ主よ、我をたすけたまわないのかと、なげき悲しんでいる（マタイによる福音書「エリ、エリ、レマ、サバクタニ」神よ、神よ、なぜ私を見捨てられたのですか）。これは、キリストのはりつけが、予期せず自分を死に至らしめた事、シャカムニブッダの涅槃が、突然おとずれた事によく似ているように思われる。オットーの文章にもどって、これらのことを考察してみる。

涅槃とは何かと尋ねられた一人の仏教修道僧が、長く考えたあと、静かに、控えめに、「祝福です——言えません」と答えたことや、エディンの詩句にあるように、「信仰の本質は、ただ驚きのみ」。ヘブル人福音書の中の含蓄のある言葉「それを見出す者は、驚くであろう、驚いて王になるだろう」。

シャカムニブッダも、食施による病気を、最後の死の原因であると気づいて、実は驚いたであろう。自分の予言していた般涅槃（完全なる死）が、今やってきたことに、正直に驚いた事であろう。キリストも、主が自分を見すてた事に、大変驚いた事であろう。二人共、血を流しながら死んでいったのである。このいままであまり考えることのなかった、実存的な、あまりにも人間的な出来事に、これをよく知るにおよんで、実際私も、正直に驚いている。ここで二人の聖なる人間が、血を流して死んでいった事実を胸中にとどめておきたい。

二

次に下田正弘蔵文和訳『大乗涅槃経』は、下田氏の言われるごとく、「原始大乗涅槃経」にあたると考えられる。

シャカムニブッダの入滅時の様子をもとにして、仏身常住説を説くことが、この経典の眼目であると考えられる。

第三章で、チュンダは貧しい鍛冶屋の子息としてえがかれ、眷属十五人と共に、経典に登場してくる。下田説は、チュンダの役割を次のように表している。「チュンダの食施を、とても高い位置におき、チュンダは、肉身を滅し、法身を誘引する直接の原因を作した者」。

又、次にかかげるチュンダのセリフ、「如来は法身なのであります。食身ではない」。これに対して、文殊師利が、「汝は大乗を充分に理解した」と述べる場面では、生身のシャカムニブッダが、一人の人間として、痛みに苦しむ様子は、まったくえがかれてはいない。この章の最後近くになって、チュンダは次のようなセリフを残し、去ってゆく。

「世尊が般涅槃なさった後に、如何に見るかということは、虫けらに等しき我々の境涯ではございません」。そして、「チュンダはそののち、眷属と共に、世尊を囲遶して、大いなる供養をなし、世尊とマンジュシリー法王子に礼拝して、お食事を取りに入った」とえがかれていて、そこでこの章は、突然終結している。

ここで一体、チュンダとはいかなる人物なのであろうか、という疑問がおこってくる。私は、チュンダが貧しい鍛冶師の子息である意味をたずねてみたい。

ここに、鍛冶師に関する、エリアーデの浩瀚な著作を引用させていただいて、この問題を考えてみたいと思う。エリアーデの『鍛冶師と錬金術師』の第九章「神的な鍛冶師と文化英雄」の最初の書き出しは次の言葉である。

今日ではジャヴァの鍛冶師は貧賤であるが、いまだに特権的地位を享受している徴候がある。彼らは、怖れられていると同時に尊敬されているという一種不思議なアンビバレンス（両義性）をそなえているという。なぜならば、アフリカ文化圏に属する、チャンバ、ダカ、ドゥルゥ、その他の近隣の諸種族について、次のような分析をする。

鍛冶師―文化英雄の神話はきわめて豊富である。最初の鍛冶師は火と料理によって食事を用意する方法だけではなく、家の建てかた、生殖に必須な性的行為、出産の技術、割礼、埋葬の形式等々を啓示した。いいかえれば、ドゥルゥおよび他の諸族の鍛冶師は、王よりも重要な社会的、宗教的役割を演ずるのである。（『鍛冶師と錬金術師』一一二頁）

そして、次に重要な言葉が書かれる。

鍛冶師の機能を理解するためには宗教的神話と観念体系に目を転じなければならない。（同書一

一二頁）

ジプシー達は、自らの呼び名を、ロム、及びドム（Rom, Lom, Dom）と名のるようであるが、次の記述も考えさせられる。

興味ぶかいことに、ドムは、インドでは部族の名、むしろ、往時には非常に広く分布し、よく知られた、諸部族の集塊の名であるが、サンスクリット文献において、彼らは音楽師と不可触賤民に結合されているが、根本的には鍛冶師と音楽師として知られている。（同書一一八頁）

このようにも言及されているのである。実際のチュンダのヴァルマ・カーストは、何であっただろうか。一般的には、ヴァイシャ（職人）にあたると考えるのが妥当であろうが、火をあつかい、シャーマン的な能力を畏れられる鍛冶師という職業は、そのように単純にあつかえない何か聖なるイメージをはらんでいるいきさつは、エリアーデを読めば、少しは理解の方法が変ってくるような気がする。不可触賤民であったと考えられない事もない。しかし、二千五百年前のインド社会のことを、現在から推測する事はむずかしいことであって、結論はひかえておきたいと思う。

ここでチュンダが作り、シャカムニブッダが食べた「梅檀樹耳《せんだんじゅじ》」という食物について、もう少し考えてみたい。

一般的には、病原菌の含まれていた、ブタの干し肉料理、あるいは、毒の含まれていたキノコ料理等が考えられている。

食べれば、口においしい美食であったと考えられる。あまり常時口にしない部類の特別料理ではなかったかと思われる。

チュンダはなぜそのような食物を作ったのか。これは明かに、シャカムニブッダが、遠からず、自ら無余涅槃に入ると宣言したことを受けて、そのニュースを知った高貴な人々が、食施をブッダに申し出るのであるが、ブッダは、それらすべてをことわって、どのような意図であったかは、詳らかではないが、鍛冶師の息子チュンダの食施の申し込みにだけ、イエスと答えたあと、翌朝になって、シャカムニブッダのサンガの仲間と共に食事に向い、チュンダが特別に、シャカムニブッダの為にこしらえた料理であった事が、いくつもの経典の記述から読みとることができる。

では、チュンダの特別料理にだけ、なぜ病原菌ないしは毒が含まれていたのであろうか。故意にか。偶然にも、なのか。この点に関する記載がないので、我々は勝手に想像するしかない。故意であれば、殺人である。偶然であれば、あまりにも悲しい偶然であったといわざるをえない。経典の文脈を読みかえしても、それは、故意の殺人ではなく、悲しい偶然の出来事であるようにえがかれている。しかし、死期が近づいていることは、皆がわかっていたことではあるけれども、どの経典にも、シャカムニブッダの「最後の食事」と明示されているのはどうした事情によることなのか。たとえば、蔵文和訳『大乗涅槃経』では、次のように記述されている。

その時、これらの集いの中で、クシナガリーの鍛冶屋の子息で、チュンダというウパーサカが、鍛冶屋の子息ら十五人と共に立ち上がり、それぞれ威儀を正して諸世間を観察し、上衣を片方だけ掛け、右膝を地面に付けて、世尊に向かって合掌礼拝し、涙に堪えきれぬまま、御足を頭もて礼拝し、世尊に次のように申し上げた。世尊よ。私は〔21b〕全ての衆生を度脱させんがために、比丘サンガと共にいらっしゃる世尊・如来・応供・正等覚に最後のお食事を差し上げたく存じます。私は、主もなく、友もなく、帰依処もなく、希望もほとんどないのであります。世尊は私が差し上げますお食事をお召し上がりになって、般涅槃なさいますようにお願い致します。（傍点筆者）

ここでチュンダの食施が、「最後の食事」であることが明記されている。これをどう解釈すればいいのか。当然いくつかのすじ書きを推理する事ができる。死期がまぢかにせまっているのであれば、どうか、私の作った最高の美味しい料理を食べて頂いた後、断食行に入り、瞑想行をして般涅槃してくださいませ、と読みとることができる。あるいは、私の作ります食事は、あなたを完全に死に至らしめる食物です、どうかよくご承知の上、お覚悟をなさってお召し上がり下さいませ、とも読みとることができる。文献上だけでは、どちらともわからないし、どちらともわからないように書かれたのかも知れない。

蔵文和訳『大乗涅槃経』（九八頁）の描写は次のように続く。シャカムニブッダが、チュンダの食施を受けると答えたあとに、

天・人・アスラたちは、チュンダが差し上げた最後の大いなる布施波羅蜜のお食事を、比丘サンガを伴われた如来がお受けになったと聞いて、「実に驚くべきことだ。素晴らしい。素晴らしい」と大声を挙げて鍛冶屋の子息チュンダにこう語った。「おお、鍛冶屋の子息チュンダよ、汝、寵児よ。人身を備えたそなたは至福を得られた。見事に得られた。チュンダよ。世間にあって、ウドゥンバラの華のように美しいものは得難いが、それよりも遙かに如来の出現は得難いのである。それよりも浄信を得ることは難しい。それよりも遙かに法を聞くことは難しい。それよりももっと、如来に最後のお食事を差し上げるのは難しい。それよりももっと如来への最後の布施波羅蜜の成就は難しいのである。鍛冶屋の子息チュンダよ。そなたに礼拝しよう。〔3E〕例えば、仲秋の満月時に雲が無い時、汚れなき月輪を見上げれば、ただ月だけが輝き渡っているように、そなたが差し上げた最後のお食事を如来がお受け取りになったのだから、そなただけが全ての衆生たちの中で輝き渡っている。そなたに幾度も礼拝しよう。チュンダよ。そなたは人身でありながら天中天なのである。如来の子ラーフラと同じである」と言って、また偈頌で次のように説いた。（中略）汝に〔我らの〕願いをこのように出そう。師は般涅槃に赴かれようとする。

そして、同書一〇六頁—一〇七頁（3AB）の節には、臨場感にあふれる言葉が続く。

するとその時、世尊の御額からさまざまな種類の光が生じて、それらはマンジュシュリー法王子の身体に入った。その時マンジュシュリーは、それを悟って鍛冶屋の子息チュンダに告げた。「チュンダよ。如来が涅槃に赴かれるのは速やかなことなので、時宜しく世尊に対してお食事を差し上げるようにせよ。躊躇してはいけない。理由もなく世尊の御額から諸光が生じるようなことはない」。その時、チュンダは沈黙したままであった。すると世尊はチュンダに次のようにおっしゃった。〔27B〕「チュンダよ。私が般涅槃するのは近い。比丘サンガに時宜しくお食事を上げるようにせよ」と二度も三度もおっしゃった。

この文章の流れを見るかぎり、シャカムニブッダは、自分の死期を悟り、「最後の食事」を、チュンダに求めたことになり、その食施によって、チュンダを特別に祝福したいと考えている様子である。病原菌あるいは毒物が含まれている食事であることは、文脈の中には読みとれない。しかし、シャカムニブッダが、チュンダに直接に病原菌あるいは毒物を含ませることを依頼したようには、表のすじ書きには表われていないが、楽屋裏のすじ書きには、それがほのめかされていると、見ることも可能であろう。いずれにしても、シャカムニブッダは、この食事を食べれば、自分はまもなく死ぬのだ、という深い覚悟をしている様子は、まちがいなく事実であろう。しかし、それ以上詮索することはできない。『大般涅槃経集解』（巻第四、純陀品第二）三八九頁をみても、シャカムニブッダが、チュンダの供養を受ける意味について、

純陀をもってその姿かたちが貧しくとも、如来が富貴者に接しても、貧賤を遺《す》てないことを明らかにし、（又）工巧子（鍛冶師）についても、卑賤の者を遺《す》てないで、勝を就するなり。（口語訳筆者）

と述べられているのみである。

三

「栴檀樹耳《せんだんじゅじ》」（Sūkaramaddava, スーカラマッダヴァ）とはどういう食物であろうか。干しブタ肉説とキノコ料理説がある。

食物の戒律の面から見れば、これは浄食であったのか、不浄食であったろうか。これを知るには、下田正弘『涅槃経の研究——大乗経典の研究方法試論』第四章第七節にくわしく研究されている。『四分律』『摩訶僧祇律』では五種類の「正食」をあげている。

飯・粥・麦・魚・肉を認めている。『パーリ律』では、精神の異常者には、特別に生肉と生血をも許している。豚肉については、『摩訶僧祇律』のみがある程度禁止しているだけで、『十誦律』では、

五種類の「正食」と共に、根・茎・葉・磨・果の五種類の、キャダニヤ（歯でかみくだいて食するもの）を許しているが、キノコについては不明である。また、糜《び》・粟《ぞく》・穬麦《こうばく》・莠子《いうし》・迦師飯《かしぼん》の「似食」を許している。

一般的な禁止の対象となる肉類は、人肉・象肉・馬肉・犬肉・蛇肉・ライオン肉・虎肉・豹肉・熊肉・ハイエナ肉・豚肉・カラス肉・ワシ肉である。牛肉は禁止されていない。

このようであるならば「梅檀樹耳《せんだんじゅじ》」の料理はあまり浄食とはいえず、どちらかといえば、不浄的な食物といえるだろう。そして、出家者が、許される時もあるが、ふつうさけるべき「美食」の類であろう。それをシャカムニブッダは、自分の最後の食事にしたという事は、何を意味するのであろうか。デュルケム『宗教生活の原初形態』という古典的名著には、このようないきさつを解読するヒントが書かれている。

若干のセム民族では、豚肉は禁忌されている。しかし、それが不浄な物だからか、神聖な物だからかは、必ずしも精細には知られなかった。しかも、同じことが、きわめて多数の食物上の禁忌についても、いえるのである。（第三編「主要な儀礼的態度」三一一頁―三一二頁）

それだけではない。不浄な物または邪悪な威力は、性質は変えないが、外的状況の単なる修正によって、聖物または守護的威力、かつまた、その逆となることがしばしばある。（同書三一二頁）

私が「不浄の聖化」をキイ・ワードにした問題意識の意味が、このように立ち現われてくる。シャカムニブッダは、わざと不浄物を食べて、そして、逆に聖なる王となったのではないだろうか、という問題意識である。デュルケムは続けて書いている。

浄と不浄とは、したがって、別個の二綱ではなくて、すべての聖物を含む同じ綱の二変種である。聖の二種があって、一方は吉で、他方は不吉である。しかも、相反した二形態の間には、継続の断絶がないばかりではなく、同一物が、性質を変えることなしに、一方から他方へと推移できるのである。浄から不浄が作られ、不浄から浄が作られるのである。聖の曖昧さは、これらの変形が可能であることに起因している。(同書二一三頁)

デュルケムは、この問題を、自国のキリスト教社会だけに適用しようとしたのではなく、古代的、世界的、宗教的な一般現象として説明しようとしている。

「聖なるもの」が現われる時、その楽屋裏には、「不浄」の存在が介在しているのが、一般的であると言いたいのであろう。そして、それがキッカケとなり、聖なるものの不動性と永遠性が補償されるのではないかと考えられる。不浄食を食べたとすれば、最後の般涅槃に入ってゆくシャカムニブッダの意識は、我々現代人にとっては、矛盾した行為であり、理解しがたいふるまいであると見えるが、時代は二千五百年前のインド社会の内部で起こった事件であることを考えれば、我々の推理や想像力を遙かに越えていても不思議ではないだろうと考えられる。

メアリー・ダグラス『汚穢と禁忌』に、フレーザーの引用として、そのような古代人と現代人の意識の隔離についてふれられている。

このようなことは豚が不浄であることが原因だという人もいる。逆に、豚が聖なるものであることが原因だとする人もいる。このことは……聖性と不浄とがいまだに鋭く識別されない、朦朧たる状態の宗教的思想を暗示している。つまりその両者ともが、一種の曖昧な状態のまま混りあっているのであって、それに対して我々は、タブーという名称を与えるのである。(『穀物と荒野《こうや》との霊』二巻二三頁)

タブーについてはよりくわしく次のように定義する。

未開人は神性《ホーリネス》と不浄《ポリューション》とを区別しないが故に、神聖のタブーは不浄のタブーと一致する。(『タブーと霊魂の危険と』二二四頁)

聖なるものと不浄なるものとの区別こそが野蛮状態からの真の進歩を示すのだといっている、ロバートソン・スミスの意見には、私は賛成しない。これは安直な進歩史観である。我々現代人の勝手な批判でしかない。我々の社会では、古代人とは別の価値感がはたらいているのだ。次のような指摘は有効である。

汚物に関する我々の観念が病原性有機体の知識に支配されている……細菌が移動して病気を惹き起こすということは、十九世紀の偉大な発見であった。それは、医学史上最も根源的革命を生んだのである。(『汚穢と禁忌』七八頁)

この結果の上に我々の価値感ははたらいているのである。古代人、未開人の価値感は、それが、浄らかなものであれ、不浄なものであれ、ある種の大きな能力《ちから》が発揮されるものであれば、浄・不浄を問わずにそれを使用するのではないだろうか。また、不浄なものであるほど、むしろ、その能力《ちから》が大きくたかめられるのであろうと考えざるをえない。豚肉の汚れの特異性は、この動物が、人間の排泄物を食べることに大きく起因している。そのことから、この動物の肉を食べることに関する不浄と聖性の両義的意味が発生してくるのであろう。またインド社会における複雑なヴァルマ・カーストを眼中に入れて食事の浄・不浄性を見るならば、次のような記述が参考になるであろう。

インドでは現実生活における料理が祭式的意味においても聖潔《きよ》くなければならないのは何故かを

説明することもできるであろう。さまざまなカーストにおける潔さは、カースト相互間における複雑かつ世襲的な分業と相互関係をもっている。従ってそれぞれのカーストの身分にかかわる相対的清浄についてなにごとかを語っているのである……食事が食卓に用意される地点は、清浄の体系と職業の体系との相互関係が整理されなければならないのである。というのは、食事とはさまざまな程度の清浄さをもついくつかのカーストの——例えば、鍛冶屋、大工、縄製造業者、百姓等の——努力が結合したものであるからだ。従って食物を肉体に摂り入れる以前に、止むを得ず食物と接触した不浄なるものからそれを分離するため、なんらかの明確な象徴的切断が必要になる。そこで清浄なる手に委ねられた料理の過程が、このような切断の儀式となるのである。我々は、食物の生産が相対的に不浄な人々の手にある所ではどこでも、こういった切断の儀式が見出されると考えていいであろう。(『汚穢と禁忌』二四〇頁—二四一頁)

四

涅槃経は、無我から我(アートマン)へ、無常から常へ、の価値転倒にダイナミックな革命性をもつ書である。そうすれば、このような形而上学的な問題と、宗教現象的な問題との二項に、なんらかの相似律《アナロジー》はなかろうか。私はこのような問いに対して、わずかな可能性ではあるけれども、何らかの相似律を認めようと考えたい。

嫌悪の感をこめて拒否された不浄なるものを宗教が屢々《しばしば》聖なる目的に用いることは、依然として真なのである。それ故我々は、通常の場合には破滅をもたらす不浄なるものが、時として何故創造力をもつにいたるのかを訊ねなければならないだろう。……一つの回答は穢れの本質そのものの中にある。もう一つの回答は、祭式によって表現しなければならない形而上学的問題の本質および祭式に特有な観念の本質の中にある。(同書二九六頁—二九七頁)

このような形而上学的な問題に明確な暗示を与えてくれる哲学者の一人に、あのジョルジュ・バタイユが有効であるように察せられる。バタイユ『至高性』(第一章「至高性の認識」)に書かれている次の文章にある種の予感をくみとることができる。

死とは、ありえないことなのだが、突如として現実へと変わる不可能なのだ、という死についてのゲーテの短い言葉こそ、あの最も怖るべき出来事の持つ奇蹟的な性格をみごとに感得できるようにしてくれると思われた。むろんその言葉はそんなことを言おうとしていたのではなかったかもしれないが、少なくともそれだけの価値を持っていた。そして最も強烈な印象を私に与えたものはなにかと言うと、さまざまな反応の動き、つまり計算されていいるのではない、もろもろの反作用的動きというものが、同一の効果を持っているということだった。そういう同一の効果は、ある一定の観点からすると、ポジティヴなものとネガティヴなものの相違を消し去る力を持っていた。言いかえれば、極度の幸福とこの上ない不幸の双方を、ほとんど無差別なままに、いわばわれわれの思考や活動の通常の進め方とか手続きの仕方がそこでは解消されてしまうような地点へと位置させることによって、矛盾したものではなくしてしまう力を持っていたのだ。（二九頁）

小乗系の涅槃経では、シャカムニブッダ自身の人間としてのなまなましさを我々は見た。それが、大乗仏教化されてゆくプロセスの中で、形而上学の一種の転倒がなされた。無我から我へ、無常から常へ、そして、常・楽・我・浄への価値が転倒されているプロセスを、私は順をおって見てきた。この形而上学の転倒には、一つのドラマチックな場面による、物語としての転倒も同時に必要となるということである。チュンダとブッダが演じてみせた涅槃ドラマが、仏法の形而上学の歴史に、その最後のドラマ性を与える効果は大成功していると思われるのである。

至高者はあたかも死が存在していないかのように存在している者なのだ。さらに言えば、彼は死ぬことのない者だ。なぜならかりに彼が死ぬとしても、それは再生するためだからである。それは、ふつう個人ということを意味するその語の用い方におけるひとりの人間なのではなく、むしろ一種の神なのだ。つまりそれは本質的に言って、彼がそうである者の、が、また同時にそうでない者の受肉であり、化身なのである。すなわち彼は自らがその代わりとなる者も彼と同じであ

り、また彼の代わりとなる者も彼と同じなのである。(同書四九頁)

バタイユの心の中にある具体的な「至高者」はキリストであり、そのドラマとは、おそらく「福音書」なのであろうと考えられる。けれども、この深い含蓄を有する一節の言葉は、おそらく、シャカムニブッダとチュンダのドラマを含む涅槃経におきかえても何らさしつかえはないであろう。キリストもシャカムニブッダも最初はなま身の人間であった。だからこそ、自己の死を悟った時おそらく正直驚いたことであろう。だれにとっても死は戦慄以外の何ものでもない。それは聖人も我々凡人も皆同様である。それが共通の感覚を有する「人間」の実存と呼ぶべきものである。このあたりまえの「人間」が、「神の子」となり、「悟れる者」となるのに、おそろしくも聖なること、驚くべきこと、血を流して死んでゆくことが必要であった。オットーが『聖なるもの』で強調した、戦慄すべき(tremendum)という要素こそがほんとうに、あたりまえの人間、ふつうの人間を、真に「聖なるもの」に至らしめるであろう。ヤコブ・ベェーメもこう語っている。

精神上の凱旋がどんなものであるか、私は書くことも語ることもできない。それは死のただ中に生命が産れること以外に、比較すべきものがない。それは死者の復活と較《くら》べるべきである。

涅槃から常(これを復活とみてもよい)への道もちょうどそのようなものであったと見るべきだと

思う次第である。

キリストは「はりつけ」と「復活」によって、シャカムニブッダは、「般涅槃」と「法身の常住」によって、聖なるものの永遠性を獲得した。永遠に信者の心の中に生き続ける聖者の姿が、誰にでもうなずける出来事によって、いつの時代を通じても、深く深く記憶されるのだと考えられるのである。

私の所蔵する#20・一九二六年制作の「見捨てられた十字架のイエスの下で」ジュルジュ・ルオーの版画は、他のキリスト磔刑図とは異なり、背にする十字架の横幅が、シャカムニブッダの涅槃図を連想させてくれるほど広くゆったりとえがかれている。キリストの体全体をすっぽりとやさしくつつみ込んでいるように見えるのである。私はこの絵を見るたびにいつも、これは「キリスト涅槃図」ではなかろうかと思ってしまうのである。私の思い込みだけによるものだろうか、ルオーの意図であるのだろうか、その点は分明ではないのであるが、いずれにしても、この絵にはキリストの磔刑と復活、つまり、シャカ涅槃図に共通する聖なるものの不動性と永遠性がえがき込まれていると私に思わせる何かがある。シャカ涅槃図の場合は、たしかに、涅槃経が意図する法身の常住性が見てとれる。

G・ヴァン・デル・レーウの『宗教現象学入門』二十六の浄化、供犠、聖餐には「聖なるもの」が

「宗教化するプロセス」には、浄化と供犠と聖餐がともなうことを指摘して次のように書いている。

多くの宗教できわめて重要な役割を演じているのは、供犠である。ここでは、浄めの場合のように、力《ちから》と接触を持ったり、断ったりすることだけが問題なのではない。供犠はさらに進んで、多くの場合、人間に直接に力《ちから》、神的力《ちから》を所有させる。供犠はさまざまなカテゴリーに区分されるが、主なものは以下の通りである。一、神への捧げ物としての供犠。この供物は神を呪術的に強制したり、貢物とか臣事が領主に捧げられるように神に捧げられたり、神を買収するものであったりする。これらの三つの意図すべてをもって、供物が捧げられたこともある。二、神に飲食が供され、したがって人間がある意味で神の生命を維持するような供犠。三、人間の罪を覆うと言われ、しばしば捧げ物とか買収の供犠と一致するが、しかしまた時にはそれとは別の心理的背景を暗示するようにも思われる贖罪の供犠。四、人が神、聖獣、神的実体などを共食したり、または神と一緒の食卓に着いたりする場合の聖餐の会食。（二〇一頁）

その後に続いて、

「与える」供犠を捧げるということは、今や力を行使するというのと同義なのであるから、供犠を捧げる人間は最も多く「マナ」を持つ者、例えば家長、王、または祭司でなくてはならない。

もちろん、それは人間が力《ちから》ないし神に依存しているという周知の事実を言うのではない。供犠がこの方向へ最も協力に発展したのは、古代インドにおいてである。そこではバラモンは、自らの内に備わっている力《ちから》を大いなる供犠の中で行使し、それを通じて世界全体を、また神々をも支配するのである。そこでは、供犠は何らかの対象をも必要としない聖なる行為そのもの、一見重要そうでないが、ありとあらゆる力《ちから》を呼び起こす巨人的な儀礼、諸々の世界を支配し、神々さえ不要なものとする人間の意志の力《ちから》の最高度の緊張であった。そこで犠牲は、本来の意味で世界的過程となった。……ゴルゴダの丘の供犠において、実際に供犠の思想はその完成を見る。聖なる者が自己を犠牲にし、己の霊魂を多くの人々のための贖罪金として差し出し、それを通じて神との新しい契約を築くのである。キリスト教の礼拝は、本質的にこうした供犠への参加にほかならない。聖餐は、日常のとは別で、より深い意図をもって行なわれる人間の行為である。すでに基本的な生活行為の内にも、直接的価値とは別の価値があるわけで、それは飲食のような行為に関しても強く現われてくる。われわれにとってもなお、食事は単なる「栄養摂取」ではないが、古代や未開の人間は飲食物を聖なる物とし、食事を聖なる行為とみなした。いろいろな飲食の風習は、今でもそのことを想起させてくれる。われわれはこうした行為を「サクラメンタリア」と称する。

（同書二〇五頁―二〇七頁）

同じことが、シャカムニブッダにもあてはまることが推理できる。シャカムニブッダが「最後の食施」を受けた理由を考えれば、おのずとそれが理解されてくるであろう。最後の涅槃時において、シャカムニブッダは、自分自身を人々の為に供犠にかけたのだと考えてもよい。それは大いなる「力《ちから》」を作り出した。信仰と「宗教化へのプロセス」を産み出す大きな「力《ちから》」を作り出し、自己演出してみせたのだと考えられよう。それを与えた鍛冶師の子チュンダにも、シャカムニブッダにまさるともおとらない「力《ちから》」が給付された。仏教の「宗教化へのプロセス」にはたしたこの二人の役割はとても大きなものがあり、永遠に人々の胸に刻み込まれた。我々はややもすると、仏教の他の宗教に対する優位性に議論をかさねる傾向になりやすい。それは仏教としての宗教現象一般について、あまりにも高踏的になりやすいところがある。仏教のドグマティックな研究を進めると同様に、宗教学としての仏教研究も又重要であることを付記しておいて、ここで擱筆したい。

参考文献

『蔵文和訳『大乗涅槃経』』（下）下田正弘、一九九三年（山喜房仏書林）
『聖なるもの』ルドルフ・オットー、一九六八年（岩波書店）
『鍛冶師と錬金術師』ミルチャ・エリアーデ、一九七六年（せりか書房）
『宗教生活の原初形態』エミル・デュルケム、一九七五年（岩波書店）
『汚職と禁忌』メアリー・ダグラス、一九八五年（思潮社）
『宗教現象学入門』G・ファン・デル・レーウ、一九七九年（東京大学出版会）
『至高性』ジョルジュ・バタイユ、一九九〇年（人文書院）
『涅槃宗の研究』布施浩岳、一九四二年（国書刊行会）

「原始仏教の実践哲学」和辻哲郎、一九六二年、『全集』第五巻（岩波書店）
「涅槃経論」松本文三郎、一九一七年、『宗教研究』6号
『大乗涅槃経の研究』望月良晃、一九九三年（春秋社）
『涅槃と浄土経』横超慧日、一九九六年（平楽寺書店）
『涅槃経――如来常住と悉有仏性』横超慧日、一九九一年（平楽寺書店）
『如来蔵思想の形成』高崎直道、一九七五年（春秋社）
「涅槃経とアートマン」松本史郎、『前田専学博士還暦記念論集〈我〉の思想』一九九一年（春秋社）
『涅槃経の研究』下田正弘、一九九七年（春秋社）
「大乗涅槃経の思想構造」下田正弘、一九八九年、『仏教学』通号27
「部派における「薬」としての肉食の諸相」下田正弘、『前田専学博士還暦記念論集〈我〉の思想』一九九一年（春秋社）
「聖とその解釈」澤井義次、一九八八年、『日本宗教学会第55回学術大会紀要』
『現代語訳　阿含経典』第五巻、丘山新、松村巧他共訳、二〇〇二年（平河出版社）
『自在に生きる〔涅槃経〕』平川彰、一九八四年（集英社）

V

私の実在論ノート

一、「精神」と「物質」について

人間が出現した最初の頃から、人間の肉体とともに「霊魂」があることを考えた。そして、もう少し知的に発達してくると、霊魂を、さまざまな分析によって、理論化してゆく。その中の代表的な分析は、「生命の霊魂」（いのち）と「精神の霊魂」（きもち）の二つであろう。生きて働く人間は、自分の肉体の中にある二つの霊的なものを、生きてゆくエネルギー源にする。この「生命の霊魂」も「精神の霊魂」も、実在する一種の気体のようなものと考えていたらしい。

人間が死ねば、この霊魂が、肉体から抜け出て去ってゆき、元の肉体の似姿をした、独立した霊魂として生まれ変わり、高い山の頂上に行ってしまったり地上を歩き回ったりするが、その姿は特別な霊能者以外の者には見えず、わからないとされてきた。

この説において重要なことは、「精神」の概念が、原始の時代の人間のイメージする素朴な「霊魂」から徐々に派生して、しだいに知的なまとまりを、あるいは思考の体系を、持つようになってきたという点にある。

現代医学は、人間にとって肉体のみが実在することを日々明らかにし、器官の入れ替え可能性の極点を、目指しているかに見受けられる。それでもなお「精神」が〈ある〉とするとき、そのあり方が、どのようなものであるかが、明らかにされなければならない大きな問題である。

「精神」が実在するか実在しないのかということは、すでに問題ではない。「精神」が、どんなふうに〈ある〉のか、それがこの小論に託された重点問題である。


今、我々現代人は、生きている人間のどこの部分に「霊魂」が宿ると考えるのだろうか。おそらく、専門学識者、一般人を通じて、この問いには困ってしまって答えられないのではないだろうか。なぜならば、我々は体の仕組みも脳の内部についても、多くの知識を持っている。だからそれでは、かえってわからないか、マチマチに意見が分かれるか、あるいはもっと端的に、「霊魂」などは実在しないと断言する人が多いであろう。

一般的に原始人間は、たいていの民族では、血液または呼吸をする胸に宿ると考えたらしい。ポリネシア民族は、より現代人に近い考えかもしれない答えを言う。彼らは人間の目の中あるいは目の後と考えた。つまり大脳に近い部分である。古代アメリカ民族は心臓と答えたと言われる。

ギリシャにおいては、デモクリトスやヒポクラテスの説が、アレキサンドリアの学者によって受け継がれ、霊魂は「精神生気 pneuma psychikon」と「生命生気 pneuma zootikon」に分類され、ローマ時代のガレーノスを通じて中世から近世に至るまで同じ考え方が信じられていた。ガレーノスは、ヒポクラテス以来の、西洋科学的医術を伝承し、生理学・解剖学の分野の発展に尽くした。

また、『眼と精神』の中で、メルロー＝ポンティは次のように言っている。「一般に〈インスピレーション（霊気を吹き込まれる）〉と呼ばれているものは、文字どおり、受け取られるべきである。存在には、〈吸気（インスピレーション）〉と〈呼気（エクスピレーション）〉というものがある。つまり存在そのものの〈呼吸（レスピレーション）〉があるのだ」。メルロー＝ポンティは霊気と「呼吸」の親戚関係を上手に説明した。

我々は、生まれ出た後すぐに生理的な活動を始める。もちろん、母の胎内の活動の延長ではあるが。我々は最初、自分の肉体の要求だけを求める。幼児には、いわゆる「精神」のようなものは非常に少ない。まず幼児には、体験が多くない。体験に基づく記憶のあり方が、人間の大人のものとは違う。記憶が少ないから、思考も少ない。反射神経機能が多く、言語は使えず、感情の表現で意思を伝える。

たとえば、幼児が使う最も初期の言語「オッパイ」は、最も直接的にその言葉の対象そのものに通じている。「オッパイ」の発音は、空腹を表し、赤子が母乳を求めていることを示す。言葉は、反射神経のように、最も単純に反芻する。

幼児から成人になるにつれて、「体験」「記憶」「思考」のストックも自然に増えてゆく。肉体が成長しつつ同時に「精神」も成長してゆく。肉体は生命と考えられ、精神とは分けられる。

これらの個体発生および発達は、ヒポクラテスの、「生命生気」と「精神生気」の二項分別を思い出させる。肉体的成長は、時間の要素も含めて、精神という働きを徐々に生み出してゆく。青年になると、肉体生活とともに、精神生活も豊富になってくる。自分の感想を詩や文章に表現することができるようになる。もちろん作文や絵を書き表すことができるだいぶ以前から、精神生活は深まってくるのだろう。

ここで一つ問題なのは、人間は、精神生活を深めようとして生きるわけではなく、結果的に発達するのである。もともと生命として自分が生まれたことも、また、成長し、精神が発達することも、偶然にほかならないのだから。しかし、成長が止まり、老化するのは、偶然ではなく、むしろ必然である。

エンゲルスの『自然弁証法』には次の文章がある。

我々は物質 Materie の何たるかを知らない。けだし、誰しも物質そのものを見たり、経験したりしたことはなく、もっぱら現実に実在するさまざまな物質 stoffe をしか経験したことがないからである。（中略）物質なるものは、物々の総体にほかならず（中略）物質というような言葉は略語にすぎない。

そのとおりである。「物質」なるものは、分析すれば、「質料」と「形態」と「機能」の三項に分別することができる。物質という実在はなく、「物質」とは、個々別個の材料でできている。具体的な色形をそなえた、何らかの役割をしている具体的な物の総体的な略語にすぎないというのが正しい答え方である。

物質と呼ばれる言葉が示す概念は、およそ、三角形そのもの、白い石の白さそのものがあると考え、美しい花や美しい女性に美しさそのものがあり、白い石がなくなったり、美しい花が枯れても「白さ」や「美しさ」のイデアは永遠に実在する、と主張したプラトンの概念によく似ている。idea は「観念」と訳せばよい。

『反デューリング論』には次のような文章がある。

物質そのもの als solche というのは、純粋な思惟の創造物であり、純粋な抽象である。人は……物質という概念で総括することによって、事物 Dinge の質的差異を無視する。したがって、物質そのものは、感性的に、実在するものではない。自然科学が単元的差異を同一的な極小微部分の形成の、単なる量的差異に還元しようと志すならば、自然科学のやっていることは、桜実《さくらんぼ》や梨《なし》やリンゴの代わりに、果実そのものを見出そうと努めるのと同断である。すなわち、ここにおいては、物質は根源的には、質的に同一だと見なされるのであって、十八世紀のフランスの唯物論の立場にほかならない……それはピタゴラスへの逆行ですらある。

そのとおりである。「物質」とは、いろいろな事物のイデアなのである。「物質」という「観念」なのである。

真に実在するものは何であるか。この問題は、古くて新しい、哲学上の大問題である。それは、つまるところ、人間の「精神」（こころ）と、「物質」（もの）の一般についての、存在のあり方の問題である。

「精神」と「物質」についての、存在論（あり方）は、大略、次の四つに絞ることができる。

[I]真に実在するものは、「物質」である。「精神」は「物質」から派生する、第二義的な属性である。

[II]真に実在するものは、「精神」である。「物質」は「精神」から派生する、第二義的な属性である。

[III]「精神」も「物質」も、ともに共存する実在である。

[IV]「精神」も「物質」も、ともに存在しない、空性である。

私は、以上の問題については次のように考える。「精神」も「物質」も、ともに実在すると考えてよいが、「実在」するという概念をもう少しくわしく述べてからでなければ、私が今、そのように言った意味が通じないと考える。そして、私は、[Ⅲ]の「精神」も「物質」も、ともに共存する実在である、を認めると同時に、その裏返してある[Ⅳ]の「精神」も「物質」も、ともに実在しない、空性である、このテーゼも、認めざるをえない。

なぜならば、「実在」という私の定義は、手で触れることができ、目で見ることができる、その音を聞くことができる、においをかぐことができる、その味を確かめることができる、すなわち、その「質料」を人間の五感に感覚することができるコトであるからだ。

私は、人間に限らず生物体が感覚できうるものを「実在する」と呼ぶ。それでは、[Ⅲ]の「精神」も「物質」も、ともに共存する実在である、ということを認める理由は、生物体が、なかんずく人間が、古来より「物《もの》」と「霊《もの》」を認めてきたことは、多くの情報によって知ることができるからである。

次に、[Ⅳ]の「精神」も「物質」も、ともに実在しない、空性である、というテーゼは、仏法の本質的な考え方であり、これは、[Ⅲ]のテーゼと実は同じことを表しているのである。なぜならば、「実在」の〈あり方〉というものは、移ろいやすく、一つの場所に固定できない概念であるからである。

実在の〈あり方〉に対して、いわゆる実体の〈あり方〉はまったく異なる。実体の〈あり方〉は、次のように定義することができる。「その他の、どのようなものの関係もなしに、それのみで存在するもの」。これが、「実体」の定義であるならば、次に「実在」の定義も述べておかなければ、説明不足になるだろう。「実在」の定義は、先ほど述べた、五感に感じて知ることができるもの、だけを含むのではない。たとえ実際には大きすぎたり小さすぎたりして五感に感じることができないとしても、〈ある〉という実感があれば、それらはすべて「実在する」と言えるのである。大きなものの実在を感じ取るには、天体望遠鏡が必要であり、小さなものを実感するには電子顕微鏡が必要なのだ。

実在物は、ありとあらゆる「存在のレベル」としてある。天体は、天体と総称されるレベルにおいてあり、地球上の草木は、その草木の類というレベルにおいてありえる。また、あらゆるものは、分子や原子に分解されたレベルにおいてありえる。

人間の体も同様である。肉体と臓器、大脳と神経細胞全体と神経細胞の中を歩りめぐる電子、すなわち人体も一連の質と量をそなえた物質にほかならない。それぞれのレベルに分解されてゆけば、果てしなくありとあらゆる「存在のレベル」としてある。もしも、そこで、「精神」も「物質」なり、ゆえに、真に存在するものは、「物質」のみである、と結論づけるならば、単純な唯物論ができあがってしまうことになる。

私は、先に、「物質」なるものを、「質料」と「形態」と「機能」に三項分別すると述べた。「物質」は「物質」のまま、特定の形態を持たずに存在することはないこともすでに述べた。「存在のレベル」と使われていた意味は、具体的な形態として存在するというのに等しい。仏教哲学では、このような形態のことを「色形《しきぎょう》」と呼ぶ。

さまざまな形態として実在するということは、さまざまな〈もの〉（この中には、精神も物質も含まれる）は、さまざまなもの同士の関係を有しながら実在する。関係を有さないで存在するものなどはいっさいありえない。なぜならば、「存在」とは、具体的な連絡を有する「存在のレベル」の部分にすぎないからである。これは明白な事実である。

その質料も形態も機能もおぼろげにさえ予測できない〈もの〉は、存在するとはいえない。そのような〈もの〉は、存在するかもしれないが、人間の認識の範疇の外であるから、つまり五感によって実感できるものではないから、実在するかどうかは不可知である。実在するかしないか不可知の〈もの〉を、実在するとは決していえない。そして、そのような〈もの〉のほうが、人間がわずかに認識している総量よりもはるかに多いはずであり、その多さはかならず無限ともいえる多さであるはずである。

今まで私は、実在についていろいろな考証をした。次に「実在」と「実用」について考えてみたい。

精神を「精神機能すること」という意味に解釈することは可能である。そこで私たちは一つの重要事に気がつく。精神を形成している本体は、人間の体と脳である。体と脳は、物体である。しかし、そのことと、人体には精神機能があることとは、次元的に別のことである。つまり、人体という物体〈もの〉が、精神機能をするということで、それは何の不思議もない事実である。「精神」があるという意味は、人間という名の生物体に、精神機能という特別の、ほかの生物体にはあまりみられない「機能」があるわけであろう。この機能は、至るところにみられるまぎれもない実在である。精神とは、高度に進化したヒトのような生物体に特有の一つの機能なのである。しかもその機能は、有機的であり、生きている。〈いのち〉という属性をそなえている。あるいは、実在が実用化された状態と言い換えてもよいかもしれない。

もちろん、無機物の機械のようなものが実用化されて、たとえばロボットとして働いても、そのことを「機能」を有すると言ってもいい。あるいは、すべての実在は、それぞれ何らかの機能があると言ってもよいだろう。実在するガラスコップは材質はガラスで形態はコップで機能は水や酒を飲むものである、といえる。人間の精神機能は、〈こころ〉の無意識作用と意識的作用や感覚作用などに分析することができる。これらの精神機能は、とくに人間だけに限られないと思える。脳や神経の発達した生物体に共通してあると考えてよい。ただ、「言葉」を多く使用するのは人間に限られているから、人間以外の生物体には、言葉を媒介としない脳や神経の連絡機能が多くあるに違いない。むしろ、その面においては、人間は他の生物体に及ばないと考えられる。なにも、精神は言葉を媒介しなければならないという原則はない。


次に、「実在」と「実体」の概念の違いにふれないではすまされないと考える。

実在は、人間が感覚的に実際にあると実感できるもの、および、それが予測できうるものを、そのように言った。哲学辞典によると、プラトンのイデアや、ヘーゲルのガイストなども「形而上学的実在」であると述べられているが、私はむしろ、これらの〈もの〉こそ「実在」ではなく「実体」と呼びたいのだ。

私の「実在」は、形而下の〈もの〉をいう。そして、それらは、具体的なものである。

私の「実体」は、何よりもまずギリシャ語の「ウーシア」を示す。そして、ギリシャ以来、この「ウーシア」は手を替え品を替えて西洋哲学史上にかならず存在してきている。いわば、西洋哲学の大きな柱なのである。その定義は、「それが、存在するのに、ほかの何の助けを必要としない独立した存在」というのが一般的な定義である。

仏教の伝統は、この「いかなるものにも依存しないで存在するもの」を、認めることはできない。それは、たとえそのように表面的に見えても、実際はお互いがどこかで縁を持ちつながり合って存在している。そのような「依他起性《えたきしょう》」（他者に依って存在する性質）のものであることをよく知っているからである。独立して存在しているように見えるだけで、その周囲をよく見ればわかる。かならず何かとつながっているはずだ。そのお互いがお互いにつながっている「存在のレベル」をよく見ると、実在するものは、それらの縁によってつながり合った〈もの〉だけであって、それ以上の、あるいはそれ以外の存在のあり方はないことを悟ることができるはずである。

プラトンの「イデア」は純粋な抽象であって、最も有名で代表的な「実体」である。デカルトにとっては、まず、神は無限の実体であり、その後に考えられる物や心とは峻別されている。物と心は、それぞれ有限の実体として、二つの独立物として扱われ、物心二元論と呼ばれることは、周知のとおりである。無限実体としての神も、有限実体としての物や心も実体であるならば、デカルトの場合は、哲学上に、「実体」は三項区分されることになる。「実体」は、ただ一つのものとは限らないことになる。それに対して、プロティノスの考える「形而上学的実在」は、ト・ヘン（一者）であるから、もし、プロティノスのト・ヘンも「形而上学的実在」ではなく「実体」のほうに属すると分類するならば、プロティノスのト・ヘンは、ただ一つの「実体」になると考えられる。しかし私は、プロティノスの哲学思考は、ひいき目にみて、伝統的ギリシャ哲学の「ウーシア」の概念から束縛を受けていない哲学であると考えたい。だから、「実体」の仲間には入れることはないと考えたい。実体でなければ、やはり「実在」の仲間に入ってもらいたい。「ロゴス」は明白に「実体」概念でありえる。

　私はこれまでに「実体」と「実在」と「実用」の三項の概念を説明し終わった。これらの三項の分析を可能にした原出発点は、実は仏法の「体《たい》」「相《しょう》」「用《ゆう》」の三項区分のモデルがあったからこそできたのであるとネタ明かしをしておく。それぞれ、「体」は「実体」に、「相」は「実在」に、「用」は「実用」に、西洋哲学上のキーワードに訳したのであった。

　以上に述べたことを簡単な図に示す。

体	相	用
（実体）	（実相）	（実用）
←	←	←
実体	実在	実用

ウーシア　　　現象　　　運動
イデア　　　　具体　　　作用
ロゴス　　　　形相　　　能力
サブジェクト　オブジェクト　方便
ガイスト　　　事物　　　技術
　質料的　　　形態的　　　機能的

西洋　完全現実体《エンテレケイア》　現実感《エネルゲイア》　可能性《デュナミス》

仏法　無色界《むしっかい》　色界《しっかい》　欲界《よっかい》

最後に付け加えるべきことはあまり多くはない。ただ、明らかに言えることは、次のことである。「精神」と「物質」を対等の論議の対象として考えることは、非常に基本的な間違いを含んでしまう。実体と実在と実用の三個の次元に分析して考えてこそ、その存在が正確に考えられる。「物質」を実体と見ると同様に、「精神」をも一つの実体とみることは、大きな誤りである。繰り返していうが、「物質」は単なる略語であり観念であると同時に、「精神」にも、まったくそれと同じことがいえる。これらの誤りは、単純で素朴な、いわゆる「観念論」としての誤りであるのだ。「唯物論」の反対概念は「唯心論」であり、「観念論」ではない。「唯物論」も「唯心論」も、それぞれ大きな深い体系でありうる。しかし「観念論」は、何物も生み出さない、やっかいなものである。

次に、言えることは、人間の認識に関することである。

人間だけではなく、あらゆる有機体や生物体が、〈ものごと〉を認識するということは、「実在」を知ることであると言い換えてもよい。あるいは、実感を得る、といえる。実在とは、ある種の、〈ものごと〉と〈ものごと〉たちのゆらぎやあやふやさやズレや変化から意識されるものである。

「精神」や「物質」や「現象」が、つまり〈ものごと〉が認識されるのは、次ページ上の図の、X地点から、Y地点までの間である。X地点からY地点の間以外の部分は、無であったり、無限であったりする。これは、人間の実在の認識感覚から遠く離れすぎている。存在を予測したり思考したりすることはできても、実際に知ることは絶対にできない。

人間の認識の仕組みは、このような簡単な図で表すことができる。眼識に限れば、次ページ下の図である。

「存在」の一般と、存在論と認識論は深く結び合っている。「存在」のない認識はなく、「認識」のない存在もまたない。「存在」を「認識」する行為は、存在のゆらぎやあやふやさやズレや変化に対応する感覚や意識の機能であり、そのような「少しの変化」すら気がつかないものには、人間のセンサーはまったく働かない。

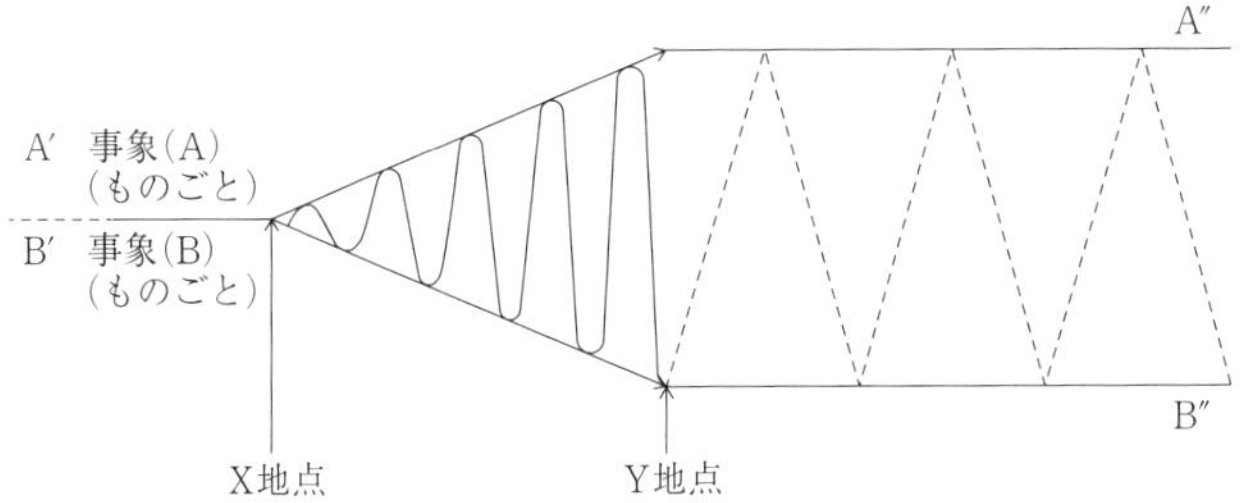
A″
A′ 事象(A)
(ものごと)
B′ 事象(B)
(ものごと)
B″
X地点
Y地点

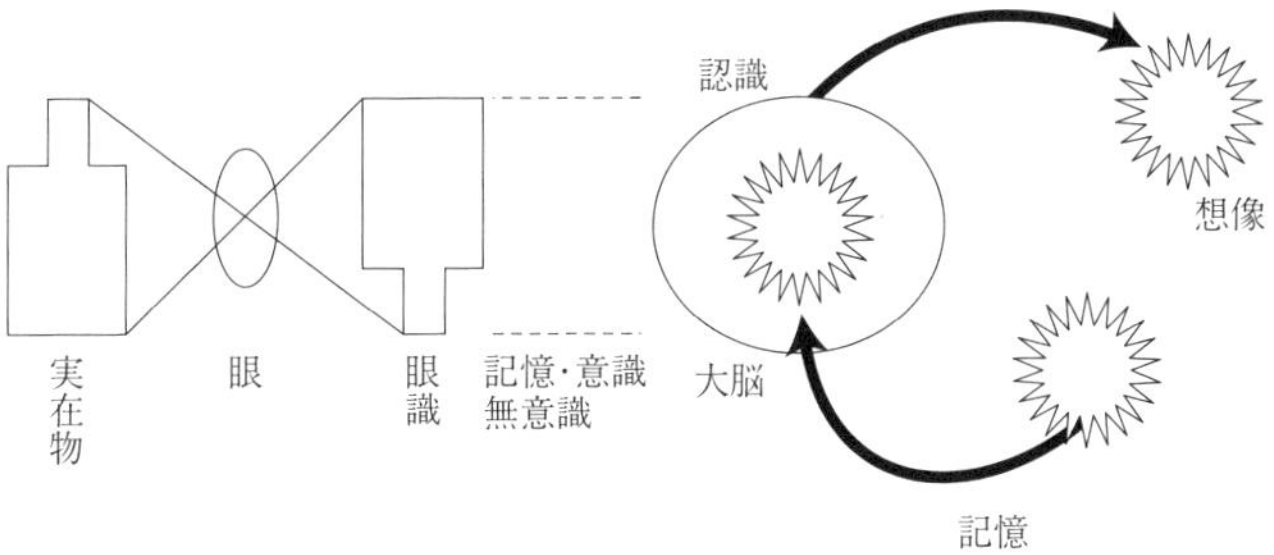
認識
想像
実在物
眼
眼識
記憶・意識
無意識
大脳
記憶

人間が感じ取れる領分はごくごくわずかに限られているので、カントが指摘したように、「物自体」や「物事のすべて」は不可知であることは明白である。

いずれにしても、話を最初に戻して結論に導きたい。

人間の「物質」観は、現在までに幾多の変遷を経た。今日の物理学は、新しい概念の工事途中である。同じく、物理の学問が物質のみを研究の対象としていた時代はもはや終わろうとしているといっても過言ではない。物理学は、精神の研究と並行して行わなければ、前進することができないことに、今ようやく気づいてきた。

精神の研究は、最初の霊魂や生気やプネウマの研究時代から、さらに新しい概念を必要としていることは、物理学の世界とまったくかわりはないと断言できる。ウパニシャッド時代の「プラーナ」とギリシャ時代の「プネウマ」には何らかの連絡があると私には直感できるが、〈こころ〉と〈からだ〉の合一、〈天〉と〈人〉の合一を考えることこそが、今後の学問にとって不可欠な要素であることは、ほぼ間違いない事実だと考えられる。

「魔術的観念論」の系譜もけっこうおもしろいのであるが、それはそれで、また別の機会に譲ろう。

二、高橋義人先生*への手紙

拝啓

梅雨あけ宣言とともに、又あの長い夏がやってくるのかと覚悟しつつ、今年の暑さにはまけないでいたいと祈る今日この頃です。(昨年は男の更年期障害とやらで随分バテました。)

大兄におかれましては、日々御清祥にお過ごしの事とお慶び申し上げます。

本日ここに書状を認めるのは、私の哲学研究の重要な根幹と、私自身が考えている、ものの見方考え方の基礎についての見解を、示しておきたいと考えたからに外なりません。書き出しから何やら大層になりましたが、しばらく御付合下さい。

昨年末に、随分前に買って、一通り目をとおしたままで、うっちゃってました、『感覚の分析』エルンスト・マッハ著(一九八三年須藤吾之助、廣松渉訳、法政大学出版局)を改めて読み、一種の仏教的悟性にも似た静かな感動を味わうことがありました。

E・マッハは、「初版への序文」(一八八五年十一月 プラーグ)の中に、

顧みれば、今を去る二十五年前フェヒナーの『精神物理学網要』(ライプチッヒ、一八六〇年)によって、本書で取り扱っている諸問題に手をつけてみようという自然な性向を、強烈に興発されたのであった。そして、本書の【訳文】五八頁および一三六頁で論及しておいた二つの問題に関するへーリングの解決によって、大いに助成されたのであった。

とあるが、今から百二十年以上も前に、出版されていたにもかかわらず、当初は、それほどの評価を得られなかったらしい。四版、五版、六版と版を重ねる中で、ヨゼフ・ポラックやヴォルフガング・パウリの賛同と協力を受け、アルフレッド・ビネとの一致を見出してゆく。徐々に理解されて来たのだろう。

同書の第一章「反形而上学的序説」の冒頭にこの時代の空気を反映して、次のような言葉から始められるのは非常に印象的である。

> 物理学的研究は、ここ数世紀、自分自身の分野で偉大な成果を収めただけでなく、他の学問領域をも大いに裨益するところがあった。(中略)これに応じて、感官生理学も、ゲーテやショーペンハウエル等の採った方法――この方法で最大の成果を収めたのは何といってもヨハネス・ミュラーであったが――つまり感覚そのものを研究しようという生き方を次第に棄てて、今では殆ど例外なく物理的性格を帯びるようになった。この転換は、しかし(中略)物理学の一面的な知的手段を以ってしては、当の素材を汲みつくすことはできないという事に鑑みると、必ずしも正鵠を得たものとは思えない。物理学の支援を辞退せよというわけではないが、感官生理学は、独自な展開を期しうるだけでなく、ほかならぬ物理学に対してする《ママ》かえって強力な授けともなりうるのである。

「精神」（こころ）と「物質」（もの）の学問は、古来果てることなく続いています。

その中間項に、「生理」（感覚・感官）を入れてこれらを考えることも古くからあります。ゲーテの『色彩論』も、この大きな流れの中にあると思うが、この書でマッハが、ゲーテ科学とマックス・ミュラーの方法を「感官生理学」と一同に呼び、「感覚そのものを研究した」と明記したのは、誤謬であると思うが、デカルト＝ニュートン的な物心二元論と、カント的な、超越論的論理学（先験的認識論）の双方への疑問から、新たな研究を出発させたと考えられます。

シュレジンガーの『精神と物質』（中村量空訳、工作舎）を読んでみましたが、物理学の領域では、すぐれた成果をなしているとしても、哲学の世界では、まるで見るべきものがなく、ショーペンハウアーの影響を受けて、インド・ヴェーダンタ哲学を研究したとしてもそれほど深い理解には至っていないと思われます。

ハイゼンベルグも、ほとんど同時代の物理学者でありますが、ゲーテ的自然・宇宙観を見なおした点については、賛同できますが、哲学的分析力はそれほど進展したものが見られないと感じています。

パウリについてはC・G・ユングとの共同研究から生まれた「シンクロニシティー理論」等を先進的にすぐれた研究として、認めたいと考えています。

近代物理学世界は、それまで常識とされてきた基礎を、物理学そのものの研究の中での「ゆらぎ」が始まって以来、かなりの年月が経過していますが、未だ、というべきか、永遠にといえばいいのか知りませんが、その最終的な解答を見出せずにいる状態は衆知の通りであります。

そんな中、マッハの学問は、彼ら多くの物理学専門家達に、先立って、多くの重要な提言を、今日まで、学術世界に与えていると考えます。

マッハ『感覚の分析』テキストから、私は二つの記述を引用して、私自身の関心を説明します。

> （前略）それゆえ次の点を認識することが重要である。すなわち、いかなる問題にあっても――尤も、それは理に適ったものであり、かつ興味を惹くに足るものでなければならないが――さまざまな基本変数およびさまざまな依属関係を斟酌することに、一切が懸かっているということがそれである。これが事柄の要諦である。（第一章「反形而学的序説」二七頁―二八頁）

ここには、古来仏法が、インド・ヴェーダンタ哲学の、いわゆる、「梵我一如」思想や、ヴァイシェーシカ派思想と、似た立場を保持し続けた、瑜伽行中観派《ゆがぎょうちゅうがんは》の基本的なものの見方、考え方が活かされているものと、私は思ってしまうわけですね。

第十四章「以上の諸研究が物理学の考え方に及ぼす影響」（同書二五四頁）には、

（前略）われわれは物理学そのものの領域においてすら、記号の過大評価に警戒するようになっている。いよいよもって、心理過程の説明に原子を用いようとするような途轍もない考えにとらわれることはできない。原子はやはり何といっても、狭隘な物理学や化学に現れる、かの特有な感性的要素複合体の記号たるにすぎないのである。

この記述と、その訳注(2)（同書二三〇頁）を見ればわかるように、マッハは、決定的な事を、ここで述べたと思います。

このものの考え方の立所は、仏法にある。

所依の経典・論部ははなはだ多いので、ここでは、『解深密経《げじんみっきょう》』から、一例として、この考え方を引用します。

大東出版社『國譯一切經・印度撰述部55・經集部三』（三二二頁—三二三頁）、巻の第二「一切法相品第四」、第二章「如来の正説」第二節「問に対して正しく答う」第一項「諸法の相を明す」第一目「法説」の（二）「次第に別釋す」には、次のようにあります。

云、何んが諸法の遍計所執相なる。謂く、一切法の名《みょう》（言に依る）仮安立の、自性と差別となり、乃至、言説を随起せしめるが為（に爾か）なり。云、何んが諸法の依他起相なる。謂く、一切法の縁生の自性なり。則ち、此れ有るが故に彼有り、此れ生ずるが故に彼生ず。（下の注【一】【二】【三】【四】【五】を参照のこと）

もう一つ引用します。

第一項「秘密善巧の義を明す」、第一目の（一）「縁に約して三性を了知することを明す」（同書三四頁）には、次のようにあります。

相と名と相応するを以って縁と為《な》るが故に、遍計所執相を而《しか》も了知する可し。依他起相の上の遍計所執相の執（着）を以って縁と為るが故に、依他起相も而も了知す可し。

ここに出てくる術語の内、とりあえず、「相」とは「形態・いろ・かたち」と考えることができ、「名」とは、「概念・名称・記号」と考えることができるはずです。この二者が互いにつながっていることを「相応」と表現しています。

もうこれ以上、煩雑な仏典の引用はやめておきます。

この仏典は、唯識派の中心的な論拠になっているのですが、唯識派は、歴史的には、後に、瑜伽行唯識派と進み、最終的には、瑜伽行中観派となってゆきます。四世紀から、八世紀にかけてです。唯識派仏教を唯心論ととりちがえる人が多い。そうではなくて、ものごとには、実体がない、という事を認識論的に分析した学派なのです。

非実体的現象を、明晰に「意識」する事をいいます。「実体」（ウーシア）がない、ということは、ものごとは「関係性」によって成り立っているということです。仏教用語で、それを「依他起相（性）」と呼びます。多くの要素「他」（A・B・C・D……）の複合体の集まりです。

『感覚の分析』を翻訳した当の本人の、廣松渉氏が、仏教の教理をどの程度理解しているのか知る代表例に、勁草書房の『事的世界観への前哨』の三〇〇頁から最終の結語に至るまでを通読すれば、仏教哲理に、「何らかの前哨」を感じていることがわかり、ギリシャ系の王メナンドロスと仏教の高僧ナーガセーナの問答を記した有名な『ミリンダ王の問い』をテキストとして分析対象にしながら様々な考察を加えているが、結語の部分は、次のように書かれています。

われわれはあらためて――実体的自我なるものは存在しないのであるにもかかわらず、人間諸個人が行為の主体であり、しかも責任ある主体であることを説きうるところの――仏教的無我説の或る論理を勘案することになる筈である。

廣松渉氏は、この問題をもう少し深く、研究を進めることなく残念なことに御他界されました。しかし『物《もの》的世界像から事《こと》的世界観への推転』（同書一一五頁五行目）という「論理的構制」（氏の好みの表現である）への基本的な意志は、本当によく理解できます。

別の章では、マッハのマルクスやフッサールに与えた意義についても縷々説いているのですが、廣松氏はマルクスの影響を最後まで強く受けついでいたと思います。

マッハから非常に異なる多くの分野の思想家に与えた影響については、『マッハとニーチェ——世紀転換期思想史』（二〇〇二年、新書館、木田元著）に幅広く描かれてはいましたが、私はこの本にはあまり感心しませんでした。

「現象学的思惟の方法」の流れの源を、マッハに求めている点は良いとしても、哲学的文脈によっては記述されていない不満と不足はいなめません。

ところで、私は八年ほど前に、アインシュタインやE・カッシーラの研究で有名な、山本義隆氏と電話で話をした事がありました。内容はカッシーラの『実体概念と関数概念』をめぐって、これらに述べられている思想は、仏教の方には古くからあるが、どれくらい東洋の哲学を理解し、その影響を受けたものか？　と質問したのに対して、山本義隆氏は、「私にはよくわかりません」と答えた。しからば、東洋の哲理と無関係に、西洋の哲理の伝統の中にも、同じような結果を導く潮流があるのでしょうか？　とただした。それについても「わかりません」とだけ答えました。

その山本義隆氏による、『アインシュタインの相対性理論』の訳者解説、「力学的世界像の超克と〈象徴形式の哲学〉」には、さすが独立した読みごたえがありました。

山本氏はこの中で、カッシーラの『象徴形式の哲学・第三巻（『認識の現象学』）の引用から、

（前略）いまではもはや、単に空間と時間をいう既成の《形式》に入り込む独立した〈世界内要〉は存在しない。むしろ空間と時間と物質は不可分に結合され、ただ相互的にのみ定義可能である。物理学的な意味ではわれわれは時間・空間と物質の綜合・相互関係的規定のみを実在と考えることができるのであって、他方そのそれぞれはそれでは単なる抽象でしかありえない。《計量場》の概念が時空と物質とを完全に新しい方法で特殊な〈視点〉に結び合わせる統一的で至高の概念を提案する。（同書「解説」一二三頁）

いずれにしても、先端物理学の世界像は、大きく変化しながら、かつて、東洋において様々に論じられてきた「存在論と認識論」へとかぎりなく接近しつつあるような気がするのです。

このままゆけばどうなるのでしょうか。

おそらく、いままで看過されてきた、「印哲」の再検証と、西洋的言説のすり合わせ作業が、求め

られてくるに違いないと思われるのです。

仏教学界の方からも、経論の適切な現代語訳が望まれるに違いないのです（今までのものは、あまりにもサンスクリット語文献と漢訳仏典の直訳か、読み下しそのままますぎます）。

明解な現代語訳をするには、西洋哲学で使われてきた用語の援用が不可欠ではないかと私は考えていますが、その上で普遍的な「術語」が生れてくれば、すばらしい事になると思います。

たとえば、今回の文のテーマにとって重要なキイ・ワード「依他起性」。

【梵】para-tantra-svabhāva
【西蔵】gshan-gyidbaṅ-gi-ṅo-bo-ñid
（意義）「唯識三性」の一つ
（別名）①依他起相　②縁起自性　③因縁法体自相相
（定義）他の衆縁を待って生起する一切現象の諸法

これなどが、普遍的な「術語」として、西洋哲学的現代用語になおせてゆけるなら、東西融合のすばらしい、まさに「現代哲学」と呼べるものになるに違いないと、一人ではかなわぬ夢をいだいています。

五年ほど前に、著作の構想の案として、タイトルと見出しだけを作りました、が、もちろん大それてかなわぬ夢とは知りながら。次のようなものです。

『現象と実在』

第一部　※インド実在論（ヴァイシェーシカ）―「サットバ」（存在していること）と「サッター」（「存在している」ということ）

※仏法「即時而真」について

※仏法「三大」（体・相・用）と「三性」について

※ギリシャ―ミレトス学派「ウーシア」（存在・実体・本質）

※一般ギリシャ哲学とミレトス学派の「神即自然」について

※アリストテレス「類・種・種差」（質料・形相・合成体）について

※スコラ学―ギリシャ・イスラム・キリスト教の存在論（実体・属性・様態）について

※トマス・アクィナス（トミズムについて）

※スピノザに通じるスコラ学―アヴィセンナ・マイモニデス

※「唯名論」と「実念論」―普遍論争について

※スピノザの「存在」（エンス）と「本質」（エッセンティア）

※クザーヌス「知ある無知」について

※デカルトの存在論・認識論について
第二部　※ブレンターノ、ディルタイの生の哲学―マイノング、ハルトマン
※フッサール現象学―ブレンターノからフッサールへ（指向性）
※「実在論」と「現実主義」（リアリズム）
※カント的存在論と認識論
※科学哲学（分析主義の実在論）―パットナム、ブリゴジン
※素粒子論（アトム）の実在論
※井筒俊彦の「本質」と「意識」について
※廣松渉の「事的世界観」について
付録　バークリー認識論について

しかし私はいわゆる普通の人です。

この普通の人を勇気づける言葉が、『感覚の分析』にあります。

普通の人の哲学的立場――素朴実在論をこう呼べば――は、〈哲学上の諸々の立場のうち〉最も高く評価されてしかるべきである。これは、人間の意図的な参与を俟つことなく有史以前このか

たの歳月を経るうちに、自ずと成りたったものである。それは自然の所産であり自然によって保持される。これに反して、従来哲学が達成したものは、その各発展段階はおろか、その錯誤さえ、しかるべき生物的根拠をもっていることは認めるにしても——すべて無意味なはかない人工の所産《クエンストプロドウクト》たるにすぎない。（二八頁）

この言葉を信奉して、私は自分の立場を、素朴実在論者と自信をもって呼びます。いうまでもなく仏教徒としての、それです。

今、私はマッハの「原子は概念にすぎない」という指摘に、うながされて、

「色即是空」

存在者とは、すなわち、関係性である。

「空即是色」

関係性こそ、すなわち、存在者である。

この本来の意味を、再確認することが、肝要かと思っています。

つまり、物理学・生理学・心理学の重層的世界観の再確認を日常の中でやってゆきたいと愚考いたしている次第です。

長文に無理につきあわせてしまった事をお許し下さいませ。

では、いつの日にかお会いするのを楽しみに……。

敬具

環　栄賢　拝

二〇〇二年　七月　二十二日

高橋義人　様

＊高橋義人プロフィール

一九四五年生れ。慶應義塾大学助手、京都大学助教授、京都大学大学院・環境学研究科教授を経て、二〇〇九年退職。文学博士。専門はドイツ文学・思想。著書に『形態と象徴——ゲーテと〈緑の自然科学〉』（岩波書店、一九八八年）、『ドイツ人のこころ』（岩波書店、一九九三年）、『魔女とヨーロッパ』（岩波書店、一九九五年）、『悪魔の神話学』（岩波書店、二〇一八年）など、編訳書にゲーテ『自然と象徴——自然科学論集』（冨山房百科文庫、一九八四年、共訳）。翻訳書にゲーテ『色彩論』（工作舎、一九九九年、共訳）などがある。

神の計画とエチカの計画
――スピノザ論

十七世紀のオランダに、一人のユダヤ人が、『倫理学』（エチカ）と名づけられた書物を書いた。彼の死後、友人達によって、その年の内に、出版された。この世に名高い書物は、第五部に分たれた、存在論と認識論の総合的な体系であると言える。

その『エチカ』第一部、神についての定義の第一番目に、「自己の原因とは、その本質が存在を含み、その本性が、存在するとしか考えられないもの、と理解する。」と言う、言葉から書き始められている。

「神について」というタイトルでありながら、一番目に、自己原因（カウサ・スイ）という言葉が出てきて、次の第二番目の定義に「本性」についてふれ、第三番目に、実体の定義を表わしている。「本性」は、ラテン語では、ナトゥーラにあたり、「実体」は、サブスタンティアにあたる。この第一の定義にあって重要なことは、「存在」と「本質」との日本語翻訳された二つの言語である。この言葉は、中世スコラ学以来使われて来たものであり、たとえば、トマス・アクィナスの『神学大全』や、『存在者と本質について』等を調べると、ものには、有性《あるせい》と呼ばれている、つまり、「あるかどうか」の問題と、何性《なにせい》と呼ばれている、つまり「何であるか」の問題が分けて考えられている。一般に日本語で訳された「存在」というのは、有性《あるせい》存在であり、「本質」は、何性《なにせい》存在である。

「有性存在」と「何性存在」が、合成体にならなければ、質料や形相をそなえた現実物にはならないと考えられている。スピノザにとってかかる二項の分節を一つにまとめるものが、即ち、「自己原因」という事になる。

そして、この「本性《ほんせい》」が有るとしか考えられないものと定義を続けてゆく。「本性」は、「あるがままのものごと」の事であるから、それを「自然」と訳すことができる。

「自然あるがままで、その性質が存在するもの、としか言いようのない現実の本質を、一言で言うならば、『自己原因』である」と一番最の定義で述べているわけである。

次に「実体」という概念は、中世スコラ学でも使われ、デカルトも使っているが、その意味内要は、違っている。どのように違っているのか次に考えてみる。

定義の第三番目に、「実体」の定義に移り、実体とは、それ自身によって在り、それ自身によって考えられ、それを形成するのに他の何物も必要としないもの、という有名な表現が続く。さらに続けて、第四の定義に「属性」について語り、第五の定義に様態にふれ、様態のバリエーションについても定義を下す。

そもそも、西洋宗教哲学史においては、「実体概念」がその主流をしめ、ほとんど、絶体的な力をもってきた。私は、大きくそれを四項区分して、①アリストテレスの実体、②スコラ学の実体、③デカルトの実体、④スピノザの実体と分けて論じたい。スピノザの実体は、「自己原因」と呼ばれることは申すまでもない。

アリストテレスの実体は、『形而上学』第七巻第三章と第十二巻第四章を参照して言えば、アリストテレスの実体には三種類ある。

一つは、「質料」であり、一つは「形相」であり、最後《さいご》の一つは、それらの複合体である。

スコラ学の実体は、たとえば、トマス・アクィナスの『離存的実体について』（天使論）によれば、「動かされない第一の動かすもの」すなわち神が、真の実体であるが、「第一原因」のより近くにある霊的実体としての「天使」をも認めている。デカルトの実体は、無限実体としての神と、有限実体としての、物と心の二つで、デカルトの実体は三項区分されている。スピノザの実体は、「世界」や「自然」そのものであり、それは唯一の実体であり、実体の本質を構成するものは、実在するものであり、この属性の数は定義六により、無限に多くあるものだが、デカルトの二項区分の影響《えいきょう》を受けて、思惟と延長の二つを認めている。定義六に初めて「神」が登場する。

「神とは、絶体に無限なる実有《じつう》、言いかえれば、おのおのが永遠、無限の本質を表現する、無限に多くの属性から成っている実体」と解する。実体はたえず変化している。たとえば霧は白かったり、光線の変化により、虹になったりする。それらは、実体の「様態」や変様（変状）であり、神より他《ほか》の「他の原因」を必要とする。（第一部定理二十五及び定理二十七）にそのように表現されているが、「他の原因」とは、物の存在の起成《きせい》原因であると示される。定理二十四の「神から産出された物の本質は存在を含まない」この証明は定義一から明白であると断言する。これは超一流の論理である。そして、きびしい無神論でもありえる。が、しかし、定理十五には、「すべて在るものは神のうちに在る、そして、神なしには何物も在りえず、また考えられえない」とある。一方、「様態」は定義五により実体なしには在りえず、また考えられえないのであるから、「様態」は神の本性の内にのみ在りうる。ところが（公理一により）「実体と様態のほかには、何物も存しない、ゆえに何物も神なしには在りえず、また考えられない」と結論を下している。

「実体」と「神」を言語分散化しているので、自然の中の「アニマ」や「スピリット」を認めず、アニミズムは認められずに、パンセイズムが取られている事を暗示している。パンセイズムは、一般には「汎神論」と表示される。パンセイズムとアニミズムは違う。アニミズムは、実体や属性や様態や変様等の言あげはしない。カタカナの「カミ」だけでよい。

次に、このスピノザのような「汎神論」的系譜はどこから来るのか、中世ヨーロッパのスコラ学の中にさぐってみたい。

デカルトやスピノザ、ライプニッツの哲学は中世スコラ的神学論と離絶しているように見えるが、実は、スコラ学の伝統の影響《えいきょう》を大きく保持している。中世スコラ学、神学は、アリストテレス哲学及びプラトン哲学と、ヘブライ哲学、イスラム哲学との融合及び対立の歴史であるとも言える。ヨーロッパに於ける第一のアリストテレス受容《じゅよう》は五世紀から十一世紀であるが、これは多分に新プラトン主義の色彩が強い。第二期は十二世紀前半であり、十二世紀の後半から十三世紀の中期に、主にアラビア語からのアリストテレス翻訳書によるものである。十三世紀以後はギリシャ語からの直接翻訳が来る。

十二世紀のイベリア半島を中心にしたスコラ学者は多彩《たさい》である。イブン・ダーウィッド、アヴェロエス、マイモニデス達である。それらが十三世紀の聖トマス・アクィナスの『神学大全』へと流れ込んだと思われる。K・リーゼンフーバーの『トマス・アクィナスにおける自然理解』という書には、次のように書かれている。「十三世紀に於けるアリストテレスの衝撃《しょうげき》は、極めて強力であり、一二六〇年代の終りまでアリストテレスの自然哲学世界を摂取することに完全に没頭していた」と。私は、マイモニデスを例に取り、それを検証《けんしょう》してみたい。

アリストテレスの神は創造神ではない。

中世スコラ学には、たえず「哲学者の神」と「アブラハムの神」の対立があったようだ。マイモニデスの根本的な思考は、「神の本質は存在である」という信念であったと思われる。これは、神を実在に置きかえれば、エチカの第一章の定義第一の「実体の本質が存在を含む」というスピノザ哲学になる。スピノザ研究の最近の成果である、フランスのジル・ドゥルーズの意見にしたがえば、スピノザ哲学の重要なキーワードは、「包含」(包むことで、インプリカチオ)と「開展」(開いて説明することで、エクスプリカチオ）が共存《きょうぞん》して成り立っている事であり、その共存性を支《ささ》えている理解の仕方は、神を「万物の包摂《ほうせつ》」（コンプリカチオ）によって定義した中世やルネサンス期の伝統を、そのまま受けついでいる、としている。ルネサンス期はさておいて、中世期に於いては、十二世紀から十三世紀の、マイモニデスにその特長《とくちょう》が見うけられる。第一部の定理十八に「神はあらゆるものの内在的原因であって、超越的原因ではない」とある。スピノザの神は、あくまでも内在的であり、大多数のスコラ学者の述べる、超越的原因を認めない。それは、包含《インプリカチオ》であると共に開展《エクスプリカチオ》でもありコンプリカチオでもある。これが定義第一の「自己原因」なのであろう。エチカ第二部定理七の備考に、「このことは二三のヘブライ人達もおぼろげではあるが気がついていたらしい。なぜなら彼らは神と神の知性と、神によって認識された物とが同一であることを主張しているのだから」と有るのは、マイモニデスの『迷える者の導き』の中の叙述《じょじゅつ》をさしているらしい。これらの傾向《けいこう》は、一般的に汎神論と呼ばれるものである。汎神論の定義について正確に私には表わせないが、一《ヘン》がすなわち全《パン》であり、神がすなわち自然である、という言葉は有名である。

スコラ学に於いて長い間告発され嫌疑《けんぎ》をかけられた汎神論のキイワードは、ドゥルーズが指摘した通り、「自然」は各々の事物によって説明され、内含され、一つの実体（これは自然）と属性、諸様態のあらゆる「本質」を、内側に含んでいる事である。そして、「神の摂理」（プロヴィデンス）が、聖トマス・アクィナスの『離存的実体について』（天使論）第十五章で展開された言葉、「『神の摂理』は、宇宙のあらゆるものを包括し、摂理の本質は、秩序がなんらかの知性認識者により、この者の摂理に服する事物において定められ、すべてのものは必然的に神の摂理の下に服しているのである」という言葉に、中世神学の中心が有る。あるいは、十八世紀のエマヌエル・スヴェーデンボリのその名もそのものずばりの『神の摂理』の書に第一章に示されている、「神がその〈愛と英知〉をもって治めていくことを神の摂理という」定義や、同じく「神の摂理は、そのなさるすべてのことで〈みずからの力による無限〉とみずからの力による永遠をめざしているが、それはとりわけ人類の救いのためである」と書かれているように、神の摂理とは言葉を変えて言うならば、「神の計画とその実行」の事であろう。そうであるならば、スピノザのエチカの計画とは、地上の一切の宗教的権威の伝統に異《い》議《ぎ》をとなえ、人格神を否定し、存在するものの有り方を、最高の現実的実在としてあるがままに肯定《こうてい》した宗教哲学の極みであり、地上の宗教、人間の宗教からの破門と、自《みずか》らの計算による、個人用バイブルの作成であったと言えるかも知れないが、おそらくは、スピノザ個人を越えて、自分の死後、世界に広がる事を夢に見ていた事はまちがいないと思われる。それも、「永遠の相のもとに《スブ・スペッツィエ・アエチルニ》」！

ディオニューソスか、それともキリストか
――ニーチェ論

序文

ニーチェは、初期の代表作である『悲劇の誕生』の序文にあたる「自己批判の試み」の中で次のように述べる。

ほかならぬもっとも良く、もっとも強く、もっとも勇敢な時代のギリシャ人のもとで、悲劇的な神話とは何を意味するのか？　そしてディオニューソス的なるものという途方もない現象《フェノメーン》は何を意味するのか？　この現象《フェノメーン》から生まれた悲劇は何を意味するのか？　さらに悲劇を死なせたもの、すなわち道徳のソクラテス主義、理論的人間の弁証法・自己満足・快活さは何を意味するのか？

——どうだろう？　ほかならぬこのソクラテス主義こそは、衰亡・疲労・病気の、解体して混沌に陥りつつある本能の、一徴候ではないだろうか？

そして後期のギリシャ精神の「ギリシャ的快活さ」は夕映えにすぎないのではなかろうか？　悲観論に対抗するエピクロス派の意志は、病苦に悩む者の用心にすぎないのではなかろうか？　そして学問そのもの、われわれ現代人の学問——のみならず、そもそもあらゆる学問は、生の徴候として見れば何を意味するのか？　あらゆる学問は何のためのものだろうか？　もっと悪いことに、それらは何から生ずるのか？　どうだろう？　ひょっとしたら、学問的な傾向は悲観論に対する怖れと、それからの逃げ道にすぎないのではなかろうか？　真実——これに対する巧妙な緊急避難ではなかろうか？　そして道徳的に言えば、何か卑劣とごまかしのようなもの、道徳的でなく言えば、一種の狡猾さではなかろうか？

おおソクラテスよ、ソクラテスよ、おそらくはこれが、おまえの秘密だったのか？　おお秘密に満ちたイロニカよ、おそらくこれがおまえの——イロニーだったのか？


（『悲劇の誕生』白水社、一一頁—一二頁）


青春時代の只中にいたニーチェは、自分に誠実にあろうとする悩みに苦しんでいた。

後につけられた成人ニーチェの「自己批判」は、それに続く次の言葉によって、一つのまとまりを形成してゆく。

当時私が摑まえるにいたったものは、ある怖るべき危険なもの、かならずしも牡牛だとはかぎらないが、ともかく角を持った問題、要するに一つの新しい問題だった。今日なら私は言うだろう、それは学問そのものの問題だったと——学問が初めて問題的なもの、疑問に値するものとして摑まえられたのであった。(同書一三頁)

この宣言から、ニーチェの思想は生成されていったように考えられる。ニーチェの個人思想史を越えて、バタイユを含むすべての現代思想史の生成がここから始まっている、ととらえることができそうである。

西洋学問の父は、ソクラテスである。西洋の長い歴史の中で、西洋的な言葉の学問史《エクリチュール》はおよそ、ソクラテスによって始まったといえる。ニーチェは「言葉の学問、そのものの問題」を疑って、それに対値する「悲劇的なもの＝悲観論」を、それもギリシャ的パトスを、クローズ・アップしたのであった。原語のPessimismusは、悲観論とも、最悪観とも厭世主義とももとれるであろうが、「人間の黒い情念」のようなものを表すパトスと通じているのである。エウリピデスのギリシャ悲劇『バッコスの信女達』のような、それが生きていた時代ではない現代は、ニーチェにとって、ニヒリズム＝デカダンスの時代なのだ、「悲劇＝パトス」からの「巧妙な緊急避難」がソクラテスからずっと現代につながる西洋の学問的伝統であったに違いないと、ニーチェの目には映ったのである。

「悲劇」から逃げてはいけない！　狡猾な用心をしてはならない！　と自分自身に言って聞かせているのだが、それは「ある怖るべき危険なもの」がその先にまちかまえているに違いないと直感的に悟った。たしかに、その「新しい問題」は途方もなく大きな深い問題であった。『悲劇の誕生』では、まだ西洋の根幹にあるキリスト教の直接批判はなされていない。むしろ、批判の矢をむけるのはソクラテスである。

おおソクラテスよ、ソクラテスよ、おそらくこれが、おまえの秘密だったのか？（同書一一三頁）

ここには、ソクラテスからキリスト教へと続く西洋歴史全体が投影されている。

古来の人間のうちでもっとも上出来で、もっとも美しく、もっとも羨望に値し、もっとも強く生へと誘惑する力を具《そな》えた、あのギリシャ人が――どうして、ほかならぬ彼らがどうして、悲劇を必要としたのか？　そればかりでなく――芸術を必要としたのか？　なんのためなのか――ギリシャの芸術とは？（同書一二頁）

と自問するニーチェ。近代のヨーロッパ人は、必然的に衰亡、疲労衰弱したのかと問う。

強さの悲観論というものが存在するのであろうか？　幸福・あふれるばかりの健康・生存の充実から生じて、生存の厳しいもの・怖ろしいもの・悪しきもの・問題的なものに向かう知的な偏愛が存在するのであろうか？　ひょっとしたら、過度の充実そのものによる悩みというものが存在するのだろうか？　自分の力を験《ため》し、「怖れ」とは何物であるかを学ぶに値する敵として、怖るべきものを欲求する、極度に鋭い眼光の挑発的な勇敢さが存在するのであろうか？（同書一二頁）

と問いつめた後で、最初に引用した、

ほかならぬもっとも良く、もっとも強く、もっとも勇敢な時代のギリシャ人のもとで、悲劇的な神話とは何を意味するのか？　そしてディオニューソス的なるものという途方もない現象《フェノメーン》は何を意味するのか？（同書一二頁）

とつながってくるのである。かくしてニーチェにとって『悲劇の誕生』というのは、「ディオニューソス的なるものという途方もない現象《フェノメーン》の発生の瞬間」を表するのであり、その発生現場に立ち合いたい希求を示しているのであるといえよう。

一、クラフト（力《ちから》）とマハト（権力）をめぐって

哲人ニーチェの後期の著述、一八八五年秋から一八八六年春の『遺《のこ》された断想』に重要事項《こう》と思われる一つの記述がある。

〔一一九〕
まったく同じ経過、だがそれに対して、この経過のより高等な解釈を!! 力（kraft）の力学的次元での同質性、だがそれに対して、力（Macht）の感情の上昇を！「二回目」だが「二回目」などは存在しないのだ。

内面的な力（Macht）の感情における因果律としての絶対的無効性――（同書五四頁）

その次の〔一二〇〕に、「同一のテクストは無数の解釈を許す。正しい解釈は存在しない」と有るのは、ニーチェが前節《せつ》のクラフトとマハトに関する断想に、直接つながっている「断想」なのか、それとも、まったく別の発想からによるものなのか判然としないのであるが、この二つの「断想」をめぐって、実に様々な解釈が、その後のニーチェの「正しい解釈」に大きな波紋《はもん》を投げかけたのはまったく皮肉な事と言わざるをえない。

クラフトというドイツ語は、自然界にあり余っている、余剰としての使い道のない力量のような意味であり、マハトというドイツ語は、人間が思考のエネルギーの一体性をめざす支配力の実現や、端的に「権力」を意味するような力《ちから》のことであるが。

一九五〇年代になって初めて一般的な認識となった重大な歴史的出来事を知っておかなければ、ニーチェ解釈は成りたたない。

最晩期の著作と長い間人々に信じられていた『権力への意志』は、実は、ニーチェの妹エリザベートとその友人が勝手に作り上げたところの、本当は存在しないまぼろしの本であったという事が、ニーチェ研究家のカール・シュレヒタによって明らかになったのであった。

まぼろしの本というのは、ニーチェが書かなかったというのではまったくなくて、ニーチェがそれを書いたに違いはないが、そのような本に編集され、仕立上げられたのは、ニーチェの手によるものではなくて、エリザベート達が成しとげたという事実が明確になったという意味なのである。

ニーチェの著述は、断片的な文や句が非常に多い。いやむしろ著述の大半は「断想」から成り立っているのであるから、ニーチェ自身が次々に思いついた「断想」をノートに書きつけていながら、当の本人でさえ、一つのまとまった「思想」をなしていない事をわかっていて、あるいは、はっきりと意識的に、思想的まとまりを否定しながら書きつづられているのだといえる。

ニーチェは「力への意志」のタイトルのもとに一冊の著作を残そうと考えていたらしいのではあるが、それは、未完に終わり、その思想的内容を含んだ一連の断想群が、実際にあるけれども、複雑多《た》岐《き》な問題意識をかねそなえた断想群であり、一つのきれいなまとまりを作る事は、本人にとっても、又、見る人にとっても大変困難な事であるといえる。

ニーチェの妹エリザベート達の手によって編集された『権力への意志』は、その後、ドイツナチス政権のヒトラーや、イタリアファシズムのムッソリーニによって「誤解」され、「利用」される悲しい運命をたどった。

実はヨーロッパの二人の思想家、ドイツのハイデッガーとフランスのバタイユさえも、エリザベート達の『権力への意志』を、最初はニーチェの主著とみなしていたのである。

ここにニーチェ解釈のむずかしさの問題の一端《たん》があるといえるのである。

このむずかしさは、第一にはニーチェ哲学自体の複合性からくるものであり、第二にはユダヤ人問題の複雑性からのものである。

これらの問題点の一つの糸口は、私には、ニーチェが使う「力《ちから》」の意味を分析する事によって、より分かりやすくする事ができそうであると考える。

「力《ちから》」を二項区分してみれば、クラフトとマハトに一応区別する事ができるし、ニーチェにも最初の引用文のように区別して使用している例がある。しかし、ハイデッガーによれば、ニーチェはクラフトとマハトをしばしば同一視していると、指摘している。

いわば、クラフトとマハトがＤＮＡ遺伝子構造の二重ラセンのようにからまっているとたとえる事もできそうである。まずハイデッガーの「力《ちから》」の解釈から考えてみたい。マルティン・ハイデッガーの『ニーチェ』で、「ここで、決定的なことをやや先取りして問題にすることになるが、いったいニーチェ自身は、〈力への意志〉という語をもって何を理解しているのであろうか」と問い、次のように述べる。

力《マハト》は、ニーチェによってしばしば力量《クラフト》と同一視されているが、しかしこの力量が、さらに立ち入って規定されることはない。力量とは、自己のなかに集中され作用を引き起こす能力であり、〈……への能力をもっていること〉であるが、しかしまた力《マハト》は、支配の実現という意味で、権力のあること、力の働いていること、つまりギリシャ語で言うエネルゲイアでもある。力は、自己を――越え出て――意欲することとしての意志であるが、また、まさに、自己自身に――立返ることでもあり、本質の完結した純一性のなかに自己を見いだし主張すること、つまりギリシャ語で言うエンテレケイアである。ニーチェにとって、意志は、デュナミス、エネルゲイア、エンテレケイアの三つを同時に意味するのである。(『ニーチェ』(1)、白水社、八二頁)

ハイデッガーは、ニーチェの「力《ちから》」を可能性《デュナミス》、現実性《エネルゲイア》、完全現実《エンテレケイア》の達成性のアリストテレス用語を使って、その「総花性」を強調した。次の頁には続けてこのように書くことを忘れない。

私は、ニーチェの力への意志がアリストテレスのデュナミス、エネルゲイア、エンテレケイアと内面的関連をもつものと指摘したが、しかしこれを私たちは、ニーチェの存在についての説が直接アリストテレスの学説をとおして解釈されうるというふうに理解してはならない。両者は、より根源的な問いの連関のなかに還元して捉えられねばならない。そのことは、とりわけアリストテレスの説について言える。

今日私たちがアリストテレスの説について、もはやまったく何ものをも理解せずまた予感もしていないない、と断言するとしても、それはあながち誇張ではない。そうなった理由は簡単である。つまり、アリストテレスの学説は、まずそれに照応する中世および近世の諸学説の助けを借りて解釈されるのであるが、実はこの諸説のほうが、アリストテレス説の変形と残滓《ざんし》なのであり、真の把握の根拠たるには全然適していないからである。力への意志の本質が意志そのものの力性であることがさまざまな面から闡明《せんめい》されれば、そこから、このニーチェ存在者解釈が、いかに西洋的思惟の根本的動向のなかに立つものであるかが、そしてこれが、まさにこのゆえにこそ、二十世紀の思想的課題にひとつの実質的な衝撃を与え得たのであることが会得できるのである。このもっとも内奥の歴史性によってこそ、ニーチェの思惟は、はるかな世紀の隔《へだ》たりを貫《つらぬ》く緊迫した関連を保っているのであるが、もし私たちが、ただ外面的にニーチェと過去の思想家との類似点、共通点あるいは相違点などを探していたのでは、それはけっして理解されることがないであろう。

（同書八三頁―八四頁）

ハイデッガーは、中世スコラ哲学による、アリストテレス誤解《ごかい》を指摘し、本来のギリシャ的伝統の光をニーチェの中に発見しているのであろう。そして、それが正に二十世紀の思想に衝撃を与える理由の奥義を伝えようとしているのであると言っているのだ。ハイデッガーの思想が、ナチズムと関係している、という第二次世界大戦後問題視されてきた事件について考える糸口は、ニーチェ自身がユダヤ人問題をどのように考えていたかという事にまでさかのぼるとよいと思う。

ニーチェの妹エリザベート達による偽書《ぎしょ》『権力への意志』の両義的な思想が、実はハイデッガーの、ユダヤ人問題についての思想的両義性に直接影響《えいきょう》を与えていると思われるから、その奥にあるニーチェ自身の肉声を再現しておかねばならない。『人間的な、あまりに人間的な』(上)(四七五)を引用しておきたい。

> ヨーロッパ的人間と諸国民の根絶。——貿易と工業、書物と書簡の交換、すべての高級な文化の共有性、住家・居住地の速やかな変更、すべての非土地所有者の現在の流浪民的生活——これらの事情は必然的に諸国民、少なくともヨーロッパ諸国民の弱化を、そして最後には根絶をもたらす。かくして、絶えまのない交雑の結果、彼ら全体から一つの混血種族たるヨーロッパ的人間の種族が発生せざるをえない。現在のところ国民的敵意の養成による諸国民の排他が、意識的あるいは無意識的に右の目標に反作用しているが、その一時的な反対傾向にもかかわらず、あの混合

の歩みはやはり徐々に前進する。その上に、この人為的な国家主義は、かつて人為的なカトリック教会がそうであったのと同様に危険である。なぜなら、それはその本質において、少数者によって多数者の上に布告される力ずくの緊急令・戒厳令であって、自己の威信を保つためには策略・虚偽・暴力を必要とするからである。この国家主義を奨励するのは、よく言われるような多数者（人民）の利益ではなく、何よりもまず特定の君主たる王家の利益、次には商業と社会の特定の階級の利益である。このことを一度認識したならば、人々は臆するところなく良きヨーロッパ人と名のり、実行によって諸国民の融合のために尽力すべきである。その際ドイツ人は、諸民族の通訳者と仲介者であるという古来定評のある特性によって助力することができるのである。——ついでに言えば、ユダヤ人問題全体は国民主義的国家の内部にしか存在しない。そこではつねに彼らの実力と高級な知能、長い苦悩の修練のうちに世代から世代へと蓄積された彼らの精神・意志の資本が、嫉妬《しっと》と憎悪を喚起する程にまで優勢とならざるをえず、かくして、ユダヤ人をありとあらゆる公共的および内面的窮状の贖罪山羊として屠殺台へ連れて行こうという文学的悪業が、現在のほとんどすべての国民のなかで——しかも国民が再び国家主義的に振舞えば振舞うほどますます——流行するのである。もはや諸国民の保存ではなく、できるだけ力強いヨーロッパ混血種族の産出が問題となるやいなや、ユダヤ人は混合の成分としてはどんな他の国民の残余にも劣らず有用であり、好ましいものである。どんな国民、どんな人間も好ましからぬ性質を、のみならず危険な性質を持つものであって、ユダヤ人だけに例外であれと要求するのは残酷である。そういう性質はユダヤ人においては特別に危険で忌むべきものでさえあるかもしれない。そして、若い投機ユダヤ人はおそらく人間種族一般の案出物のうちのもっとも厭うべきものであろう。それにもかかわらず、われわれすべての者の罪もあって、あらゆる民族のうちでもっとも苦悩に満ちた歴史を持ち、もっとも高貴な人間（キリスト）ともっとも純粋な賢人（スピノザ）ともっとも力強い書物ともっとも作用力の大きい道義の掟《おきて》をわれわれに与えてくれた民族に対して、総決算の際にわれわれはどれほど寛大にならざるをえないか、測り知れない。その上に、中世のもっとも暗黒な時代に、アジアの雲層が重々しくヨーロッパの空に垂れこめていたとき、啓蒙と精神的自主独立の旗を、もっとも苛酷な個人的圧迫を受けつつも固守《こしゅ》して、ヨーロッパをアジアに対して守護したのはユダヤの自由思想家・学者・医者だった。世界のいっそう自然な、合理的な、そしてとにかく非神話的な説明がついに再び勝利を収めえたこと、また、現在われわれをギリシャ＝ローマの古代と結合している文化の輪が破壊されずにいたこと、このことのためにわれわれは彼らの努力を大いに恩に着なければならない。キリスト教が西洋を東洋化するために一切のことをなしたとするならば、一方ユダヤ教は主としてそれを繰り返し西洋化するのに助力したのである。このことはある意味においては、ヨーロッパの課題と歴史をギリシャのそれの継続たらしめるということを意味するのである。（第八章「国家への一瞥」四七五、白水社、ニーチェ全集第一期第六、三五四頁―三五六頁）

これはニーチェのユダヤ人に対する「本音」であるとすれば、ニーチェは完全にナチズムではないことがわかる重大な「証言」となるであろう。ニーチェの死後発刊された、偽書『権力への意志』が、ヒトラーとムッソリーニに政治的に利用された実話を、もし彼が霊的にあの世で耳にしたならば、あの世でも、もう一度憤《ふん》死するほどの怒りをおぼえたに違いない。

しかしながら、クラフト（能力）とマハト（権力）の両表現は、宿命的に一つに繋《つな》がっているのは、ニーチェにもハイデッガーにも通じる共通の感覚であった。人間の抗《こう》しがたい悲劇的な宿命であるといえるのだ。

「陶酔」状態になる人間の中の潜在的心理であり、潜在的生理なのだ。次に挙げるニーチェの文章はこの事を告げている。

> 対抗運動――芸術
>
> 陶酔感、それは事実上力《クラフト》の増大に比例している。交尾期に最も強まる。新しい器官、新しい能力、色彩、形式……「美化現象」とは高められた力の一結果である。力の高揚の必要的結果としての美化現象、勝ち誇った意志の表現としての、すべての強い欲望の高まる共存、調和の表現としての美化現象、確実に垂直にはたらく重力の表現としての美化現象　論理的、幾何学的単純化は力的高揚の一結果である。反対に、そのような単純化を知覚することが、ふたたび力の感情を高める……

発展のクライマックス、—大いなる様式
醜悪は或るタイプが陥ったデカダンスを、内的欲望の矛盾と共存の欠如を意味する。組織する力（クラフト）の低化、生理学的な意味の「意志」の低化を意味する……
陶酔（法悦）と呼ばれる快の状態はまさしく高度の力（マハト）の感情である……
（『遺された断想』一八八八年春14〔二七〕、白水社、ニーチェ全集第一期第一一巻）

性的陶酔あるいは芸術的陶酔又は、戦闘的な陶酔状態の中で、クラフトとマハトの力《ちから》は不可分であり、事実上それらは増大する。

ニーチェの妹エリザベート達が作った偽書『権力への意志』を省いて、公正な目で見たところで、「力への意志」と「権力への意志」は分かちがたくつながっているのだ。

これらの心理学的、生理学的事実から見れば、ヨーロッパに於ける政治的なユダヤ人問題は、非常にデリケートな問題となるのであろう。ニーチェもハイデッガーもこの件についてはよく承知している。いやむしろユダヤ人問題よりさらに重要なのは、我々のすべての人類文明の中に潜《ひそ》む、帰するところのない深層心理現象、生理現象のほの暗さの問題となる事である。

のちに、フロイトやユングやアドラーやライヒやマルクーゼ等の心理学者達の大きなテーマとなる「普遍《ふへん》的な問題」なのである。

ドイツ語の kraft（クラフト）は英語では force であり、フランス語では force（フォルス）に翻訳される。

ドイツ語のMacht（マハト）は英語ではpowerであり、フランス語ではpuissance（ピュイサンス）に翻訳される。

次に、フランス人ジョルジュ・バタイユがドイツ人ニーチェから受けた思想的影響《えいきょう》を考えてみたい。ドイツ人のハイデッガーは、自身の「実存主義」形式の基礎の所に、自国の先輩の哲人ニーチェを重要視していた。また、フランスでは、「実存主義者」サルトルが独自の展開を始めていた。ハイデッガーは、ニーチェを深く学び、自身の哲学との近親感を強く感じた事に比べれば、フランスのサルトルの方からの反応はそれほどでもないと思われる。

むしろ、バタイユがニーチェから受けた影響《えいきょう》などに対しては、サルトルは冷淡《れいたん》であった。

ここに引用する文章は、バタイユの『内的体験』に関する論文への返答として、一九四三年十月から十二月に『新しい神秘家』という題で、『カイエ・ドュ・シュッド』誌に発表したサルトルの意見の一部である。

彼は（バタイユ）《無》、《夜》、《裸形にする非―知》といった言葉で、まったく単純に、ちょっとした汎神論的な陶酔をわれわれのために準備してくれただけなのである。リーマン幾何学についてポアンカレの語った次の言葉が想起される。「リーマン平面の定義をユークリッド球面の定義に取り替えてみたまえ、あなたはユークリッド幾何学を見出すだろう。」同様に、バタイユ氏の絶対的な無を実体の絶対的な存在に取り替えてみたまえ、あなたはスピノザの汎神論を見出すだろう。しかしリーマンの幾何学はユークリッドの幾何学ではないことを認めねばならないと人は言うだろう。それはそうだ。だからバタイユ氏についてもこう言うべきなのだ。スピノザの体系は白い汎神論であり、一方バタイユ氏の体系は黒い汎神論である、と。

（『ニーチェについて――好運への意志』無神学大全3、現代思潮社、三四一頁―三四二頁）

当のバタイユはこの評論に対しては、半ば好意的に、半ば反論的に次のようなコメントを書いている。

……とはいえ、私としては、自分の姿をサルトルのこのゆっくりした思考の明晰な光の下で眺めてみるのは楽しいことなのである。（中略）一方、サルトルはと言えば、いかなる運動も彼を狂乱させず、また陶酔させもしないのであって、彼は、私の苦悩と陶酔を実感することなく、これらをただ外側から判断しているだけなのである。（同書三四二頁―三四三頁）

バタイユは、ニーチェの『権力への意志』をもじって、『ニーチェについて』の副題に「好運への意志」と名づけている。

一九三〇年代のフランスでは、ヴェルツバッハの編による『力（権力）への意志』の仏訳本二巻本が、ニーチェの主著とみなされていた時代があったが、敏感なバタイユの脳裡《のうり》には、権力（マハトあるいはピュイサンス）の意味内容を、能力（クラフトあるいはフォルス）へ移しかえた方が、よりよくニーチェを理解することにつながってくる直感が働いていた。ニーチェ解釈の時代的偏向《へんこう》を正したかった意図があるのだった。次の引用によってそれは明瞭になってくる。

私は、拙著（『ニーチェについて』）ができればニーチェ生誕（一八四四年十月十五日）百周年を機に上梓されることを願って、書いていた。

ドイツ軍の敗走によって出版が可能になることを期待しながら、私は、本書を一九四四年二月から八月にかけて書いたのだった。問題の理論的提示（これは本書第二部になっている）からこの本を起稿したが、あの短い論述は、結局のところ、自分の実際の体験を物語ったものにすぎない。つまり二十年に及んだ体験、ついには恐怖をいっぱい詰め込むことになる体験の一物語にすぎない。この点に関し、次の曖昧な要件を明瞭にしておくのは有益なことだと思う。すなわちニーチェが「力への意志」の哲学者なのかもしれないということ、彼が自分自身をそうみなし、また人からそう受け取られていたというあの一件だ。私が思うに、彼はむしろ悪の哲学者なのだ。〝力《ピュイサンス》〟という言葉を用いて言い表していた彼の〝意志〟の対象には、悪の魅惑、悪の価値の授ける意味がこもっているとニーチェには見えたのだ。そう私には思える。そうでないなら、いったい次の一節はどう説明できよう?

「趣味のぶちこわし屋―A《君は趣味のぶちこわし屋だ！――どこへいってもみんなそう言っている。》、B《たしかに！　僕はみんなの党派趣味をぶちこわす。――これはどの党派も容認しないことだ。》」（『悦ばしき知』一七二）

数ある中でもとりわけ右の省察は、「力《ちから》への意志」の原則から導き出される実利的、政治的行動と完全に背馳している。ニーチェは、生前中、この意志に沿って秩序立てられたものに強い反感を持っていた。もしも彼が世間一般に認められた道徳を踏みつけたいという欲求を覚えていた――そうせねばならぬ必要感にさえ襲われていた――のでなかったのならば、彼は圧制（警察）の諸方策に対する嫌悪の情に溺れてしまうということにまでなっていたであろう。私はそう確信している。ニーチェは、善に対する彼の憎悪を、自由への条件そのものとして正当化していた。私個人としては、自分の行動の範囲に対する幻想は捨てたうえで、拘束のいかなる形態にも抗《あらが》っていると感じているし、事実抗っている。だからといって悪を極限の道徳探求の対象にしていることにかわりはない。というのも、悪が拘束の対立物だからであり、拘束が原則として、善のために行使されるからである。偽善に満ちた一連の誤解によってあえて悪として作り出されたものごとがあるが、おそらく悪とはそのようなものとは異なるのだろう。悪とは本当は、具体的な自由、つまりタブーの混然不明瞭な破棄のことではないだろうか。（同書二一〇頁―二一一頁）

日本に於いても、中世期の「悪人」「悪党」とは、強い力のあるものという意味があったので、それから察すれば、バタイユの「悪」は、ピュイサンス（権力）よりも、フォルス（能力）の方を意味することになるといえる。

今引用した文章の中に、「問題の理論的提示（これは本書第二部になっている）」という箇所《かしょ》があるが、ちなみに、この箇所《かしょ》も一部引用しておく。

「十字架にかけられたキリストはすべての象徴の中で最も崇高な——現在においても——象徴である。」一八八五—一八八六

私は、善と悪を対立させるのではなく、《道徳上の頂点》と《衰退》を対立させたい。ここで言う《道徳上の頂点》は、善とは異なる。《衰退》も悪とは何ら関係がない。《衰退》の必然性は、逆に、善の諸様態を決定している。頂点は力（フォルス）の過剰《エクセ》に、横溢《おういつ》に対応している。頂点は、悲劇的な激しさを最高度へと導く。頂点は、度を越したエネルギーの消費に、存在の一体性への侵害に、結びつく。したがって頂点は、善よりも悪に近い。（同書六七頁）

バタイユは、ニーチェの「力への意志」の「力《ちから》」を、生命的な生理的な、力《ちから》、へと引きよせ、さらに、より無邪気《むじゃき》な、賭け事的な意味を象徴する、「好運《シャンス》への意志」ともじっているのは、ニーチェの果たそうとしてできなかった意志を、自分（バタイユ）が果たした、とアピールしたかったのであった。そのニーチェの果たしたかった夢こそ、〝西欧の価値の転換《てんかん》〟（酒井健）にほかならなかったと言

えるわけである。

バタイユはここでニーチェの〝意味の転換〟を行っているのである。次の引用の言葉は、われわれを勇気づけてくれる。


私の文章を読んでくれている君、君が誰であろうとかまわない。君の好運を賭けたまえ。私がしているように慌《あわ》てずに賭けるのだ。今これを書いている瞬間に私が君を賭けているのと同様に君も賭けるのだ。この好運は君のものでもない。すべての人の好運であり、すべての人の光なのだ。はたして好運は、夜が今、好運に与えているような輝きをこれまで持ったことがあるだろうか。

（『ニーチェについて』第三部日記。同書一八二頁）

二、ゾーエー（連続する生）とビオス（実存の生）をめぐって

ディオニューソスの神をよく理解する為に、一応ニーチェの言説からはなれて、ギリシャ古典世界の中で、具体的にしかも生きた姿として表出されているディオニューソス像を検証《けんしょう》してみたいと思う。

著名な神話学者として知られているカール・ケレーニイは、一九四〇年『神話と古代宗教』や『ギリシャ人とローマ人の宗教』（DIE RELIGION DER GRIECHEN UND RÖMER）を通じて、ギリシャ古代世界の言葉の中に、二つの言葉で、「生」を二項区分した。それは、「ゾーエー」と「ビオス」

である。

既にギリシャ人が、純言語的に一つの区分を設けていた。彼らは〈生〉を言い表すのに二つの言葉をもっていた。〈ゾーエー〉zoē はほとんど特性を示さない、単なる生命である。これに対して〈ビオス〉bios の方は、ある特性を具えた実存を意味していた。極端な例を二つだけあげておこう。〈ゾーオン〉Zôon は、ごく一般的に生物をさす言葉であるが、〈ビオス〉は、きわめて明確な特性を有する人間の生をさしている。それは、この名称とともに、ギリシャ文学のなかに一つの特別なジャンルを創り出すにいたったその生なのである。また〈古代的な生〉archaîos bíos ということを語ったのも、ギリシャ人である（ディオドーロス『世界史』第五巻四ノ七）。これをよりよい表現に翻訳するならば、それこそまさに〈古代的実存〉archaische Existenz であろう。〈実存〉とすることによって、〈生〉を言い表す〈ゾーエー〉と〈ビオス〉の二重性が回避できるからである。〈ビオス〉の訳語としての〈実存《エクシステンツ》〉は、まさしくある特性を具えた様式を要請しているのである。国有の様式の解消、もしくは様式喪失がその〈様式〉になってしまったのでない限りは、歴史的リアリティとして、様式をもたない実存は考えられない。学問の歴史のなかでは、〈様式〉という概念は、レーオ・フロベーニウスが、芸術および文学の考察に用いたものから、文化の考察に転用されたものにまで及んでいるが、つねに様式が人間の生のなかで創り出される種々の作品の指標をなしてきた。〈実存〉と〈様式〉とは、ギリシャ語でいえば〈ビオス〉にあたると思われるリアリティのなかで、結びついていたのである。

（『神話と古代宗教』新潮社、六九頁―七〇頁）

カール・ケレーニイは、ここでは、「ゾーエー」よりも、「ビオス」の生がもつ「実存性」の重要性を強調しているのであるが、不思議なことに、時代が下って一九七六年に出版された『ディオニューソス――破壊されざる生の根源像』によれば、「ビオス」よりも、破壊されることのない連続性をもつ「ゾーエー」の生について多くを語っている。ニーチェの問題意識を強く感じながら、ケレーニイの代表作ともいうべき『ディオニューソス』では、それでは「ディオニューソス」とは何であるかという根本的な問題を、あらゆる角度から論じている。まず「まえがき」に明確に次のように記している。

ニーチェは自分の徹底的な無神論を提示するとともに、キリストに向かって一柱のギリシャの神を対置させた。〈ディオニューソスか、それともキリストか〉という二者択一を迫る言い方で、ニーチェは――正当であったかどうかは別として――自分の徹底的な無神論と一致させることができる神の名前を呼び出した。

どうしてまたそのようなことが可能であったのか？　まったく理由のない思いつきであったはずはない！　そしてこの〈思いつき〉がひとたび現れてしまったからには、われわれはこれを、自分たちの文化の自覚的な観察者として、今も昔も経験する事柄の一部に数えいれなければならない。たとえニーチェだろうと、蒼古な昔の非哲学的なディオニューソス宗教の担い手だろうと、人間に関して行われるものが経験なのである。精神科学と宗教学の手段によって、その何を経験として知ることができるのか？〈ディオニューソス〉という名前が、また正真正銘の歴史的宗教の神の名であった当時、その背後には何が潜んでいたのだろうか？ニーチェは一八八六年に、あとから『悲劇の誕生』の序文としてつけ加えられた自己批判の文章でこう述べている。〈なにしろこの分野では、今日でもなお、文献学者にとってほとんどあらゆる事柄が未発見、また未発掘のままに残されているからだ！とりわけここに一つの問題があるという問題が——そしてわれわれが《ディオニューソス的とは何か？》という問いに対する答えをもたない限り、ギリシャ人は相変わらず完全には認識されず、想像もつかないままであるという問題が……〉。たとえ学問がニーチェの発言を同時に以上のように逆転して考えなければならないとしても、この発言は今日でも相変わらず有効である。（『ディオニューソス』白水社、一〇頁）

「まえがき」の終わり方で、「生」における二つのギリシャ語、「ゾーエー」と「ビオス」にふれて記している。

生は遺伝性を伴って——遺行性があるためだけ——生きつづけ、そのことにより生が時間的に無限である胚芽を所有するのである。この胚芽は、たとえそこから何も発芽しないときでも存在し、そして〈破壊されざる生〉を語り、破壊されざる生の根源像を宗教の証言によって認識し、破壊されざる生がもつ価値を宗教的人間に歴史的経験として教える資格があるのである。無限なる生と制約された生の区別は、ギリシャ語ではゾーエー（zoé）とビオス（bios）という二つの異なる単語によって行われる。（中略）ギリシャ語で〈生〉を表す二つの単語の意味を扱う短い序章における考察で、わたしはギリシャ語に通じた読者も、また通じていない読者も、この経験の場に案内するつもりである。（同書一三頁―一四頁）

序章のタイトルは「ギリシャ語にみられる有限の生と無限の生」となっている。「有限の生」は、ビオスであり、「無限の生」はゾーエーのことである。最近の遺伝子生物学の成果をとりいれたかたちで、次のようにわかりやすく説明している。

ゾーエーはビオスの一つ一つが真珠のように通して並べられる糸であり、この糸はビオスとはちがって、ひたすら無限に連続するものだと考えられる。（同書一九頁）

第一部の第三章「ディオニューソス神話のクレータ的核心」に、最後のしめくくりの所には次のように述べている。

アリアドネーとアリデーラには、その二つの名前に応じた二つの独自の祭祀周期があったが、おそらく両者ともエーゲ海の大いなる月をはるかに凌《しの》ぐ存在だったことを示している。天空の自然現象の次元だけでは、そのような女神は組みこめない。ディオニューソスがゾーエーの原型的な現実であるのと同様、アリアドネーもまた、魂を吹きこむ営みの原型的な現実、生あるものが個別的存在に変わることを可能にする原型的な現実なのである。魂を吹きこまれることがゾーエーには何よりも必要であり、ゾーエーはそのことで精子の状態を越え出てゆくことが可能になる。ゾーエーは魂が吹きこまれることを求め、またゾーエーはどのような受胎でも魂の生成にはいりこむ。いかなる受胎に際しても魂が生まれる。この魂の生成には、受胎によって生き物に魂をあたえる女性のイメージがあり、このイメージを写し取ったものが魂の神話的住処としての月なのである。イメージであれ、またその写しであるにしても、女性的な魂の源泉はミノア期のクレータ島をはるかに超えて存在し、それが大いなる女神レアーとペルセポネーである。彼女たちはただ見たところ二柱の女神に分かれているだけで、根本は同じ女神なのである。このイメージは、エレウシースのデーメテールとペルセポネーにみられるような、母と娘の連続性および同一性を、みずから物語る原型的なイメージである。ディオニューソスとアリアドネーの夫婦神は、二つの原型的なイメージが一つに結合することで、個々の生き物の生成に、ゾーエーが不断に侵入し、その生成を通してゾーエーが不断に通過してゆくありさまを、われわれの前で演じて見せる。この営為はたえず繰り返し行われ、途切れることなく同じように存在する。そのとき男性の形式で現れるものが——ギリシャ期の、そして早くもミノア期の宗教と神話物語によれば——ゾーエーであり、女性の形式で現れるものが魂の生成なのである。（同書一四三頁—一四四頁）

ケレーニイは始めは実存の様式としての「生」（ビオス）に注目し、最晩《ばん》年の『ディオニューソス』に於いては、個人の実存、あるいはギリシャ的実存の様式よりも、むしろ、生の持続を象徴する「生」（ゾーエー）の重要性を語り始めた、と解釈したい。

この変化は、第二次世界大戦の、戦前と戦後の思考方法の変化に対応しているのかも知れないと思われる。しかし、ビオスとゾーエーの二つの「生」は、どちらかが真で、どちらかが偽であるというものではない事はよくわかる。ケレーニイのたとえのように、女性のえり首を美しく飾る真珠のネックレスは、「ネックレス」であると同時に、「真珠の玉」である、といえる。「真珠のネックレス」であるともいえるし、「ネックレスの真珠」とも言うことができる。

「ディオニューソス的」の正体も又両義的なものであるという事であり決して、一義的に、破壊されざる生の根源としてのディオニューソスはゾーエーであると結論することはできない。

三、バッコスの信女とディオニューソスの真理

錯乱や狂気や恍惚や密儀がディオニューソスの真の本質であるとよくいわれる。ニーチェもそのようにイメージしていた。『偶像の黄昏』の中に次のように表現しているのが見える。

ディオニューソス的密儀のうちで、ディオニューソス的状態の心理のうちではじめて、古代ギリシャ的本能の根本事実は――その「生の意志」は、おのれをつつまず語るからである。何を古代ギリシャ人はこれらの密儀でもっておのれに保証したのであろうか？　永遠の生であり、生の永遠回帰である。過去において約束され清められた未来である。死と転変を越えた生への勝ちほこれる肯定である。生殖による、性の密儀による総体的永生としての真の生である。このゆえにギリシャ人にとっては性的象徴は畏敬すべき象徴自体であり、全古代的敬虔《けいけん》心内での本来的な深遠さであった。生殖、受胎、出産のいとなみにおける一切の個々のものが、最も崇高で最も厳粛な感情を呼びおこした。密儀の教えのうちでは苦痛が神聖に語られている。すなわち、「産婦の陣痛」が苦痛一般を神聖化し、――一切の生成と生長、一切の未来を保証するものが苦痛の条件となっている……創造の永遠の快感があるためには、生への意志がおのれを永遠にみずから肯定するためには、永遠に「産婦の陣痛」もまたなければならない……これら一切をディオニューソス

という言葉が意味する。すなわち私は、ディオニューソス祭のそれというこのギリシャ的象徴法以上に高次な象徴法を知らないのである。（『偶像の黄昏』白水社、一五三頁―一五四頁）

ディオニューソスのまたの名はバッコスである。われわれは現在、エウリピデスのギリシャ悲劇『バッコスの信女』からしか、バッコス（ディオニューソス）の密儀や宗教的陶酔や、何よりも、女性によって信仰された真実を窺《うかが》い知る事はできない。ディオニューソスの姿を生々しく描いた物語は、奇蹟的にこの一つしか残されていないのであり、すべての研究者の唯一のテキストであるといっても過言ではないとさえいわれている。

バッハオーフェンの『母権制』によれば、

ディオニューソス崇拝は、その発展のどの段階においても、それが初めて歴史に登場したときと同じ性格を保っていた。その官能性と、性愛の掟に与える意味によって、それは女性のもつ資質と内的に通じ合うものがあった。それはもっぱら女性たちと結び付き、女性の生き方をまったく新たな方向へと向け、女性のうちにそのもっとも忠実な信奉者ともっとも熱烈な奉仕者を見出したのであり、女性の熱狂的な受容を背景としてそのすべての力を得たのである。ディオニューソスは文字どおり女性たちの神であり、そのすべての感覚的、超感覚的希望の源泉であり、女性たる存在すべての中心であった。それゆえにこそ女性たちによって初めてその尊厳は認められ、その啓示は女性たちに下り、女性たちによって広められ、女性たちによって勝利へと導かれたのである。（同書「序説」五五頁—五六頁）

ディオニューソスにいくつかの異名がある。「男根の神」、「葡萄酒《ぶどうしゅ》の神」、「木蔦《きづた》の神」、「木の神」、「生肉を食う神」などがある。E・R・ドッズ編の『エウリピデスのバッコスの信女』には次のように要約《ようやく》している。

古典期のギリシャ人にとってディオニューソスは単に、そして主に、ぶどう酒の神に過ぎないわけではなかった。プルタルコスは、ピンダロスからの引用によって証拠固めをしながら、多くのことを語ってくれる。そしてディオニューソス信仰の呼び名も、この神の性質を明らかにする。すなわちこの神は、デンドリテースないしエンデンドロス、つまり木のなかの力《ちから》である。また彼はアンティオスすなわち開花をもたらす者であり、カルピオスすなわち果実をもたらす者であり、フレウスないしはフレオースすなわち生命の発露である。彼の領域は、プルタルコスのことばによれば、ヒュグラ・ピュシス（液状《えきじょう》の自然）である。すなわち、ぶどう酒だけでなく、若木の樹液のほとばしりであり、若き動物の血管に流れる血の鼓動である。言ってみれば、自然の生命のなかに寄せては返す、すべての神秘的な、制御不可能な流れこそがディオニューソスの領域なのである。もっとも古い証言者ホメロスは、どの箇所でもはっきりとぶどう酒の神とは言っていない。ディオニューソスとモミの木やキヅタや、ある種の野生植物とのつながりは、そしてある種の野生動物とのつながりは、ディオニューソスとぶどう酒とのつながりより古いのである。

自然神、木や森の神様が実はディオニューソスの正体であり、そのエネルギーの根源であるとするこの証言は重要である。文明が作られ森が切り倒《たお》される以前の木や野生動物植物の本来備えている神聖な、あるいは狂暴《きょうぼう》な力《ちから》がその正体であるとするこの証言は、現代においてことのほか郷愁《きょうしゅう》を感じさせる指摘《てき》であろう。

ここにエウリピデスの悲劇『バッコスの信女』を紹介して、ディオニューソス（バッコイ、バッカス）の生々とした神姿を思い浮かべてみたい、そして、最後に「女性と真理」の問題を考えるならば最終的に「ニーチェ問題」の核心部分に参入するかも知れない。それも意外な道から、によって……。

ギリシャのテーバイに、ディオニューソスが、その信者達である「女性」をひき連れて現前《エピファニー》して来た。テーバイの元の王、カドモスと盲目の賢者、テイレシアスは、ディオニューソスを快く迎《むか》え入れ、その信仰を、このテーバイの国にも栄えさせれば、人々は幸せにくらしてゆけると信じた。それもそのはず、ディオニューソスは、元の王カドモスの娘セメレの子であり、父はその名も高き万物の主ゼウスの神であった。今の王ペンテウスとは、いとこの関係にあった。昔ディオニューソスが母の胎から生まれた時、雷にうたれ身を焼かれてみまかった母セメレの墓所がある土地であった。「稲妻の燃え立つ焰の中に産声をあげたディオニューソス」は、母の墓所のまわりを「ぶどうの蔓の緑」で蔽いかくしたあと、エーゲ海諸国、ペルシャ、バクトリア、アラビア、アジアの町々を遍歴したのち、ふる里のテーバイにもどって来た。

アジア地方では、ディオニューソスの神の教えは広がった、しかしヘラス（ギリシャ世界）の地では他に先がけて、うらみの残るこのテーバイに、吾が神威を思い知らせてやらねばならぬ。かの一族を恐ろしい目にあわせ、真実人間どもを救わねばならない。いざ、キタイロンの山に行き、神の舞を布教させねばならない。ディオニューソスの呼びかけに応じて、「バッコスの信女達」は歌いながら行列を連ねた。

アジアなる神山《かみやま》の
トゥモロスを発ちて来たりしわれら。
ブロミオス・バッコス（注、ディオニューソスの異名）のおんためならば、
苦しみも苦しみならず、エウ、ホイの叫びをあげて
楽しくも仕えまつる。

外行くものは道をさけよ、
また家内《やぬち》なるものも、つつしみて、

徒《いたず》らなる言葉を止めよ。
わが唱《との》うるは、古くより
定められたるバッコスの称えの歌ぞ。

ああ
幸ある者よ、さいわいに
神の密儀に与りえて、
敬虔の日々を送り、
またみそぎして山々を舞い狂い
心を神にささげつくす、
さてはまた、神々の母
偉大なるキュベレを斎《いつ》き、
霊杖《テュルソス》をふるい常春藤《きづた》を挿《かざ》して
バッコスに仕うるものは。

いざバッコスの信女らよ、
神の御子ディオニュソスをば、

連れ参らせよ、
プリュギアの山峡間《やまはざま》より
道広きヘラスの国へ。

この御子は、そのかみ母の身籠りて
稲妻のはためくさなか、
ときならず産みたまえる子
みずからは
雷《いかずち》に撃たれて世を去りぬ。

クロノスの御子ゼウスはすぐに
己が腿《もも》を切り割《さ》きて
みどり子を、その新たなる母胎に収め、
ヘラの御目を忍ぶとて
黄金の留金をもて縫い隠す。

月満ちて、牡牛の角の

生《お》いたる神の生《あ》れまして、
父神は花輪にかえて、蛇《くちなわ》を
彼が頭《こうべ》にめぐらしぬ。
信女らのいまもなお、
蛇《くちなわ》を挿《かざ》しに結ぶならわしは
これよりぞ。

セメレが故国、テーバイの民よ、
もろともに常春藤《きづた》を挿し、
濃みどりの葉蔭にしるき
紅《くれない》の実もたわわなる
ミラクス（注、蔓草の一種）の蔓をめぐらし
青樫《あおがし》の、はた樅《もみ》の木の小枝をとりて
バッコスに帰依《きえ》しまつれ。
斑《まだら》なす小鹿の皮の衣《ころも》には
羊の髪の白き房毛をからませて、
荒《すさ》ぶる神の霊杖《テュルソス》は心して持て。

ほどもなく国をこぞりて
バッコスを祝い舞うらん。
ひたすらに山を目指して
もろ人を率いたもうはブロミオス（注、ディオニューソス）、
かなたには、バッコスの霊気に酔いて、
機《はた》を捨て梭《おさ》をも捨てて、
たむろする女《おみな》らの群れ。

クレタなる聖《きよ》き洞《ほこら》よ、
そのむかし、
ゼウスのここに生《あ》れまして
三つの兜《かぶと》のコリュバンテスが、
岩屋の内に、
獣の皮を輪形に張りて、
作り成したるこの太鼓。
鳴りとよもす太鼓の音に
プリュギアの甘き調べの

笛の音《ね》を添え、
母なる女神レアの御手に
捧げまつりぬ、
信女らの神を称うるよすがにと。
さらにまた、舞い狂うサテュロスどもが
レアよりそれを賜わりて、
三年ごとめぐり来る神の祭に
神意《みこころ》をやすめまつると、
打ち鳴らし舞いに舞う。

好もしき神の姿よ、奥山に
信女の群れの馳せ交うさなか、
身をば大地に俯《ふ》したもうとき。
小鹿の皮は神の衣《ころも》
生きながら裂きたる羊の血をすすり、
生身《なまみ》を喰う楽しさよ。
プリュギアの、はたリュディアの山を目指しつつ

われらをば率いたもうはブロミオス、
エウ、ホイ。
大地より湧きて流るる乳と酒、
またうまし蜂の蜜。
さながらにシリアの香の
煙りとなりてたなびくがごと、
燃ゆる火は虚空を流る、
松明を高くかざして
先導《バッケウス》の駈けめぐり、舞うがまにまに。
長き髪を風になびかせ
高らかに呼ばわりつつ
同行《どうぎょう》をはげまし進む。
エウ、ホイの声のとよもす

さなかにひびく先導の声、
「いざ起て、バッコスの信女らよ、
いざ起ちて、

トゥモロスの黄金の峰の
栄を偲ばせ
轟きわたる太鼓に合わせ
バッコスを称え歌えよ。
エウ、ホイと
プリュギアぶりの叫びをあげて
われらの神をあがめまつれ」
響きよき聖なる笛の、
ひたすらに山へ山へと、
登りゆく信女の足に
拍子を合わせ
聖《きよ》き調べを奏《かな》ずるとき、
信女らは心たのしく
さながらに幼き駒の
母駒に従うがごと、
小躍りしつつ
足も軽げにのぼりゆく。

（「バッコスの信女」（松平千秋訳）『ギリシア悲劇Ⅳ・エウリピデス（下）』ちくま文庫、四五三頁—四六〇頁）

テーバイの王、カドモスの孫《まご》、実はディオニューソスのいとこ、ペンテウスは、「ディオニューソスとかいう新来の神をあがめて踊り狂っている信女達の異人の邪宗」を認めるわけにはゆかぬ。賢者テイレシアスの忠告も悟らず、ついにディオニューソスをとらえてしまう。

信仰《ホシア》よ、尊き女神、
黄金の翼もて、あまねく世を
翔《か》けめぐる信仰《ホシア》の尊《みこと》、
聴きたもうや、かくばかりペンテウスの述べし言葉、
聴きますや、かしこくもセメレの御子ブロミオスに対しまつり、
ゆるしがたき不敬の言を。
神々の多かるなかに
楽しく祝う宴《うたげ》には、
この神をおきて神なく
歌い舞えば心は通い

笛の調べとともに笑い、
あるはまた、神々の宴《うたげ》の席に、
艶やかな神酒《みき》の注がれ、
盃《さかずき》の廻《めぐ》るがままに、
まどろみの人を襲えば、
煩いも憂いも消ゆる、
これもみな神の功徳《くどく》ぞ。

人もし口を慎まず、
心なき無法の振舞いあるときは、
必ず果ては禍いを招く。
静かなる生を送り
心してほどを守れば、
危うきにあうこともなく、
家もまた安らかならん。
神々ははるかなる空に在《いま》せど、
人間の業を見守りたもう。

賢《さか》しきは真の知慧にあらず、
人間のほどらいを過ぎたる思いもまた。
人の生命は短く、さればこそ
あまりに大いなることを追い求めては、
目前のものを失いやすし。
かくのごときは、心狂いたるもの
はた愚かなるものの
仕事とのみ思わるる。
願わくは、アプロディテのお住居
キュプロスの島に行かなん、
人間の心を魅する
エロスらの住まうところ。
さてはまた、雨は降らねど
百口《ももくち》の異国の河に
潤《うるお》いて豊かに富めるかの国へか。
あるはまた、オリュンポスの峰に沿い、
ムーサらの住まいたもうピエリアの、気高くも聳ゆるあたり、

ああブロミオスよ、かなたへこそ、われらを率い
先立ちて導きたまえ。
かなたには優雅《カリス》の女神、
憧れ《ポトス》の神も共に在《おわ》し、
信女《バツカイ》らの舞い狂うとも
咎《とが》めもあらず。

ゼウスの御子、この神は、
宴《うたげ》を好み
寵愛の女神の名は「平和《エイレナ》」、
幸《さち》を授け、若き生命を守る神、
富めるもの、貧しきもののわかちなく
憂いを払う酒の至福を
頒《わか》ちたまえど、
夜を日につぎて生《いき》の限り
楽しく生くることを厭《いと》い、
またねじけたる輩《やから》を避《さ》けて、

心をば健やかに保たんことを
怠るものは、
この神の憎しみを買う。
おおかたの人の善しとし、
守り来たれるところをば、
われもまた受け継ぎてゆかん。

（同書四六九頁—四七二頁）

テーバイの王ペンテウスは、ディオニューソスを暗闇に閉じ込めるが、ディオニューソスは神罰を下すことを誓う。ペンテウスは、実の母に殺され、八つざきにされる運命をまだ悟らずにいる。バッコスの信女達は、ディオニューソスを心配し歌う。

ああディオニュソス
君はいまいずこに在《おわ》す。
獣群がるニュサの森（注、ディオニューソスの縁ある山の森）に
講を率いて霊杖《テュルソス》をふるいたもうや、
はたまたコリュキアの峰（注、パルナッソス山系の峰）のあたりか。
あるいはまたオリュンポスの山深く

木立の奥にひそみたもうや、
そのむかしオルペウスが
竪琴《キタラ》を奏で、霊妙の調べによりて
樹々を動かし、獣らを寄せしところ。
おお至福なるピエリアよ、
バッコスは汝を尊び、
神舞をここに設けんと、
流れも速きアクシオス（注、マケドニアの河）
またこの国に富をもたらし、
類いなく清き流れに
馬を飼う野をば豊かに潤《うるお》すときく、
父なる河リュディアスを越え、
舞い狂う信女を率い
来たりたまわん。

（同書四八〇頁―四八一頁）

テーバイの国のペンテウスの館が、ディオニューソスの幻術で、雷火にうたれ、揺れに揺れる。バッコスの信女達は恐ろしさに、地に伏せる。そこに人間の姿をとったディオニューソスが現前《エピファニー》して、皆を驚かせる。そこに重要な報告をもって使いの者が現れる。バッコスの信女と共に、ペンテウスの母アガウエ、伯母《おば》イノ、アウトノエが、キタイロンの山の中でバッコスの密儀を催《もよお》している様子を目撃《げき》し、ペンテウスの母アガウエ達をつれもどそうとするが、逆に彼女らの忿《いか》りをかって、八つ裂《ざ》きにされそうになる憂き目を免れて、からくもペンテウスの館にもどり、王に報告する。

ディオニューソスの神をテーバイの国に授け入れるように忠告するが、ペンテウスは聞かず、「バッコスの信女どもを血染めにし、ディオニューソスの犠牲にしてやろう」と答える。

しかし、ここで、ディオニューソスは智慧を使って、ペンテウスをキタロンの山へ見学に行くようにそそのかす事に成功する。

ペンテウスは正気を失いながら、女装《そう》をして山に向かう。

森の中では、ペンテウスの母アガウエに率いられた、バッコスの信女達が、霊気にとりつかれていて、「口からは泡を吹き、眼はあらぬかたをさまようて、すっかりバッコスの神に魅入られている」。吾が子のペンテウスとは悟らずにおそいかかり、八つ裂きにして、首を取ってしまう。

足をあげ、バッコスを称えて舞わん、
声をあげ、大蛇の胤《たね》ペンテウスの
悲運を歌わん、
女らのごとく装い

黄泉《よみじ》指す杖とも知らず
茴香《ういきょう》の霊杖《テュルソス》とりて、
牡牛をば先導として
死出の旅路を急ぎたる彼。
カドモスの子らよ、信女よ、
たぐいなき勝利の歌をうたい上げたり、
慟哭《どうこく》と悲涙のうちに。
己が子の血潮に染めしその手こそ
見事なる勝利のしるし。

（同書五一一頁）

アガウエはやっと霊気からさめて、正気にもどると、何と吾が手によって、息子を殺した事にやっと気がつく。

バッコス（ディオニューソス）の神を敬わぬむくいによって悲劇的な結果となった事を悟った後、カドモスはディオニューソスに対する無礼なふるまいをわび、罰として、カドモス、アガウエは別々に、テーバイの土地を去る。

コロス〔オルケストラより、ゆるやかな歩調で退場しつつ歌う〕

神意はさまざまの姿をとりて、顕れ、
神々はさまざまの思いもよらぬことを遂げたもう。
思い設けしことは成らずして、
思い設けぬことを神は成らしめたもう、
かくてぞ過ぎぬ　今日のことも。

（同書五二四頁）

エウリピデスの悲劇『バッコスの信女』には実に様々な、ディオニューソス（バッカス、バッコス）についての情報《じょうほう》が描かれている。

ディオニューソスの出自は、ギリシャ（ヘレス世界）であるが、ゼウスを父にもちながら、オリエント、小アジアの世界を遍歴する。

バッコスというぶどう酒の神の異名をもち、きづたを頭に挿《かざ》し、小鹿の皮でできた衣を身にまとい、きづたの霊杖を手にもつ。ぶどう酒を飲む宴会が好きで、舞い歌って笑い楽しむ。

寵愛する女神の名はエイレナ（平和）。山や森を好み、山の中でバッコスの秘儀を行なう。固形のものではない液状の飲み物を人間に賜り、楽しく生きることを厭《いと》い怠るものには、憎しみを現す。髪が長く知慧深い。不思議な魔力《まりょく》を使い、バッコスの祭を三年に一回催し、そして何よりも「女性」の崇拝者にささえられ、行列を組み山や町を女性信者達が往来する。『バッコスの信女』、このテキストから多くのディオニューソス研究が産み出されてきた、ディオニューソス研究には決してさけては通れないテキストである。

現代フランスの、テクスト・クリティークの哲学者ジャック・デリダに、『尖筆《せんぴつ》とエクリチュール――ニーチェ・女・真理』という著作がある。一九七三年に初刊行された本であるが、日本では一九七九年に朝日出版社から、白井健三郎による翻訳書が出版されている。

初めの方に「距離《きょり》」という章がある。

その中にニーチェの断想を引用している。


〈わ、れ、わ、れ、芸術家!〉は、死の夢遊病的な危険、死の夢、自然の昇華と隠蔽《いんとく》、それらを同、時、的、にひき入れる情動を描いている。隠蔽の価値は、芸術と女性との関係から分離されないのだ。

「……夢の霊気と力とがわれわれを襲う、そうなるとわれわれは眼を開いたままで、あらゆる危険に逢ってもびくともせずに、危険このうえない道を、夢想の屋根や塔頂をめざして、登攀《とうはん》のために生れついた者のように眩暈《げんわく》ひとつ覚えることなく、登ってゆく――われわれ白昼の夢遊病患者は! われわれ芸術家は! われわれ自然性隠蔽者は! われわれ月彷徨症《ほうこうしょう》かつ神彷徨症の患者は! われわれ死の静寂を湛えた、疲れを知らぬ彷徨者は、われわれには高地とは見えずに、われわれ自身の平地とわれわれ自身の安住地と見える高地をめざして登るのだ!

だが! だが! わが高貴なる幻想家よ、こよなく美しい帆船の上にさえも、あまたの喧噪とどよめきとがあり、また恨むらくは、あまた多くのこまごました憐《あわ》れむべきざわめきがあるのだ!

女性たちの魔力と最も強力な作用とは、哲学者らのことばで言うなら、遠方への作用、つまり〔遠隔作用《えんかくさよう》〕なのだ。だがそのためには、まず第一になによりも必要である——距離が！」

（『尖筆とエクリチュール』朝日出版社、四五頁—四六頁）

ジャック・デリダは続けて次のように書く。

女性は遠ざけかつまた自分自身から遠ざかるがゆえに、女性の本質というものは存在しない。終わりなく、底のない根底＝深処から、女性はあらゆる本質性、あらゆる同一性、あらゆる固有性を呑みこみ、ゆがめる。ここでは哲学的言説は盲目にされるので、沈没する——みずからの喪失に突進するままになる。

女性の真理というものは存在しないが、しかしそれは、この真理からの底知れぬほど深い遠ざかり、この非―真理が、「真理」だからである。女性とはこの真理―非真理の名称である。

（同書五三頁—五四頁）

二、女性が真理と一心同体になるにせよ、自分の有利なように呪物を用いてたわむれはするがその呪物を信じてはいないように、真理から距離をへだてて真理を用いてたわむれるにせよ、女性は真理の形象あるいは力《ちから》として、哲学的でキリスト教的な存在として、非難され、軽蔑されてはいるが、しかし女性はいぜんとして、詭計と素朴さとによって（詭計はつねに素朴さに感染されているものである）、真理の体系と組成《エコノミー》のなかに、男根中心主義的空間のなかに、とどまっている。

それゆえにこの非難《プロセ》＝訴訟《そしょう》は、仮面をつけた芸術家の立場から操られている。しかし仮面をつけた芸術家はなおやはり女性の去勢を信じており、それゆえいぜんとして反動的で否定的な審級の逆転にとどまっていて、それ以上先にすすんではいない。ここまででは、女性は二度にわたって去勢である、すなわち真理であるとともに非―真理である。

三、女性は、以上の二重の否定をこえて、肯定的、隠蔽的、芸術的、ディオニューソス的な力《ちから》としてみとめられている。（同書一三八頁―一三九頁）

ニーチェの『この人を見よ』の中に次のようにある。

そのこと〔女どものなんたるかをよく識っていることを指す。〕は、私がディオニューソスから受けついだ持参金の一部である。誰が知る？　おそらくは私は永遠に女性的なるものを知る最初の心理学者なのだ。女どもはみんな私を愛する、――そんなことは昔から変わらない話だ。ただし、不慮の事故に逢った女、子供をつくる能力を欠いている〈解放された女ども〉は別だ。さいわいにも私は八つ裂きにされたいという気はない。

完全な女というものは愛するとき相手を八つ裂きにするものなのだ……。
（『この人を見よ』白水社、三四六頁）

ディオニューソス的なるものという途方もない現象の発生現場へと、ニーチェは、ニーチェの思想は敢然《かんぜん》と参入して進みつづけてゆく。

西洋の学問の歴史そのものの問題意識を、二千年の長い歴史的伝統に、みずからを犠牲に捧げつつ敢然といぞんだ。ニーチェにとって「真理」は明白なものとして映ったが、それを説明するのは容易《よう》ではない。思想の緊急避難場所へと逃げ込まない男、西洋には根本的に巧妙なウソがかくされていると叫んだ男。

〈生〉の力《ちから》の過剰性は、能力とも権力とも分ける事のできない意志へと通じてゆく。しかし、そこにおいてニーチェはひるむことなく〈生〉の連続性を越え出てゆき、自らの信じる真理へと進む。孤《こ》独《どく》な賭《か》けではあるが、現代になって新たにニーチェ的な問題意識は多くの支持者を生んでいる。

ディオニューソスは最初自分の古里には受け入れられなかったが、広く世界を遍歴《へんれき》した後、再び現代という古里へともどってきた。ディオニューソスの妻である、アリアドネーの糸がそうさせたのだ。ニーチェも又、アリアドネーの糸に導かれて。ニーチェを読み続けることが現在の我々には必要な事柄であり、〈神が死んだ〉のであるならば、人間も消滅せざるをえないとすると、〈永劫《えいごう》回帰〉する〈超人〉の出番となる。西洋人にとっては大変苦しい世界であろうが、西洋のキリスト教徒の方々はどうか心配無用でいてほしい。

ニーチェの〈超人〉は、アジアには大変多くいることを。〈悟れる者・ブッダ〉はいわば〈超人〉のことである。

仏教は生理学的である、とニーチェは語った。仏教は単に完全性を目指して気張っているような宗教ではない。完全さが常態《ノーマル》なのだと言う。真理に対して現実的なのであるとも言っている。それ以外に、真理についてよく知っているもの、それは、〈女性〉である。いや、〈女性〉が、すべての、〈真理そのもの〉だと言い変えると、それは大いなる、ほめすぎであるのだろうか。『偶像の黄昏』（箴言と矢）十六には次のような「断章」が出てくる。

ご婦人たちの間で。――「真理ですって？　まあ、あなたったら真理をご存知ないんですのね！真理っていうのは、私たち女の羞恥心《しゅうち》に対するテロ行為じゃございませんこと？」――（同書二〇頁）

二〇〇〇年五月三日

生＝聖の過剰性
——バタイユ論

今日、私は、ジョルジュ・バタイユが、忽然と解った。極度の苦痛をもちながら、快闊に笑っていられる精神をもっている者は、「聖者」か「狂人」の条件をそなえているといえる。

人間の聖性と狂気は紙一重である。何か特別に、「宗教的なるもの」を求めている心理状態に於いて、それを追跡し、その最終的ともいえる理解と解決に、たえず追い込められている者にとっては、いやされる何か至高なものが必要である。そして、その人間にとって、最終的には、ついぞいやされきれないが、勇気と希望を与えてくれるという意味において……安心感が生れる。つまり、最終的にも、たどりつけないという事を知らしめる安心感のようなもの……

その人間にとって過剰すぎる情念の「消尽」は、男性にとっては、密教思想と奥深いつながりを持っている、いわゆる「即身仏」として、生きながらミイラ仏となろうとする意志や、あの何ともいいようのない「三島由紀夫」になろうとする意志に通じている。

女性にとっては、日本の演歌歌手、石川さゆりの熱唱する『天城越え』の歌詞とメロディに深くつながってくる何ものかの力《ちから》である。

『バタイユ――そのパトスとタナトス』で、酒井健氏がみずから翻訳した『純然たる幸福』という、バタイユの著作の一部を引用しながら、「彼の自然観は、したがって、過剰という概念が重要な特徴になります」と書いたすぐ後に、次のバタイユの文章に注意をうながしている。

私は、時間の進展のなかに身を置いて、生物体の集合を考察し、次の事実に注目することができる。それはすなわち、人間は生物体の只中で行動して、そこで自分の生活の糧《かて》を「生産」しなければならないのだが、生活してゆくのに必要な分量以上のものをいつも（あるいはほとんどいつも）生産している、という事実である。
自然は、それ自体においてすでに生物全体に必要な分量以上のものを生産している。（……）ともかくすべては、ちょうど花火のゆっくりとした爆発のように起きているのだ。つまりこの爆発からは生と死のアラベスク模様が様々に生み出されてゆくのだが、この爆発はそうしながら自分の爆発の運動を休むことなく続けている（いや、いっそう激化させている）ということである。もしも死それ自体をも浪費とみなすのならば、自然のなかのすべてが浪費だということになる。すべてが浪費で、過剰だということになる。

酒井健氏は、そのすぐれたバタイユ論考であるこの『バタイユ――そのパトスとタナトス』の著作で、非西洋社会に生きずく私達日本人にわかりやすく、簡潔に説明をしている。

その中で、私自身に強くバタイユのとうてい「内的体験」としては、理解されるものではないと考えられる、そして、だからこそ、直感的理解の糸口であった二つの論考について、私はこの小論をすすめてゆきたいと思う。二つの論考とは、『バタイユ――そのパトスとタナトス』の「闇の中の抒情――ラスコーの洞窟を訪れて」、もう一つは、「ラスコーの壁画をめぐって――ジョルジュ・バタイユとアンドレ・ルロワ＝グーラン」の二つである。

ラスコーの洞窟と古代の壁画については、あまりにも有名であるので、日本でも一般によく知られている。パリより約四百キロほどのフランス南西部、ほとんどスペインの近く、一万七〇〇〇年前に描かれた、クロマニョン人達の芸術作品（あるいは祈りの聖画）なのである。ラスコーの洞窟の「雄牛の広場」に描かれた「迫力のある牛が、さらに立体感、量感をもって現われる」と、見学体験をした酒井健氏が表現している（私は未だ行ったことがないが）古代バイソンの絵は、一体どんないきさつと目的があって描かれているのか、まだはっきりとした定説がないまま、それでも、見る人を強く感動させるものであるらしい。又、これらの絵が描かれている主洞からさらに奥に入った場に、「井《せい》」（ツボのこと）と呼ばれている竪坑を、五メートル下がった所に「槍を受けて脇腹から内臓を出したバイソンと、その前で鳥の仮面をつけ、失神したかのように手足を伸ばしたまま倒れている男（ラスコー洞窟における唯一の人間像）」が描かれた場所があるらしい。

これらの動物画を見学した酒井健氏は、「この透明な生の空間を歩きながら私が思い出したのは、ランボーの詩でもバタイユの思想でもない。モーツァルトのオペラ『魔笛』のことだ（った）」と記している。つまり氏は、「このうえなく透明である」という述懐をされているのである。私は行ったことがないので、なんとも言えないのであるが、おそらく氏の第一印象は、まったく正しいのではないだろうか、という直感が私の脳裏を走った。

クロマニョン人が、これらの壁画を創作した意図については、アンリ・ブルイユの『洞窟芸術の四万年』（一九五二年）の呪術目的説が、一般的に有力な解釈を与えている。

しかし、バタイユは『ラスコー、あるいは芸術の誕生』（一九五五年）の著作で、一般的な呪術目的説を尊重しながらも、十分ではないと考えて、つまり、呪術による狩猟の豊かな達成、という実利目的によって描かれたものという説を十分ではない、と考えて、さらにその上に「動物との友愛の感情」を表現したものであろうという説をとっている。つまり、ヘーゲルが説いた「生産」と「労働」につき動かされると同じくらい重要な、そして実用とは無縁な古代的思想、「人間が動物達に恥《は》じと断罪」を感じて、それが為に創作されたのであろうと、バタイユは解釈するのである。いいかえると「実生活には何の益にもならない」又は「動物達との情念と交わり、友愛と畏怖」の感情を表現しているのだと解釈するのである。

「有用さなどかまわず無心に遊ぶ動物たちを前にして、人間は、人間であることを恥じていた」と酒井健氏は表現しているが、それはつまり「芸術」の本源的な動機であるということができるようである。

バタイユの思想は、ヘーゲル流の「生産」と「労働」と同等以上に地位を与えられている、パトス＝エロスの「消尽」、無邪気な、純粋なる過剰性の「爆発」を賞賛しているのである。

バタイユの『エロティシズム』の終章で、きわめて印象的に語られている「エロティシズムの最後の意味は死である」の長い引用を恕《ゆる》していただきたい。


美の追求のなかには、裂け目を起して連続性に近づこうとする努力があると同時に、これを逃れようとする努力がある。この曖昧な努力は、決して、曖昧であることをやめない。しかしその曖昧性にはモデルがあって、エロティシズムの運動を模倣する。

繁殖は存在の単一の状態を乱し、過剰は限界を覆し、何とかして氾濫に到達しようとする。それでも一つの限界があって、存在はこの限界を、自分のあり方と同一視している。この限界がなくなるかもしれないと思うと、存在は恐怖にとらわれる。しかしこの限界と、存在の限界にあたえる同意とを真に受けると、私たちは過ちを犯す。限界は乗り越えられるためにのみ設けられている。不安（恐怖）は真の決定を示さない。それどころか、反転して限界を乗り越えることを煽動する。

もし私たちがその煽動を感じるなら、むろん、限界を超越しようという、私たちの中に刻み込まれた意志に応えることが問題となる。私たちは限界を超えようと思う。そこで味わわれた恐怖は、私たちが到達しなければならない過剰、もしその恐怖が予告の恐怖でなかったら、私たちが到達し得ないにちがいない過剰を意味している。（『エロティシズム』第十三章「美」二〇九頁）

私はここまで書いて来て、これらの状況は、宗教の中のエクスタシーの世界に通じているのを感ぜずにはいられない。つまりバタイユは、「芸術的」＝「宗教的」法悦に通じているのだと感じたいのである。

ミルチャー・エリアーデの大著『シャーマニズム――古代的エクスタシー技術』には、私達現代人が想像力の最大限の努力を必要とする、つまり、最も文明人の理解から遠くかけはなれた古代のエクスタシーの技術と思想が探求されている。第十四章の「結論」で、エリアーデは、ラスコーの壁画にふれて次のように書いている。

最近の諸研究はあきらかに、この「シャーマン的諸要素を旧石器時代の狩猟民の宗教のなかに位置づけるにいたっている。キルヒナーは、ラスコーの有名なレリーフをシャーマンのトランスの一表現と解釈した。彼は「指揮棒」（kommand Stäbe）――先史時代遺跡で発見された神秘的事物――は太鼓の撥《ばち》であると考えている。もしこの解釈が許されるなら、先史時代の妖術師はすでにしてシベリアのシャーマンに比較され得る太鼓を使用していることになる。（中略）ナール

（Karl J. Narr）は彼の重要な研究「古代考古学的ヨーロッパにおける熊祭とシャーマニズム」において、シャーマニズムの「起源」と年代論との問題を再考している。（中略）このナールによって提唱された年代論の妥当性を判断するのは専門家に委せることにして、ここで確かだと思われることは、「シャーマンの」儀礼と象徴との古代性についてである。これらの先史時代の発見によって脚光をあびたこれらの記録が、その生れた状態の（in stata mascendi）シャーマニズムの最初の表現を示しているのか、もしくはこんにち最初期の宗教的複合として役立ち得る最古の記録、しかもこのラスコーの時代以前には、「塑形的な」表象（絵、儀礼的対象物、など）を見出せないほどに古い記録であるかを決定することが残された問題である。（中略）すなわち一方では、第一現象としてのエクスタシー体験であり、他方、エクスタシー体験が結合された歴史的——宗教的環境と、それを妥当なものとすべき理論である。われわれはこのエクスタシー体験を「第一現象」と名づけるのは、実にそれが特殊な歴史的モメントの結果として、すなわちある型の文明によって生み出されたものと認むべき何らの理由も見出せないからである。むしろ、これは人間の状態における根本的なものと認められるし、従って古代人類のすべてに知られていたものとされよう。（同書六四二頁—六四四頁）

同書「エピローグ」の部分には次のように述べて、この大著は完成されている。

シャーマンの巫儀のドラマティックな構造に関しても、数語を費やしておかねばならぬ。我々は既に、あきらかに患者の上によい影響を及ぼす、ときとしては高度に発達した「劇の上演」（Staging）にふれただけではなく、またどの真正なシャーマンの巫儀を、日常経験の世界では見られないような「光景《スペクタクル》」（舞台）として終わることにも言及した。火のトリック、網のトリック奇蹟、すなわち、マンゴー・トリック型の「奇蹟」、呪術的早わざの顕示、他界啓示――すなわち神々と呪術者の架空の世界、すべてのことが可能と思えるような世界、死者がよみがえり、生者がまた生き返るためだけに死に、人が見えなくなり、同時にふたたびあらわれることのできる世界、「自然の法則」がなくなり、ある種の超人的「自由」が例証され、目くらむように現在せしめられる、世界である。

われわれのような近代人にとっては、「未開」社会のこうした「光景」（舞台）の効果（反響）を想像することは困難である。シャーマンの「奇蹟」は伝承的宗教の形態を確認し、増強するだけでなく、それらはまた想像力を刺戟し、涵養し、夢と現実との障壁をとりのぞき、神々、死者、および精霊のすむ世界にその窓をひらく。（同書六五七頁―六五八頁）

ところで、私のこの小論は、生＝聖の過剰性について、バタイユの思考を、アリアドネの糸としてつづられているものである。

「過剰性」とは、具体的に何を意味するものなのか、私は足早に、このことをエリアーデの『シャーマニズム――古代エクスタシー技術』の中から、うまく抽出して、それらが、いかにバタイユの血の中に流れこんでいるのかを考察してみたいのである。

『シャーマニズム』第十三章の「相似せる神話、シンボルおよび儀礼」の「呪的灼熱《しゃくねつ》」の文章には、我々を刺戟するものがある。

もうこの小論も終り近くになって、私はこの文章を引用しないではいられない。

ヨーロッパの民間信仰に見られる悪魔のように、シャーマンはたんなる「火の支配者」であるのではない。彼らはまた、その巫儀の間、その口から、鼻から、そして全身から焔《ほのお》を放つという点で、火の精霊の化身となることができる。この早わざは、その多くの例を示してきたように、「火の支配」と連関したシャーマンの奇蹟の範疇におかれるべきものである。ここにふくまれる呪力はシャーマンによって獲得された「精霊状態」をあらわしている。しかしながら、われわれが見たように、この「神秘的な熱」の思想は、シャーマニズムだけに限ったものではない。それは呪術一般に属している。「未開」の部族は呪術宗教的力《ちから》を「燃えている」と想像し、もとはそれを「熱」「燃焼」「ひじょうな熱さ」といった意味の語であらわす。

同じ思想はもっと複雑な宗教にも残存している。こんにちのヒンドゥー教はとくに力《ちから》ある神々に対し、「ひじょうな熱さ」（Prakhar）、「燃えている」（jājval）、もしくは「火を持っている」（jvalit）といった形容を用いる。インドのマホメット教徒は神と交通する人は「燃えているもの」になると信じる。

奇蹟を行なう人は、Sahib-jorh とよばれるが、この jorh は「煮えている」という意味である。さらに拡大して、呪術宗教的な「力《ちから》」をもつとされる人物や行動はすべて「燃えている」とみられる。

これに関連して、北アメリカの秘儀集団のイニシエーションに蒸し風呂があり、また一般的に北アメリカの諸部族では未来のシャーマンの修練期間内の蒸し風呂は呪術的機能を発揮する。さらにスキタイ人（Scythians）には、大麻の喫煙による陶酔と結びついた蒸気浴のエクスタシー的機能も見出せる。同じ脈絡に於いて、古代インドの宇宙開闢と神秘的伝承に見られるタパス（tapas）に言及しておこう。すなわち「内的灼熱」と「発汗」とは「創造的」とされる。あるインド・ヨーロッパの英雄神話も狂暴（furor）、憤努（wüt）、激努（ferg）という要素を持つ点で、ここに引用してもよいだろう。（同書六〇六頁―六〇七頁）

賢明なる読者であれば、私が、これほどの長い引用をつけて、最後に、何を語ろうとしているのか、すでにおわかりの事と思う。「内的灼熱」と「発汗」とは「創造的」であるという言い回しは、バタイユの文脈におきかえれば、「内的体験」と「禁止」の「濆聖」は、同じ次元の、いやまったく同じものとして、理論的結構をなしているのである。

バタイユは、「聖者」でもあり、なおかつ、「狂人」でもあると自分自身で言っている理由は、古代のシャーマニズムのエクスタシー技術を、西洋の現代文明のまっただ中になげ込んだ人物だからなのであろう。酒井健氏は、ラスコーの洞窟の中で、古代のクロマニョン人に、スーツとネクタイを着せて、パリの町を歩いてもらっても、何ら現在のフランス人達とは違う所はないだろうという、フランス人の意見を尊重している。ならば、ジョルジュ・バタイユという名の「クロマニョン人」が、パリで哲学的文章を書いていたとしても、なんら不思議ではないと思われるのである。

ジョルジュ・バタイユは、自身の性的過剰性、理論的過剰性、戦闘的過剰性と一生闘い続けた。それが彼にとって不幸に終ったのか、「純然たる幸福」に満ちあふれた、一つの「蕩尽《とうじん》」（法悦＝エクスタシー）であったのか、それはよくは分からないことであろうが、自分の胸に手をあてて、自分の内的体験をふりかえってみると、おのずとほろにがい答えが聞こえるに違いない。我等は同時代人であり、西洋とは別の世界に住む人類ではあるが、頭と体の半分以上は、西洋のバーチャル・リアリティにおかされた「宙づりの東洋人」なのであるのだから。

ジョルジュ・バタイユは、すぐれてシャーマニスティックな感性を、近現代西洋的文明の中に（おのぞみならばキリスト教的社会の中に）最もヴィヴィッドなかたちで、「内的灼《しゃく》熱」を投げ込んだ張本人である。西洋的文明に根源的なショックを与え、吐き気をもよおさせるほどに混乱させた（みずからも混乱の極致にまでおい込んで）、張本人であったと言えよう。

私は、フランスのラスコーの壁画から想像のおよぶままに描い小論をつづった、ほとんどが引用から成り立つ文章に終始した。しかし、問題の性質の複雑さ由にたまたまそうなったような気がするが、私はそれほど深く、全部のバタイユのテクストを読んでいるわけではないのだから、これはいたしかたのない結果といわざるをえない。これからも続けて、バタイユ理解を深め進めてゆきたいと思う。このような稀有な思想家はそうざらにはいないだろうと考えられるがゆえである。

参考文献
『ラスコーの壁画』G・バタイユ、二見書房、出口裕弘訳、一九七五年
『内的体験』ジョルジュ・バタイユ、現代思潮社、出口裕弘訳、一九八三年
『純然たる幸福』G・バタイユ、人文書院、酒井健訳、一九九四年
『エロティシズム』G・バタイユ、二見書房、澁澤龍彦訳、一九八三年
『至高性』G・バタイユ、人文書院、湯浅博雄他訳、一九九〇年
『バタイユ——そのパトスとタナトス』現代思潮社、酒井健著、一九九六年
『ニーチェ全集』第四巻第Ⅱ期、白水社、一九八七年
「偶像の黄昏」西尾乾二訳
「遺された著作」生野幸吉訳
『精神の現象学』ヘーゲル著、岩波書店、金子武蔵訳、(上)一九八〇年、(下)一九七九年
『シャーマニズム——古代的エクスタシー技術』ミルチャー・エリアーデ、冬樹社、堀一郎訳、一九八五年

（付）俳文集

目次

「つれづれ」

俳文（凡そ句二十吟）

このところしばらく家にて居るところ、何か面白き俳文なりとも作りて、しばし自らをなぐさめんとす。秋の風、そぞろ身にしむ頃、

夕映《は》へに　羊群《む》れなす　家路かな

美しき夕映へを見て、この世の美しきこと思いつつ、ふと夕の新聞を見れば、東欧にて、戦争有るを悲しむ。

年あらたまり、正月になる。昨年、吉野にて、山がつの宿に泊まりしとき、宿のごちそうを喰《くら》う。

牡丹鍋《ぼたんなべ》　喰《くら》ふて哀《かな》しき　年男《としおとこ》

子供と共に二夜遊びて、想ふことありなんとぞ、作りたる一句、早《は》や四十七になりなんぞ想いて、

遠吠《とおぼ》へに　残月青き　寒つばき

寒きこと氷のごとし、かの仏国の言葉を習いて、

黒人の　冬のフランス語　エレガント

しかりといえども、よはい人の生涯半《なか》ばをゆきしこと、初春を迎へて、うれし、さびし、なぞ思ひて、

子午線を　半《なか》ば過ぎたり　美《うま》し春

緑萌へ、初夏とはなりぬ、近ごろ世間に、悲しきこと二つあり、大震災に、六千の命、露と消《き》ゆる。

地響きに　峯《むね》おののかす　野猿かな

又、これぞ深く、ひとの性《さが》を哀しみ、おそるべし。

オームより　悲しカナリヤ　籠《かご》の鳥

嬉しき事も有るもの也《なり》や、これぞ吾が心の真の慶《よろこ》び、祝ふべし。

新版の　装丁《そうてい》まぶしき　利休《りきゅう》ねず

本を書き作りて、祝賀の宴を催す。露にぬれたる、あじさいを見て、共に蝶と、よろこびぬ。

紫陽花《あじさい》の　華めでるらむ　揚《あ》げ羽《は》蝶

夏になりぬ、雨多き梅雨明ければ、暑きこと、炎熱地獄のごとし。

夏の日は　家にて休む　鬼は外

夏の日は　氷を口に　カレー食う

月夜の空ながめて、岡の公園まで散歩す。妻と共にすること七ヶ年、歩き共に語りたること様々多

し。ある月夜、上弦《じょうげん》の月を見て、ふと、父上のこと、また、その上にありし縁者を想いて、

上弦の　月見て弓引く　先祖かな

はや、真夏とはなりぬ。先の大戦によって、死屍累々の野ざらしなど思いて作る。

（戦後）五十年　みたまの祈り　核の雨

世に、げにもおそろしきことは戦《たたか》いなりとや、いかにせん。
友より、導かれて、美麗なる蓮池に遊ぶ。

青蓮《しょうれん》の　露をそそがむ　盆施餓鬼

蓮池《はすいけ》や　コイ　スッポンの　浄土かな

悟りとは　こう云うものかな　白蓮華《びゃくれんげ》

夏の朝は、すがしく、鳥ぞよろこぶ。一番に鳴くは、雄鳥《おんどり》にあらず、実にカラスなりや。

　あけガラス　敏《すは》や目のさむ　夏の朝

　朝まだき　ぬばたま明けて　カラス鳴く

諏訪《すわ》の森、浜寺の森田家の盆参りをして、松林の美しさに感ずる。

　浜寺の　松ヶ原にて　夕すずみ

この世の暑きこと、二ヶ年続きたり。人みな家を出ず、＊九仞《きゅうじん》の功《こう》を一簣《いっき》に虧《か》く。これも唯《ただ》これ天にして、人間の＊＊性《さが》の拙《つたな》きを泣《な》け。

　炎熱の　残暑身にしむ　地蔵盆

未だ、秋きたらず、早く来たれ、今少し待たむ、かならずや白秋来たりて、玄冬に入る。

平成七年十月二日認める

＊　長年努力してきた仕事を、最後のわずかな失敗によって不成功に終わらせてしまうことのたとえ。

＊＊　松尾芭蕉『野ざらし紀行』芭蕉翁、捨て子の哀れなる様を見て、いかに汝、方々に悪《にく》まれたるか、母にうとまれたるか。方々は汝を悪《にく》むにあらじ、母は汝をうとむにあらじ、唯《ただ》これ天にして、汝が性《さが》のつたなきをなけ。の一文に出処する。

「ほろほろ」

俳聖芭蕉翁の『笈《おい》の小文《こぶみ》』に字句なぞらえて、一人遊びたるのみ

吉野川の上流にありて、よのつねのごとく高き所より流落するにあらず、しぶきを上げて急流をすべる、西河といふ瀧あり、芭蕉翁この瀧の面白き様をよみて。

ほろほろと　山吹ちるか　瀧の音　　芭蕉

我狂句を好むこと久しく、胸中に忘れ置かれぬ為に、心にしたがひて、時々に書き残したるものいくばくかあり。

水のほろほろと流れるがごとく生きつないではや五十路。

芭蕉が寂年わずかに四十九歳にして不帰の客となりたるを知りて無量の感あり。

芭蕉の旅にあけくれする様、俳諧の道一筋に貫ぬけりと思はるる。我が凡人は、娘二人の成長を願いて、世の常の親の気持深く思い知らされ、うれしくも苦しくも、

人生は　青黄赤きの　くりかえし

世のすさびたることはなはだなれども、すなほなる心もちて、子らがそだつこと心に祈りつつ、ナグサトベの往古より、その名も高き名草山の観世音菩薩を拝す。

花がすみ　はるかに拝す　名草山

早や春とはなりぬ、和歌山城の城山は、桜の隠れ名所なりける、山桜、黄桜まじりて花盛りなれども、わずかひととき咲きては散りゆかむことぞ、あはれに思はる。檀中に不幸ありて、時に作りなしたる法名、清心院桜舞妙聿大姉と授く。

ひとひらの　命舞い散る　花曇り

その打ちひしがれたる息子に『父母恩重経』をそっと与えり。

紀州紀の国は明るきところありて、その気性モズのごとし、五月ともなれば、寺の裏山に、モズ、ヒヨドリこちたなくさはがしければ、

緑萠え　楠の葉光り　鳥ぞ住む

七月早施餓鬼、寺々もち回りて十日あまり続きたるあと待ちかねたるようにて吉野に数日あそぶ、風、水の美《うま》きことくらぶるべきもなし、

御吉野や　水面《みなも》麗はし　河鹿鳴く

とくとくと　西行庵の　岩清水

浅知短才の筆、造化のいとなみ良く書くあたはずして、夜ともなれば酒を友として酒家にあそびていまだ悟らず。

盆暗や　死に死に死にて　涅槃かな

夏の暑きことかくばかり進みなば、洋上の小島の国の人々、さぞや苦しみたるならんと慮《おもんばか》るなり。先祖に申しわけ立たず、また子孫に申し開きならず、文明の罪深きことこの上なし、造化（自然）の技《わざ》、さかしらの人間に比《くら》ぶるべきもなし。

子を産むに　血をあげましょ蚊《か》　にがせましょ

曙《あけぼの》、黄昏《たそがれ》のけしき変りて、

風さそふ　虫の音ひびき　秋ぞしる

風雅を好みてもしわかる人あらば悦びこの上なく、秋の夕《ゆう》べに月を友とせし人も地大の土に隠るる身なればこそ、まことはかなくも美しかるらん。

名月や　雲にも増すらむ　無量光

月煌々《こうこう》　天野を渉る　太鼓橋

三田、有馬、須磨を旅して、

野仏の　首ひろいあげ　棚まつり

大宇陀の松源院を訪ねて、日本にて四十年修行する米国人雲水と話しすれば、牧谿《もっけい》が絵に、野猿の川に写りし月とらむと手を延ばしたる軸《じく》に、かの雲水いはく、四十年夢のごとしと。

秋風や　トンボ一点　止まりけり

所々《ところどころ》に旅寐して気分一新するはまことに良ろし、爽やかなるここちぞあじあわるる、ここに季ことば入れず。

ハレの日に　スカイブルーの　無常観

紺碧《こんぺき》の　空一塵の　ジェット雲

妻と散歩、春夏秋冬続くことはや十ヶ年になりける、家々の軒、道づたいに鉢、植木など、四季折々なり。なかんずく秋の深まりきたるに、芳しきかほりを一丁先にて聞こゆるはまことに艶《えん》なるべし。

楊貴妃の　にほふがごとき　金木犀

生け花の師匠語りて曰はく、

山に来て　あけび取る間の　にはか雨

今の自国のあはれなるさま想ふにつけ、などて古賢先哲の糟粕《そうはく》に学ばざるや、吾も又ただ無能無芸にして、ほろほろと泪こぼるる思いなりけり。

夜咄《よばなし》や　利休　鼠に　こぼしけり

平家の琵琶、津軽の三味線、松風の音にさへ愁多く想はるる。

黒牛や　天に横たふ　闇夜かな

黒牛の　天に地を這《は》う　冬の闇

民の不景気、上つ方の知るや知らずや。

冬ごもり　もって雪夜の　ない寒さ

衣食足りて礼節を知るとは思はず、衣食ありあまりて礼節をわするるとはとなふべし。

一将功成って万骨枯れては元も子もなく、いたしかたなし、百年河清を俟《ま》つか。

『仏説観普賢菩薩行法経』に云はく、一切の業障海《ごうしょうかい》は皆な妄想《もうぞう》より生ず若し懺悔《ざんげ》せんと欲せば端坐《たんざ》して実相を念《おも》え。

平成九年十月三日認める
延命院にて

「あかあか」

芭蕉翁の『奥の細道』に字句なぞらえて

月日は百代の過客にして、行きかふ年も又旅人なり。芭蕉翁、漂泊《ひょうはく》の思いやまず、奥州北陸道の旅寝して、風流《ふうりゅう》の誠《まこと》をつくさんとす。金澤を行き過ごして、いまだ残暑なりやまず。

あかあかと　日は難面《つれなく》も　秋の風　　芭蕉作

今年の暑きこと、毎々年々なれども、たえがたきは、秋のおそきこと、季節のなきつらさ、いかがせん。

仲秋の名月とは、その名ばかりにして、おそろしき風の吹きたる間に間に、

萩芒《はぎすすき》　月に叢雲《むらぐも》　秋嵐

芭蕉葉の　やぶれかぶれや　秋の風

十月半《なか》ば過ぎたるとはいへども
　残々暑《ざんざんしょ》　虫の音《ね》　ちろりで鳴きやめり

想いおこせば、昨冬しきりに、関東の学生時代をなつかしく。
　牛蒡天《ごぼうてん》　なぜか上野の　赤のれん

あれより三十年の時流れ、今我も又、紫雨《しう》の人、美しき人生の山、森々《しんしん》として。
　柚風呂《ゆずぶろ》に　入りたるかな　今朝の夢
　夢を見て　おわらぬさきに　こぼれけり

人生の旅人も、終《つい》に栖《すみか》の定まりたる思い、しみじみなりとおぼゆ。

若き日、青雲の志ありて、我が思想にて、世界の河を流すべしと、たくましけれども、齢《よわい》五十一を過ぎて、今はかなげなる。人生の苦汁、我のみにてあらず、世界の苦汁、世紀末の苦汁、いずこも同じ黄昏《たそがれ》のけしきあり。

月あかり　今年はいかがや　除夜の鐘

そぞろ寒　里の枯木に　柿ひとつ

侘《わび》しげなればなるほど、心内《うち》に籠りて、一人遊ぶ。

こがらしに　うきみをやつす　うたひびと

いずれ、もと、遊びをせんとや、たわむれせんとや生まれたる身なれば、いっそ、かくのごとく悟るべし。

嵐去り　後の日和《ひよ》りと思ふなよ　もとより舞台の　神吹雪《かみふぶき》

風流《ふりゅう》を極めんと欲《ほっ》すれば、この世に残跡のおもいをもたず、むしろ、往昔《そのかみ》の旧跡に遊びして吾を忘れよ。

句碑たずね　行くとやせんか　奥細道

曾良《そら》ならぬ、妻連れ出して、奥州の旅にゆけば、心おどる。

春霞《はるがすみ》　出で立つ雲や　那古《なご》の浦

市振《いちぶり》に　鱈汁《たらじる》食うて　ひなびたり

旅心は、春立てる霞《かすみ》の空に朧々《ろうろう》たり、そぞろに珍《めず》らしきものをみて、心清々《せいせい》たり。

おぼろ月　明日はたれとの　出合いかな

山桜　男子《だんし》の艶《つや》のあり　峰《むね》の風

はや初夏とはなりぬ。緑陰《りょくいん》さわやかに始まり、朱夏おそくより来たるらし、

擬宝珠《ぎぼうし》の　日に日に伸びて　やや十日《とおか》

小児の思い出に、笹流《ささなが》しして、願いごと短冊色紙《たんじゃくしきし》に書きつけて、人に見らるるをはずかしみ、天の川にとどけと祈りたる昔は今はなし。

和歌川の　七夕流し　想い出に

昨今の小児に、おそらくは面白き想い出は望めども、それ無き事にて、思いやりては淋《さび》しきことこのうえなし。

受験生　爆睡《ばくすい》したる　日曜日

いずれ滅法界《めっぽうかい》な時代ならんと、ただおろおろするばかりなり。親の時代の責務責務とつぶやきつつ、

片蔭《かたかげ》り　道行く人の　何がしか

この夏も、はげしき暑さなれども、言うても始まらず、せめて風流《ふりゅう》に身をやつせ。

蟬《せみ》しぐれ　儚《はか》なきこの世を　三日鳴け

那須黒羽《なすくろばね》と云う所に、芭蕉翁知る人あれば、是より野越《のごえ》にかかりて、直道《すぐみち》をゆかんとす、と記《しる》せり。我も亦《また》、足跡をたずねて、

黒羽や　芭蕉が跡《あと》の　月見草

九月彼岸は、暑さ寒さの分れ目とは、旧日の言葉なり、今に通じずとおぼゆる。秋なれどなんちゅう暑さか句もでず、しかりとはいえども、造化《ぞうけ》の摂理《せつり》、四季につらぬき、節気《せっき》を潤《うるお》す。しばし秋涼《しゅうりょう》まてば、わずかなりとも動く景色あり。

新涼《しんりょう》に　虫閑《しず》かなり　夜半《よわ》の雨

秋も深み　ものうげに照る　日の光

炎熱《えんねつ》の天竺《てんじく》に、釋氏《しゃくし》如来《にょらい》は、いかなる事をぞ悟りけるならん。我推《すい》して道《い》はく、人生は旅なり、彼方《あなた》過ぎても続く旅なり、一人犀《さい》のごとく歩め、今生に於けるも、常楽我浄を念《おも》い、順次《じゅんじ》往生《おうじょう》に於けるも、信あれば、亦、常楽我浄なりと、決定《けつじょう》すべし。

平成十一年十月十二日
芭蕉忌の日に、延命院にてこれを記す。

「夏目漱石の滑稽な俳句」

こうろげの　飛ぶや木魚の　声の下

漱石の初期の句である。

私達僧職にある者にとっては、そこはかとない面白味のある俳句となっている。

こうろげとは、虫のコオロギのことである。

和尚さんが、経を読みはじめて、ポクポクと木魚をたたき始めると、木魚の下から、ねむっていたコオロギがあわてて飛び出してくる。和尚さんも少々びっくりするが、もっと驚いたのはコオロギの方であろう。そこに、そこはかとないおかしさがにじみ出ている。

江戸時代の俳人東柳の作に、「たたかれて蚊を吐く昼の木魚かな」という句がある。

漱石はそれを意識して自己流にもじったに違いない。

しかし実は、「叩かれて昼の蚊を吐く木魚かな」という句も作っていたのであった。

このような事を俳句界では「類想句」といって、あまり似すぎていれば、盗作となるのだが、しかし、その句がそれ自体でおもしろいという事になると、むしろほめられることがある。

この句も独自の発想が生きている良い句であろう。

初夢や　金も拾はず　死にもせず

夏目漱石の親友、正岡子規は、漱石の俳句には「滑稽《こっけい》思想を有す」と評している。俳句は元から、俳諧《はいかい》と呼ばれて、コッケイさを出すのは、芭蕉以来の伝統であった。子規や漱石にはそれがよくわかっていた。子規、漱石も共に落語をこよなく愛する共通点は、俳句のコッケイ味を愛する気持に通じている。近代の俳句は、子規によって確立されるのだが、その後の大正、昭和の俳句作法は、高浜虚子の主宰する『ホトトギス』が引っぱり役であった。虚子は、「花鳥諷詠」をモットーとする日本の四季のうつり変りを句にして詠ずる。芭蕉の句にあった「俳諧味」は残念ながらうすれた。「花鳥諷詠」派と共に、「人間探求」派とも呼ばれる深刻な俳句も重んじられてきた。

漱石の俳句には、そのようなものが他にないわけではない。子規の目はさすがに鋭い。漱石の俳句は一方に偏して、ウケねらいの滑稽だけではなくて、雄健なる句はどこまでも雄健であり、真面目なものはどこまでも真面目であると見抜いていた。

永き日や　欠伸《あくび》うつして　別れ行く

この句は、松山の地で、高浜虚子と別れる時に作る、という前書きがある。

高浜虚子は実に多くの名句を生んだ俳人であるが、子規とも漱石とも俳句の作風が違っている。子規は「客観写生」、虚子は「花鳥諷詠」、漱石は「自由闊達《かったつ》」と分けられる。漱石にしてみれば、虚子の俳句と人間性は、退屈なものであったかも知れぬ。

子規も虚子も松山出身であった。

明治二十九年の子規宛の手紙には次のように書かれていた。

「同人の人物が大いに松山的ならぬ淡泊なる所、のんきな所、気のきかぬ所、不器用なる点にこれありそうろう」。漱石にとって、虚子はやはり「退屈」であったのであろう。

菫《すみれ》ほどな　小さき人に　生まれたし

この句はいい句である。

大知識人夏目漱石は大きな大きな人間である。それがゆえに巨大な自我との葛藤も非常に激しいものがあったに違いない。苦しむ漱石をなぐさめたものは一体何であったろうか。恐らくそれは、大都会の喧噪を離れた大自然のやさしさではなかったか。面白いエピソードがある。

子規と漱石は、東京の大学予備門時代からの親友であった。子規はある日、東京新宿区にあった漱石の実家を訪ねた。二人は歩きながら、近くの田圃《たんぼ》の稲畑を見ていた時の会話で、漱石はこの稲が、毎日食べている米だと子規に教えられびっくりした。子規にとってみれば、なんだ、そんなことも知らなかったのか、と二人共に驚いたという話。これは漱石が、世間の自然、人情を知らない都会の知識人であった事をよく示している。漱石は、しようと思えば東大の教授に進んでゆけるエリートであったにもかかわらず、松山の田舎教師になる心意のウラには、子規との出合いにより、自然と芽生えてきた「草木花鳥」への理解があったと見るべきだ。都会育ちの頭でっかちの自分を反省する目があったと見るべきであり、それが、このような美しい句となって表れてきたと私は思う。

明月や　拙者も無事で　この通り

明治三十年の作である。

漱石は、自分の作った句を時々集めて子規に送った。この句は、「句稿」第二十六にある。三十五の「句稿」として残っているが、実際は、三十六あったが、子規が一つなくした。

手紙で送るので、句と共に言葉の添書きがつく。たとえば、「句稿」第六の末尾には、次のような言葉を添えている。

「善悪を問わず出来ただけ送るなり。さよう心得給え。わるいのは遠慮なく許し給え。そのかわりいいのは少しほめ給え」。

子規がうっかり漱石の句稿をなくしたあとに、漱石から子規に送られた句稿には次のように記されている。

「今度のはなくしてはいやであります。悪句には△か□の符号をつけ給え」。

漱石は、子規への俳句の投稿によって上達していった。

漱石と子規のほのぼのとした友情の感じられる句である。

月に行く　漱石妻を　忘れたり

不思議な面白い句である。

この頃、漱石は九州の肥後（熊本）の学校に教鞭をとっていた。妻の鏡子は、一人残されて東京に住んでいた。いわゆる単身赴任であった。しかも、妻の鏡子は子を流産して、静養中であった。前書きには「妻を遺して独り肥後に下る」とある。肥後の国（熊本）は当時の漱石にとっては、月に行くほどの遠方に思えたのだろうか。

漱石の妻は悪妻であった、という憶測がある。しかし、客観的には、そうではなかったらしい。後に生まれた伝説であろう。

だが、漱石にとって、ガマンのならない点が、妻の鏡子には三つあった。一つは、歯並びが悪い、二つにはハゲがある、三つには朝寝坊であった。その事が気になって、カンシャクもちの漱石先生は、よく妻と口論した。そんな所から漱石門下生らが、悪妻説を流したらしいのである。

漱石にとっては、気楽な単身赴任であったとすれば、心が少し清々したという本音であったかも知れない。

暗がりに　雑巾《ぞうきん》を踏む　寒哉《さむさ》

これは思わず吹き出してしまうようなコッケイな句である。明治三十二年の作。

この頃、漱石は九州各地を旅行していた。

「句稿」第三十二にある。この句の前後に九州各地、たとえば、宇佐八幡宮、耶馬溪、太宰府などの観光名所の名前が見える。

おそらく、一泊した旅館の廊下かトイレで実際に体験した出来事を、うまく句にして、みずからおかしがったに違いない。

法印の　法螺《ほら》に蟹入る　清水かな

明治四十年、漱石四十歳の時の作。この年に、漱石は、教職をやめて、一旦東京朝日新聞社に入社した。すでに小説家として活躍していた。

「法印の法螺」というのは、恐らく山伏の法螺貝のことであろう。

清水や、岩清水、苔清水などは夏の季語である。

ある夏の日に、山で山伏と出会った時、涼しい清水の流れているほとりに、なんとなくおいてあった法螺貝の中にノッソノッソと蟹が入ってゆく光景を、彷彿とさせてくれるいい句である。なんともいえないおかしさがあふれてくる。こういう句が漱石の素晴らしさであろう。

秋風や　ひびの入りたる　胃の袋

漱石は、神経性の胃潰瘍であったといわれている。おまけに大痔主でもあった。

四十男の嘆きの声が、ジワジワ伝わってくるような俳句である。

ちなみに、私達は、千円札のモデルの漱石の顔が目に浮かんでくるのだが、漱石の寿命はわずか四十九年であったことは意外である。

あまり人生に苦労が多く、悩みがはてしないしというのは、賢明ではなさそうだ。凡人である事に感謝しなければならないだろう。

最後に、漱石と虚子が作り出した「俳体詩」という文学から一つ。

無人島の天子とならば　涼しかろ　独《ひと》り裸で据風呂《すえぶろ》を焚《た》く

これは説明するまでもない。この句が作られた時期は、明治三十六年一月に、ロンドンから留学をおえて、日本に帰って半年ほどの頃で、第一高等学校の教師をし始めた時の作句になる。おそらく、世間が煩わしくて、しようがなかった時の、心の奥から、生まれ出てくる感想なのではなかったか。後になって、漱石門下の寺田寅彦は次のような感想を述べている。

「この句は『人に死し鶴に生れて冴え返る』とか『菫ほどな小さき人に生れたし』と同じ様に、思い切った空想を描いた句である」。

漱石俳句のコッケイさとは、こういう所に有るもので、人生の煩わしさから、一人、コッソリ抜けでて、机上の空想をしながら、思わず、面白い言葉が浮かび、それを俳句として書き、又、人々に発表などして、色々と人に批評される楽しみ方が、夏目漱石の俳句作法であったと思われる。小説にあっても、『吾輩は猫である』などの、コッケイ味のある作品があるが、そのような文学作品に、共通した、人生を達観したようなところが、我々にとって実に面白いのではあるまいか。

頌春

注連縄《しめなわ》に　御幣《ごへい》の白き　稲光り　（1／5）

ひえさびて　月夜に光る　枯木かな　（1／31）

見あぐれば　しだれ桜に　鴉《からす》かな　（3／4）

墓詣《はかもうで》　桜ちるちる　帰り道　（4／4）

寺門《てらかど》の裏に　宿れるすみれかな　（4／8）

梅雨《つゆ》上がり漆喰塀《しっくいべい》で　めかす　猫　（6／21）

朝寒むし　高野《たかの》の鈴韻《れいいん》凍るらむ　（11／4）

平成三十年　つちのえいぬ　元旦

あとがきにかえて

私の信奉する「生の哲学」、これは、実は、より正確には、「生と死の哲学」と表わす方が、意味が鮮明になると思う。

人間は、よく生きても、五十年から百年ほどの「生命存在」でしかない。

その人間が死んだ後には、「五十回忌」までを、家族が営むとすれば、その人間の「生」は、「みたま」として、後の「五十年間」を「生きる」と言い変えても、さほど不思議ではない。その人間の、亡くなった家族や親族の記憶や思い出は、かなり後々まで強烈に残っているものだ。寺の住職を四十年以上務めていると、それらのことがおのずと分ってくる。

「生の哲学」は「死の哲学」でもあると思う。「死」のない「生」もないし、「生」のない「死」など元々ない。かつて、山口昌男の本で読んだクザーヌスの「反対の一致」(コインシデンティア・オポジトリウム)の原理が彷彿と思い出される。

「現代」には、「密《みつ》」(顕《あら》わにならないこと)と「幽《ゆう》」(奥ぶかくはるかなこと)の二つが、衰退の一途をたどっていると言わねばならない。「寺院」と「神社」の消滅は、失われていく「地方」と「宗教」の衰退を意味する。最も強い宗教は、死の時に人々の心をつかむ。「葬式仏教」と揶揄されているが、少数派のキリスト教から見れば、葬式で人々を引きつけている宗教が、最も強い宗教と思われている。それは、キリスト教が「結婚式」では優位であっても、一時的なものであろう。それに比して、仏教は、「年忌」、「彼岸」、「盆」などの死者への追悼の機会は毎年のようにくりかえしある。「宗教」が衰退しているのは、「死」に対する人々の意識が変化しているからであろう。「生」のみを追究し、「死」は無意味であるという発想は間違っている。人は必ず死ぬ、だからこそ、限界を意識し充実した生を送ることができるのであろう。「寺院」と「神社」の消滅を防ぐためには、小手先の作業ではなく、「都市の人」に「死」を意識させることが重要であると思う。「死の現実」を広く社会に認識させれば、「宗教」は必ず復興する（佐藤優）。「都市化」、「少子化」、「高齢化」に対して、「伝統宗教」が、死にそうでもなかなか死なない蘇生力を元々そなえているものと確信している。

一九九七年二月に、「熊野の森ネットワーク・いちいがしの会」が発足された。生態学者の後藤伸氏が代表であった。その設立の趣意書には次のように書かれている。

その昔、熊野の山々は、深い森林につつまれていました。鹿が跳び、リスが走り、蝶が舞い、多くの蛍が輝き、季節を問わずに、カビやキノコが生える……。豊かな自然でした。森はまた、大気からの恵みをたくわえ、谷や川の尽きることのない流れをつくり、そこに、魚たちがひしめいていたのです。

そして、森から流れ出る水は、限りない海の幸をはぐくんできました。人々は、森の樹を伐って家を建て、まきを貯えて燃料とし、鋤や鍬などの農具をつくり、舟と漁具をそろえて生計を潤したのです。森の中には、物語が息づき、夏の山道をたどる人々は、緑陰に憩い、年中葉をつけた森の深い緑から、自然の大きさを感じとっていたに違いありません。悠久の時の流れの中で、人と森とは見事なハーモニーを奏でていたのです。そこには、音・色・形・香などの織りなす、高次元の芸術があり、自然を畏れ敬う宗教が生まれ、生きる根源を思索する哲学が芽生えました。これが、熊野信仰の根源でもあったと考えられます。

後藤伸氏は、南方熊楠は、明治・大正の最後の「本草学者」であったと、いつも強調していた。二十世紀当初における紀伊半島南端部の「照葉樹林」は、複雑で豊富そのものの自然であり、「欧米諸国」では全く見られない、温暖多雨の中で発達した森林であって、まさに、「生命の森」であった。西洋で学んだ「博物学」ではなく、幼少の頃から学んだ日本やアジアの「本草学」の方が、熊楠にはピッタリとしたに違いない。一九〇九年（明治四二年）に、熊楠は、神社合祀に反対意見を述べた、『南方二書』には、今日を予見したように、「森林（神林）を、経済の対象としてとらえるようになれば、国の山川は荒廃し悲惨な災害を招くであろう」と強く訴えていた。後藤伸氏は、「植林」（スギ・ヒノキ）と「森林」とはまったく異なると言っていた。日本は七〇パーセントの森林に囲まれた国と言うが、実は、「森林」は今や一〇パーセントに満たないと、くりかえし訴えていた。紀州（和歌山）はかつて「木の国」であった、熊楠の敬愛する「本草学者」の先輩に、「畔田翠山《くろだすいざん》」や「鳥山啓《とりやまひらく》」がいたことも忘れてはならない。

「草木国土悉皆成仏」を初めて表したのは、「道邃《どうすい》」（一一〇六年―一一五七（？）年）の、『摩訶止観論弘決纂義』（巻一）であった。「智顗《ちぎ》」→「荊渓湛然《たんねん》」→「最澄」→「円仁《えんにん》」→「円珍」→「安《あん》然《ねん》」→「良源」→「源信」→「忠尋《ちゅうじん》」へと受けつがれ、特に、「忠尋」によって、原理的に体系化した（『漢光類聚《かんこうるいじゅう》』）。次のようなものである。

一、諸仏観見（自己の完成と自然の完成の連動。二、具法性理（自然は自己と自然を超える究極の命に貫かれている）。三、依正不二（自己と自然は不二である）。四、当体自性（自然はそれ自体、絶対的な価値を有する）。五、本具三身（自然は「法身」・「報身」・「化身」の性質を本来そなえている）。六、法性不思議（自然は自己を含めて言語を離れている）。七、具中道（自然と自己は関係性の中で成仏する）。この思想が、後々、「天台本覚思想」と称されるものである。天台は「天台本覚思想」、真言は「即身成仏思想」と人は分けて言うが、台密と東密の違いは表面的なものである。天台は「草木の成仏」と説くが、真言では、それを言わない、というのはあやまっている。空海の言葉に、「草木すでに成仏す、いかにいはんや、有情《うじょう》においてをや」（『吽字義《うんじぎ》』）とある。

最後に当然「草木言語《こととい》ひし荒ぶる神」の意味についても問わねばならない。古代の『風土記』には、それらの事情が即物的に、あるいは、象徴的に記されていて、大変興味深い。「天地《あめつち》」の初めの状態の形容として、「草木も物を言った」という表現は、古代人が大変気に入った言葉であるらしい。それは、「すべての存在がそれぞれの主張をしていた」ことを表する。とりもなおさず「草木がものを言う時代」は、すなわち具体的には、「荒ぶる神」の跳梁する時代でもあった。そのような時代に要望されるものは、すなわち「秩序の世界」であり、つまりそれは、「高天原《たかまがはら》」を意味する。そこに源を有する偉大な力《ちから》は、この時代「普都《ふつ》の大神」と呼ばれていた。その神が「天降《あまくだ》りまして」この「荒ぶる神達」を平らげることになる。この「普都《ふつ》の大神」が伝えられている『風土記』は、主に東国の常陸《ひたち》、中国の出雲、九州の肥前などである。『常陸国風土記』の「信太《しだ》の郡《こおり》」の状に有名な記述がある。

これより西に、高来《たかく》の里あり。古老の曰《い》えらく、天地《あめつち》のはじめ草木言語《ことと》ひし時に、天《あめ》より降り来たりたまいし神、名は普都《ふつ》の大神と称す。葦原《あしはら》の中つ国を巡り行《い》でまし、山河の荒ぶる神の類《たぐい》を和《やわ》し平《ことむ》けたまう。

「普都《ふつ》」（フツ）の意味は、刃物で「フツ」と切る音が語源であるといわれている。「都市文明化」は、『古事記』、『風土記』の大昔から存在していたのだといえる。

梅原猛氏の『神殺しの日本』（二〇一一年、朝日文庫）の中で、「廃仏毀釈《はいぶつきしゃく》」の影響を次のように要約している。

この神仏の殺害の報いは、今、徐々に表われているが、以後百年、二百年経つと決定的になるであろう。道徳を失っているのは、動機なき殺人を行う青少年のみではない。政治家や官僚も学者も芸術家も宗教家も、宗教心をさらさらもたず、道徳すらほとんど失いかけているのである。政治家や官僚が恥ずべき犯罪を行い、学者芸術家も荒廃していく世の動きに何らの批判も行わず、唯々諾々《いいだくだく》とその時代の流れの中に身を任せているのは、道徳の崩壊といわねばなるまい。

私が本書で、最も訴えたかったことが、ここに言い尽されている。ニーチェ、バタイユ、スピノザの思想にも、それらはどこかで通じていると思う。

四五年間ほどの学恩をたまわっている梅原猛先生、日本宗教学会でのご指導をいただいている山折哲雄先生、密教学の学恩を受けている高野山の松長有慶先生には、深く感謝を申し上げます。また、白浜の「南方熊楠記念館」館長の谷脇幹雄氏、京都の「六大新報社」の皆様に感謝いたします。この出版を影で支援してくれた京都大学名誉教授の鎌田東二氏、出版界の事情を教示してくれた和田成太郎氏の二人に深甚の謝意を述べる。また、適切な助言をくださった春秋社の佐藤清靖編集取締役、春秋社の皆様に心からの感謝の気持ちを捧げます。

二〇一八年六月二十六日

環栄賢

＊一部をカバーに掲載

南方熊楠より土宜法竜へ

大正十年十二月廿二日夜十時

南方熊楠再拝

土宜法竜様

拝啓。小生十一月十八日午後拝謁の際、尊房煖かさはなはだしく、小生それまで寒室内に図画致しおりたるため、にわかに気力大いに緩み来たり、居眠り致し、耐えられず退出仕り候。失敬の段幾重にも御容赦願い上げ奉り候。その節親しく御聞に達せんと存じおり候ことどもは、一篇に草し新年早々御覧に入れ奉るべく候。

その節法主に鼻をかみ戴きし冥罰にや、ちょうど十一月廿日ころより拙妻大病に相成り、小生はそのことを全く知らざりしも、同行の画手もろともこれまた病気に相成り、十一月二十八日下山、花坂より志賀と申す所へ夜分下るうち、非常の難路にて大いに困り、夜九時ようやく木賃宿を見出だし、一泊仕り候間、和歌山に帰り候も不快はやまず、十二月一日夜大風波中に乗船、小生すねに負傷、その後田辺に帰り候ところ、妻右の始末にて、夫妻とも今に全快致さず、ようやく三、四日前妻は起き出で候も、小生は今に臥しがちに有《こ》之《れ》《あり》、また同行の画手も岳の弁天辺にて膝関節に負傷、帰来それが炎衝と相成り、かれこれ小言を親どもより申し出でられ、昨日小生より医士を差し向くるなど、混雑はなはだしく、ようやく今夜本状差し上げ申し候。それは前年御下問の茶の十徳と申すこと、一向分からぬ旨申し上げ置き候上、所詮公衆に問うより外なしと心得、今月の『太陽』誌上に出し置き候ところ、知人にて奥州青森市に現住する中道等《なかみちひとし》氏（青森県誌編纂主任）より今朝左の答えあり。

栂尾山の明恵上人が茶釜に鑄させられたる茶の十徳と申すものを御参考までに申し上げ候。

一者《は》諸神加護　　二者五臓調和

三者孝養父母　　四者煩悩消除

五者寿命長遠　　六者睡眠自除

七者息災延命　　八者天神随神

九者諸天加護　　十者臨終不乱

すでに栂尾にありといえば、尊者これを知らざる訳は無之《これなく》、あるいは小生を試さんための問いを悪戯的に出されたことかと存じ申し候。付いては小生も戯句を御覧に供え申し候。東京三村竹清（この人は今日東京無比の高潔の人格者と承る。毎度高野へ上るゆえ多分御存知ならん。伊勢松坂辺の商人の子にて、幼より学問を好みしが、その父古風の人にて、町人の子に学問はいらぬものなりとて、東京築地辺の竹類ばかり売る問屋へ奉公に出し候。好まぬことながら親の心を安んずべきために一心不乱に奉公し、主人の気に叶い、その家の嗣子となり、東京一の竹問屋に仕上げたる上、麻布 笄《こうがい》町に隠退し、今は集古会等を設け、風雅尚古のことのみを翫《もてあそ》びおられ候。八年ばかり前に林若樹氏と同道、熊野詣での途次小生を訪われしも、小生かねて吩附《いいつ》けしありしゆえ、下女が大声で、主人は不在、またたとい家に在りても人に遇わぬと、大声で叱り付けしに閉口して逃げ去り候由、後日、他より承り申し候）氏への文中、

十一月十八日土宜法主を訪いけるに、部屋もってのほか煖かなりければ、そのまま居眠りす。洟《ハナ》さえ垂れ出でたるをかんでくれた恭《うやうや》しさのあまりに、走り出でけるとて、

放たれた次は関白自滅の間《マ》

小生右の罰にて今夜も不快はなはだしければ、右茶の十徳の御答えまでに、この状を差し上げ申し候。余は新年にまたまた申し上ぐべく候。小生は只今のままにては野山《やさん》は二十年内に俗人の別荘地と成り了《おわ》ることと存じ候。それに付いて意見書を草し、御膝元に差し上げたく候なり。謹言。

毛利氏の獄中感想録はこの辺にては相応に売れ行き宜しく候様子、しかし僅々の部数ゆえ、贏《もう》けは知れたものに候。今日書籍を出して大儲けということはなかなかの難事らしく候。同氏は今夜あたり和歌山より帰る筈なり。風説によれば、近来政友会に対して戈《ほこ》を倒《さか》しまにし、近日も知事と大難議し、また公開演説で県庁を伐ちし由。かくたびたび変りおりては、弁舌で名を挙ぐるばかりで、その弁舌は何の用をなさぬことに成りはせぬかと心配申し上げおり候。いずれ帰田の上問答すべければ、その節とくと承るべきに候。

著者略歴

環栄賢（たまき えいけん）

1947年　奈良県生まれ。
1967年　大正大学仏教学部中退。
1976年　新義真言宗延命院第15世住職。

著書に『南方熊楠の図譜』（共編著）『重力と涅槃』『熊野学事始め』（いずれも青弓社）。

密教的世界と熊楠

2018年 8 月17日　第 1 刷発行

著　　者　環栄賢
発 行 者　澤畑吉和
発 行 所　株式会社　春秋社
〒101-0021　東京都千代田区外神田 2-18-6
電話　03-3255-9611（営業）
　　　03-3255-9614（編集）
振替　00180-6-24861
http://www.shunjusha.co.jp/
印 刷 所　株式会社 太平印刷社
製 本 所　ナショナル製本協同組合
装　　幀　鈴木伸弘

ISBN 978-4-393-19903-9　C3014　定価はカバー等に表示してあります